一本书掌握会计实务

孙伟航【著】

浙江大学出版社
·杭州·

图书在版编目（CIP）数据

一本书掌握会计实务 / 孙伟航著. — 杭州：浙江大学出版社，2024.1（2024.12重印）
ISBN 978-7-308-24389-6

Ⅰ．①一⋯ Ⅱ．①孙⋯ Ⅲ．①会计实务 Ⅳ．①F233

中国国家版本馆CIP数据核字（2023）第219859号

一本书掌握会计实务

孙伟航　著

责任编辑	顾　翔
责任校对	陈　欣
封面设计	VIOLET
出版发行	浙江大学出版社
	（杭州市天目山路148号　邮政编码　310007）
	（网址：http：//www.zjupress.com）
排　　版	杭州林智广告有限公司
印　　刷	杭州钱江彩色印务有限公司
开　　本	710mm×1000mm　1/16
印　　张	21.75
字　　数	355千
版 印 次	2024年1月第1版　2024年12月第2次印刷
书　　号	ISBN 978-7-308-24389-6
定　　价	69.00元

版权所有　侵权必究　印装差错　负责调换

浙江大学出版社市场运营中心联系方式：0571-88925591；http：//zjdxcbs.tmall.com

第三版序

转眼间,这本书已经陪大家走过了近10年的时间,现在也已经更新到了第三版,感谢读者朋友们的认可与厚爱。有很多读者朋友是从第一版就开始关注的,他们给了我很多反馈、支持和鼓励,这让我在感恩、感动之余,想将更好的内容回馈给大家。

会计工作一直被大家当成枯燥乏味的,也就是写写算算,好像没什么有趣的地方。实际上,会计工作所有的有趣都藏在了这些写写算算的背后。它可能以图表的形式得到展现,也可能以图画的形式得到展现,财务语言是世界上通用的商业语言,它不受国籍与地区的限制,只要读懂财务语言,你就能畅通于商业世界。

然而在阅读财务语言时,你可能会觉得自己像被困在了迷宫里,每当发现新的通道,前面总会有墙出现挡住你的去路。这可能是因为你没能好好将这些通道连接起来,只站在一条通道上,看不到整个迷宫的情况。你在学校里学到的,都是一门一门单独的学科,比如会计课就只讲怎么进行会计核算,税法课就只讲现行税法的规定,它们不会告诉你在真实工作中的真实情况是怎样的,你遇到的问题也不会总是如同课本中的例题一般,将各种已知条件都写得清清楚楚、明明白白。所以我在本书中对真实的财务工作进行了还原,会计处理及税务处理是如何贯穿你在工作中所遇到的经济业务的,又是如何兼顾法律合规问题的,同时,涉及的金融问题又是如何跟会计联动的……对这些,我将借用灵樨、朵朵、小米之口全盘托出,让你所能看到的不再是割裂的学科,而是鲜活的会计实务。有理论,有实践,让你在理解原理的基础上明白为什么这样处理,不同的处理方法会产生什么样的影响。

财务将各种业务问题以财务的语言表达出来，财务语言是一门世界通用的商业语言。在财务的大门之外，很多人迈不进去，那么我希望借这本书，帮你推开这扇门。

我们能在哈佛大学的戴克斯特大门上看到两句话，这两句话是哈佛大学当时的校长查尔斯·艾略特所说。入口的门楣上写着'Enter to grow in wisdom'，意思是进入这里来增长智慧；出口的门楣上写着'Depart to serve better thy country and thy kind'，意思是从这里离开去更好地服务你的国家和同胞。艾略特在这里用的是"智慧"而不是"知识"，我想，这就是读书的意义吧。读书就是要增长智慧的，你从书本中获得的是一种思维，是作者对某一个事项的思维过程。我一直都是带着这样的目的去翻开一本书的，也希望每一位翻开这本书的朋友都能有所收获，并将这份收获传递出去。

孙伟航

2023 年秋

再版序

听到这本书要再版的消息时，我还是有点惊讶的，同时又很高兴，这说明本书得到了市场与读者的认可。从本书初上市到现在再版，不知不觉已过去了五年。我看到了很多读者朋友的留言和反馈，也收到了一些读者朋友的建议，有些读者朋友甚至在豆瓣上写了长长的书评，也有些读者朋友将其作为员工的培训教材……看到这本书能为大家带来一些帮助，我真的很高兴。在读到读者朋友的留言时，感动之余，我感受到的更多的是莫大的鼓励。

五年时光如白驹过隙，带来了很多变化。比如这五年我国的会计政策及税收政策发生了很多变化，尤其是税收政策每年都有变化，这让原书中的内容不免有些过时。写作本书的初衷是希望能给读者朋友提供一些帮助，但过时的内容不免会为读者朋友带去不便与烦恼，因此借着再版的机会，我对本书进行了全方位的修订：一是更正了书中的错误与疏漏；二是根据这五年来的会计政策及税收政策的变化，对书中的概念和财务处理进行了更新；三是接受了读者朋友的建议，为本书配置了大量的图片与表格，并就当下财务行业的发展趋势对财务从业者的影响给出了一些小建议。

虽做了更新，但这本书的主体框架与风格依然不变，这本书仍然叙述了灵樨、朵朵和小米三人在财务室里发生的小故事。一幕幕情景剧还原了职场生活，并串起了真实的财务工作。灵樨除了教会她俩工作中的技能，也传授着人生的哲理：不仅希望她俩学会方法，希望她俩能学会一种逻辑思维，提高自己独立解决问题的能力、突破自己的边界，还希望她俩能在工作中体悟人生。如果大家也是初入财务领域的新人，那么我希望灵樨的讲述同样能给予大家一丝启发与帮助。

这本书的定位是通俗、易懂、接地气，是一本拿来就能用的案头之书；它的内容涉及公司成立，也涉及财务的日常处理，体现了财务工作从无到有的过程。但不得不承认的是，简单就意味着不会涉及更深层面的内容，对复杂的财务预测、财务决策与大型的税收筹划，本书也不会着墨太多。这样的定位在专业的财务人士眼里可能过于简单，但这也恰恰是这本书的独到之处。大多数事情都是由一个个简单单元构成的，而大多数事情的解决之法也是将复杂的问题拆解成一个个简单的小问题来攻克的。

最后，感谢给予我帮助的每一个人——马靖昊老师、谢祖墀博士，以及策划编辑顾翔老师、责任编辑黄兆宁老师和发行老师，是他们的帮助、鼓励与提出的宝贵意见成就了此书。还要特别感谢我的父母及家人，他们给予了我无微不至的关怀，让我安心写书。最后的最后，我要特别感谢每一位读者朋友，是你们的陪伴与鼓励，让我有了创作的动力，希望未来可以收获你们更多的鼓励与支持，更多的建设性意见，来帮助此书、此系列有更大的影响力，并将其回馈给更多的朋友。

这个冬天尤其寒冷，但这个春天格外让人期盼。

孙伟航

2020 年春

推荐序一

很高兴接受孙伟航的邀请,为她的处女作作序。

认识孙伟航是一种网络缘分。她是会计家园论坛的活跃用户,也长期关注我的微博、微信。记得当时,畅捷通信息技术股份有限公司要在用友软件园举办一个"520 我爱小微企业"用户体验活动,并邀请我来挑选参加的对象。我按照"活跃度"这个最简单的标准来选人,这样,就有了我与孙伟航的第一次会面,时间就在 2013 年 5 月 20 日。后来,据她说,正是畅捷通的"520 我爱小微企业"用户体验活动激起了她写作此书的想法,她由此开始了此书的写作。

我第二次见到她,是 2014 年 11 月 26 日在河南郑州举办的会计文化节活动中。当时,她兴奋地告诉我,她用讲故事的方式写了一本关于会计入门实操的书,并将书稿交给我审阅,希望我能给她写一篇序言。当时,我很惊讶,真的没想到她这么优秀,这么努力向上,而且居然还写得这么有声有色。我一贯的观点是,年轻人只要去尝试、去奋斗,无论最终得到什么结果,都是值得庆贺、值得勉励的,更何况她写出了这么一本有趣味的会计实操书。因此,我非常乐意为她的新书作序推荐。

本书用大量简单、通俗的语言,诠释了那些晦涩难懂的会计术语及复杂的财税处理办法,用各类发生在财务部的实例,解读了财务的基础工作。更为难得的是,作者在财务知识的介绍中,给了我们一个认识和观察人生的视角,让我们通过财税知识来探讨人生。这一点既是一种专业的感悟,也是人生的道理。超越了专业,智慧就从字里行间涌出来了。

从专业的角度来讲,这也许是一本浅显易懂的会计故事书,而我认为这本书的价值,正在于它的浅显易懂,以及它的故事性。它将生活中的真切体验与故事中的简单道理巧妙地融为一体,在讲述会计的基本概念及具体实务操作的同时,让读者像读故事书一样,获得轻松有趣的阅读体验。

总之,这是一本值得一读的好书。

著名财税专家、《新理财》杂志社社长

马靖昊

推荐序二

很多人虽说对会计的基础理论有所了解，但是在面对实际工作时，却往往感到无从下手。会计讲究实践，在实际生活中，如何掌握会计工作的实务操作，是很多想从事会计工作，或者想对会计工作有所了解的人非常渴望获得的知识。

公司刚刚成立时会计应该做什么工作？

公司成立后会发生哪些财务往来？

一个好的会计人员该怎样制订税收筹划方案？

如何面对审计？

编写年报需要注意哪些事项或细节？

如何对企业运营过程中的各项信息进行收集整理，使之对企业的发展起到相应的作用？

……

本书将围绕这些问题，结合会计理论，立足会计实践，对从建账、报税直至编写年报的全套账务流程进行全面细致的讲述，利用企业会计业务全面展示各过程的具体操作。希望读者能通过阅读本书，进一步提高对会计知识的理解，提升自身实务操作水平。

不同于其他的会计书，本书不会拘泥于细节，而是向所学者展示出会计知识之间相互联系和作用的整体框架结构，全方位带动读者的情感和思维，逐步引导读者解决公司遇到的实际问题。

本书内容丰富，其中着重介绍了会计在日常工作中所必须掌握的会计学基础概念，强调财务往来、会计日常及工资税收的概念和会计处理事项，并将其与会计知识相互联系，有的放矢，便于会计人员掌握和进行实际操作。

　　本书用通俗易懂的语言，深入浅出地讲述了企业在创立和经营过程中会计人员所做的具体工作，对会计工作中经常遇到的疑难问题，给出了淋漓尽致的解释及详细的解决办法，给读者今后的学习和实际工作提供了大量的参考。

　　在讲解形式上，本书呈现出一种严谨却不失风趣、通俗而不乏深刻的特色。此外，本书的每章又附上了多条会计小贴士，让读者能更加全面地理解会计知识。

　　如果读者细心品读，会发现本书更多的精彩之处，迅速收获许多意想不到的会计知识。《一本书掌握会计实务》，非常值得拥有！

高风咨询公司创始人兼CEO、香港中文大学商学院客座教授
谢祖墀

引 子

窗外,大雨倾盆,林正东独自站在窗前。

"创业,要做好向死而生的准备。"这句话如回音般在他脑海中响着。被雨水冲刷着的玻璃留下一辙一辙的痕迹,宛如他面前的创业之路。

彷徨的时候,就选最难走的路吧!

林正东拿出手机拨通了电话:"刘洋,明天早上提钱来见。"这时,时针刚刚指向下午4点。

早上7点,刘洋敲开了林正东的门。

"钱带来了?"林正东迫不及待。

"带了。"刘洋边说边把存折递过来。

"怎么就8万元?"

"8万元怎么了,不是钱呀?!"

林正东皱了皱眉说:"音箱这东西,玩的是艺术、是情调,烧的可就是钱了。也罢,我这里再凑一凑,凑够20万元还是不成问题的。"

三天后,市场监督管理局办事大厅。

林正东和刘洋望着办事大厅里熙熙攘攘的人群顿时傻了眼。

"您好,请问要注册新公司,该在哪个窗口办理?"

才刚刚问完,林正东和刘洋就被一串连珠炮顶了回来:"办什么公司呀?名称核过了吗?网上提交了吗?收到领取营业执照的通知了吗?流水号和验证码是多少?……"

"我是来办理注册的,怎么会有领取执照的通知?"

"你们回去在网上提交,收到通知后再来。"

"想象总是很美好,可我们的征途是星辰大海呀……"刘洋叹了口气。

突然间,林正东一愣:"刘洋,我想起个人,她说不定能帮上咱们。"

"谁?"

"孙灵樨,我们大学时的学妹。前段时间,我在一个商务聚会上遇到她,她那时是一家公司的财务总监。"

"那就挖过来!咱大老爷们跑业务,孙灵樨坐镇后方,替咱掌管财政大权。"

三天后,林正东喜滋滋地说,灵樨答应了。

目　录

第1章　再小的公司也有财务室

小财务跟着老板开公司_001

招贤纳士_009

开个银行账户_012

去税务局报到_014

明确公司的报销制度和借款制度_018

财务总监 vs 账房先生_023

会计的平衡之美_027

第2章　会计总说日常

摸清实收资本_031

第一张凭证_032

员工来借款_035

什么是开办费？_036

没有发票怎么办？_038

办公室要装修_039

买了一批办公用品_041

老板拿来的发票_043

公司要买车_044

交房租、水电费了_047

第 2 章

印花税二三事_049

收钱报销_054

招商会与会务费_056

能抽出原始凭证吗？_059

这样的发票不能收_061

丢了一张增值税专用发票_065

财务总有来有往

出门进货_069

丢了货怎么办？_073

卖了台产品_076

满减送加折上折_079

客户要退货_082

有种销售叫视同_087

第 3 章

付款要给现金吗？_092

要债要回了票据_095

融资靠贴现_100

强大的往来款_103

钱要不回来了_105

拿公款去投资_117

收到一笔返利款_119

算算税吧_121

目 录

第 4 章 工资福利那点事

给钱才是发工资吗？_127

老板要发福利_130

五险一金缴多少？_132

要缴多少个税？_142

年终奖的酸甜苦辣_152

税后收入怎么办？_162

汇算清缴要补税_164

算算离职补偿金_169

被员工告了_172

年会上的小礼品_178

人力成本是多少？_181

第 5 章 小心翼翼到月末

计提固定资产折旧_189

记错账怎么办？_195

今日盘点，暂停营业_198

对账日到了_202

月末得这么结账_207

珍惜平衡的美_212

第 6 章 一切为了报表

要做报表，先做什么？_215

搞定资产负债表_216

由利润表看利润几何_221

报表"皇后"：现金流量表_225

第6章

要填所有者权益变动表_230

我有多少钱可以用？_234

谁欠谁钱？_236

道不尽的营业费_240

做个明白的纳税人_246

给员工花了多少钱？_248

我有没有财运？_251

学写财务分析_255

装订凭证的手艺_257

第7章

智能报税

报税，报税_265

申报增值税_269

申报企业所得税_285

申报个人所得税_299

第8章

审计风波

借审计的力_309

审计审什么？_312

白纸黑字询证函_315

来份审计报告_319

税务局的来查账了_322

会计会被谁干掉？_328

第1章
再小的公司也有财务室

小财务跟着老板开公司

周末，咖啡馆内。

孙灵樨问："公司名称定了吗？你们准备了多少注册资金？"

"名称是'林氏商贸有限公司'，注册资金嘛……"林正东苦笑了一下接着说，"凑在一起大概有20万元。有一些钱借出去了，明年才能收回来。"

"好，我明白了。公司的名称还得核准后才能最终确定；至于注册资金，《中华人民共和国公司法》自从修正实施后，倒是对我们利好重重。"

林正东问："《公司法》修正？"

灵樨说："对，法律也是要与时俱进的嘛，时代在进步，法律不能总停留在旧有的环境中呀。《公司法》曾经多次修正，其中2013年的修正最具改革性，它最大的亮点就是将注册资本实缴登记制改为认缴登记制。"

"实缴、认缴，有什么区别？"林正东和刘洋一头雾水。

灵樨回答说："2013年修正前的《公司法》规定，有限责任公司全体股东的首次出资额不得低于注册资本的20%，也不得低于法定最低限额——也就是3万元，其余部分由股东自公司成立之日起两年内缴足。而2013年修正后的《公司法》，一方面取消了新公司注册资本最低限额的规定，以前的注册资本最低3万元、10万元、500万元的规定现在都是浮云了；另一方面，取消了股东首次出资比例和自公司成立之日起两年内缴足出资额的分期付款制。这就意味着，出资多少、出资方式是什么、出资期限多长，这些发起人自己约定就行。但是有一点，这些内容必须清清楚楚、明明白白地写在公司章程里。另外，公司实收资本①不再作为登记事项后，公司登记时也就不再需要提交验资报告了。"

"这还真是方便，想成立公司，分分钟的事呀。"林正东说道。

"对，国家还同时配套修改了《中华人民共和国公司登记管理条例》等行政法规。"灵樨继续说道。

"等等，我们有20万元，岂不是可以注册个2000万元，剩下的1980万元约定个100年缴齐不就行了？"刘洋发现了新大陆。

"认缴并不意味着你可以任性地认而不缴。就算你写注册资本为1亿元，国家市场监督管理信息公示系统也会如实地写上认缴多少、实缴多少、出资方式如何、出资期限多久等信息，任何人都可以查到。而且，注册资本越大，股东的责任也就越大。虽然有限责任公司是以出资额来承担有限责任的，但并不等于说实缴额就是你的责任底线。《公司法》规定，出资人是以认缴的而不是实缴的出资或股份对公司承担责任。经营过程中一旦出现债务纠纷，债权人就可以告公司和股东，对股东以认缴出资尚未届至公司章程规定的缴纳期限为由拒绝认缴全部出资额的情况，人民法院是不予支持的。也就是说，你注册资本写的1亿元，就要拿出1亿元去偿还债务。你不能想当然地认为公司章程规定了缴纳期限为100年，你就让他等着，100年后再要，这可没人为你撑腰。这时我们的注册资本缴纳期限可是会自动提前的。"

"经营公司，还是别耍这些小聪明了。"林正东说道。

"实际上，注册资本的多少也体现了你的资产偿债能力，别把自己整得砸锅卖铁举家借债似的来开公司，假如不小心把公司干破产了，想想这个债务你能不能偿还得上。所以注册资本写多少，也要参考你的公司形式和经营情

---

① 这里要解释一下实收资本这个概念。其实，"实收资本"这个名称带有待商榷：如果这是一家有限责任公司，那么这个项目的确应该叫"实收资本"；如果这是一家股份有限公司，那么这个项目叫"股本"才更为合适。同样地，针对所有者权益和股东权益；如果这是一家有限责任公司，那么我们称之为"所有者权益"；如果这是一家股份有限公司，我们则称之为"股东权益"。方便起见，除引用国家相关法规、政策原文、原表，本书统一采用"实收资本""所有者权益"。另外要说明的一点是，根据《公司法》，股东亦可指有限责任公司的所有者，故本书对此不做特别区分。

况。一般控制在维持经营所需总资产的40%～60%即可。后期根据经营情况还是可以增资的。"

"我也是想着如果以后我们进行A轮B轮融资的话，不至于把我们的股份稀释得太厉害。"刘洋解释着。

"这个大可放心，估值和注册资本是两个概念，这个到我们实际融资的时候你就清楚了。"灵樾说道，"我们打算以什么形式经营？"

"什么什么形式？"林正东一时没有明白灵樾的意思。

"公司形式。就是说，我们是成立工作室还是成立合伙企业，抑或是成立有限责任公司？"

"有什么区别吗？"林正东没有回答，反倒问起了灵樾。

"从公司经营的角度来说，什么形式都是可以经营的，个体工商户和上市公司都可以经营，卖茶叶蛋的小商贩也可以成长为上市公司。但从税收筹划的角度来说，就要好好考虑一下。"

"怎么说起税收筹划了？"刘洋一头雾水，"不是在说注册公司的事吗？"

"税收筹划从公司一出生就开始了，什么公司形式，注册在什么地方，等等。做税收筹划可是一个漫长的过程。个体工商户、个人独资企业和合伙企业适用个人所得税法，而有限责任公司和股份有限公司适用企业所得税法，个人所得税法有7级、5级的超额累进税率之分，企业所得税法采用25%的比例税率。再往细处看，个体工商户与个人独资企业和合伙企业在计算方法上又有着不同，虽然适用的都是个人所得税法。"灵樾解释道。

"这是不是会影响缴税金额？你有什么建议？"林正东说道。

"对，缴税多少是一方面，另一方面是出于对战略的考虑。从公司经营发展的角度来看，我的建议是成立有限责任公司。虽然有限责任公司的所得税率是25%，乍一看税负挺高的，但国家这几年对小型微利企业在税收政策上有一定的优惠。"

"你的意思是，我们先将自身定位为小微企业？"林正东问道。

"是的。对小微企业，国家现在有个优惠政策：对小型微利企业年应纳税所得额不超过100万元的部分，减按25%计入应纳税所得额，按20%的税率缴纳企业所得税；对年应纳税所得额超过100万元但不超过300万元的部分，减按25%计入应纳税所得额，按20%的税率缴纳企业所得税。

"不过还有个前提条件，这些小微企业所处的行业必须既不属国家限制的行业，又不属国家禁止的行业，并且这些小微企业需要同时符合年度应纳税所得额不超过 300 万元、从业人数不超过 300 人、资产总额不超过 5000 万元这三个条件。

"而且无须额外审批，我们只需在预缴企业所得税时填写纳税申报表，即可享受这个小型微利企业所得税优惠政策。

"除了在所得税方面，小微企业在六税两费上也可以享受减免。"

"什么六税两费？"刘洋不解地问道。

"就是资源税、城市维护建设税、房产税、城镇土地使用税、印花税（不含证券交易印花税）、耕地占用税，以及教育费附加和地方教育附加。对于我们来说，常涉及的就是城市维护建设税和印花税，以及教育费附加和地方教育附加了。"

"好，听你的，一口吃不出个胖子。这样不仅我们的纳税负担小一点，也方便以后的发展。"林正东迅速做了决定。

"能省多少？"刘洋问道。

"假如我们的应纳税所得额是 100 万元，我们需要缴纳的企业所得税就是 100×25%×20%=5（万元）。假如我们的应纳税所得额是 300 万元，我们需要缴纳的企业所得税也就是 100×25%×20%+（300-100）×25%×20%=15（万元）。而我们的企业所得税正常税率是 25%。"

"这省的可是实打实的真金白银呀！"刘洋在心里默默地算了下。

灵樱接着说："嗯，国家政策好，只要符合条件，就可以减免。另外，《公司法》里还有一条是说，股东可以用货币出资，也可以用实物、知识产权、土地使用权等可以用货币估价并可以依法转让的非货币财产作价出资。不过《公司法》同时也规定了，应当评估用于出资的非货币财产，不得高估或者低估作价。这样一来，就需要专业机构的评估了。我们得多出一份报告的钱。不过咱们同窗 4 年，我能让你们多掏钱吗？"

"好，那咱们就按你说的办。另外，注册资金你就别出了，我们给你算 20% 的股权。刘洋，你同意不？"

"大股东说了算，听你的。"刘洋表示支持。

"心意我领了，为了避免麻烦，我还是正儿八经出资吧。而且《公司法》

中也明确规定了，股东不得以劳务、信用、自然人姓名、商誉、特许经营权或者设定担保的财产等作价出资。"

"不是有干股一说吗？"

"是有这么个词，不实际出资却可以获得股份。"

"那给你算干股。"

"我觉得有必要先给你解释下什么是干股。"灵樖知道林正东这么说是出于好意，但显然林正东没有明白灵樖为什么会拒绝他认为的好事。

"首先，可以明确的是，从法律意义上来说，不存在你所谓的干股。《公司法》虽然规定了可以不按出资比例分取红利，但干股的取得和形成完全是以赠股协议为前提的，持干股的股东的资格也完全依托于赠股协议，如果赠股协议存在可撤销、无效等情况，那依附于它的权利也就烟消云散了。

"其次，《公司法》中还有一条是这样说的：'有限责任公司的股东以其认缴的出资额为限对公司承担责任；股份有限公司的股东以其认购的股份为限对公司承担责任。'也就是说，由于干股股东没有实际出资，他是不承担责任的。换句话说，干股牺牲的是股东的利益，相当于单纯地送出去了未来的经营利益。这也就是为什么最高人民法院和最高人民检察院将收受干股定义为受贿。

"最高人民法院和最高人民检察院发布的《关于办理受贿刑事案件适用法律若干问题的意见》第二条，明确说明国家工作人员利用职务上的便利为请托人谋取利益，收受请托人提供的干股的，以受贿论处。进行了股权转让登记，或者相关证据证明股份发生了实际转让的，受贿数额按转让行为时股份价值计算，所分红利按受贿孳息处理。股份未实际转让，以股份分红名义获取利益的，实际获利数额应当认定为受贿数额。

"你看，所有的股份都会对应出资，股权的转让是伴随着权利和义务一并进行的。"灵樖徐徐道来，点出干股的利弊。

林正东和刘洋面面相觑："这一不小心就成行贿了。"

灵樖笑着说："不至于，未经实施的不算，对象也须是国家工作人员。总之，我更倾向于成为受法律保护的股东，免费午餐可不好吃。我们进行下一个议题吧，公司的经营范围定了吗？"

"嗯，这个简单，就是音箱制品销售，我们卖的就是我舅舅在乡里木工厂生产出来的音箱。"刘洋回答道。

"那好，就这么定了。接下来就是设立登记了。现在公司设立登记通常都在网上办理，你可以选择在企业登记全程电子化服务平台办理，也可以下载APP办理，哪怕足不出户，也可以享受政府的服务。当然，你如果对电子操作不放心，也可以去政务服务大厅现场办理。

"先准备好股东和法人、董事、监事、经理、财务负责人等的身份证明和任职文件，公司章程，住所文件等，如果是需要行业审批的特殊行业，还需要提前审批并拿到许可的文件，这些文件需要在设立登记时上传。

"登录企业登记全程电子化服务平台，进行实名认证注册后，可以在线将公司的名称核定下，这里需要提前多准备几个名称备选。通过后就可以进行公司的设立登记了。"

"名称有什么需要注意的吗？我听说要注册到自己满意的名称很不容易，好多人会选择通过先注册再更名的模式来注册企业的名称。"林正东担心注册不到自己心仪的名称。

"要尽量避免公司重名，可以事先在国家企业信用信息公示系统中查询一下，避免在办理时因重名而影响办理进度。一般来说，企业的名称组合方式有三种，'区划+字号+行业特点+组织形式''字号+（区划）+行业特点+组织形式''字号+行业特点+（区划）+组织形式'。这里可以自行勾选想用的组合方式，不过要注意的是，在整个企业名称中，只有企业字号和行业特点可以手动编辑录入，其他组成部分你只要选择即可。需要特别提醒的是，如果你的企业名称中冠以'中国''中华''国家''全国''国际'等词的，可是需要提交国务院的批准文件复印件的。另外，如果需要申请特殊的名称，就要准备好相关的说明或者证明材料，到时有可能需要提交这些证明材料。"灵樨把核名时需要注意的点说了一下。

"公司名称通过后，接下来就是公司设立登记了。这时需要依次将公司的基本信息填上，包括公司的住所、经营期限、认缴注册资本等，以及股东信息、成员信息和附加信息，公司章程和股东会决议可自动生成，也可以手动上传。填完后再检查一下有没有遗漏的，或者填错的，人有时难免手滑。检查无误后提交即可，一般3天左右就会收到通知。可以选择邮寄，也可以选择在线下窗口领取。"

"这就好了？"刘洋听着有点不可思议。

"科技智能时代，多证合一了，你连税务登记证和组织机构代码证都不需要办了。"

"接下来就可以营业了？"

"别急，你还得预约开立基本户。这期间我们可以先去将企业公章、法人名章、财务专用章刻好。别忘了同步申请企业职工社会保险的登记。"

"好像有种挖到宝的感觉，灵樑，你这是口吐金莲呀！"刘洋不禁说道。

"别以为会计人员只会扒拉算盘珠子，我们可是魔术师。你就瞧好吧，姐绝对让你惊喜不断。"

小贴士

我国自2014年3月1日起实行企业注册资本认缴制，放宽注册资本登记条件：除法律、法规另有规定，取消有限责任公司最低注册资本3万元、一人有限责任公司最低注册资本10万元、股份有限公司最低注册资本500万元的限制；不再限制公司设立时股东（发起人）的首次出资比例和缴足出资的期限。公司实收资本不再作为工商登记事项。

出资人是以认缴的而不是实缴的出资或股份对公司承担责任。对出资人以认缴出资尚未届至公司章程规定的缴纳期限或者违反出资义务已经超过诉讼时效为由抗辩的，人民法院不予支持。

- 《公司法》第二十七条：股东可以用货币出资，也可以用实物、知识产权、土地使用权等可以用货币估价并可以依法转让的非货币财产作价出资；但是，法律、行政法规规定不得作为出资的财产除外。对作为出资的非货币财产应当评估作价，核实财产，不得高估或者低估作价。法律、行政法规对评估作价有规定的，从其规定。
- 《市场主体登记管理条例》第十三条：公司股东、非公司企业法人出资人、农民专业合作社（联合社）成员不得以劳务、信用、自然人姓名、商誉、特许经营权或者设定担保的财产等作价出资。
- 《公司法》第三十四条：股东按照实缴的出资比例分取红利；公司新增资本时，股东有权优先按照实缴的出资比例认缴出资。但是，全体股东约定不按照出资比例分取红利或者不按照出资比例优先认缴出资的除外。

第三条：有限责任公司的股东以其认缴的出资额为限对公司承担责任；股份有限公司的股东以其认购的股份为限对公司承担责任。

- 《财政部 税务总局关于进一步实施小微企业所得税优惠政策的公告》（2022年第13号）第一条：对小型微利企业年应纳税所得额超过100万元但不超过300万元的部分，减按25%计入应纳税所得额，按20%的税率缴纳企业所得税。

第二条：本公告所称小型微利企业，是指从事国家非限制和禁止行业，且同时符合年度应纳税所得额不超过300万元、从业人数不超过300人、资产总额不超过5000万元等三个条件的企业。

从业人数，包括与企业建立劳动关系的职工人数和企业接受的劳务派遣用工人数。所称从业人数和资产总额指标，应按企业全年的季度平均值确定。

第三条：本公告执行期限为2022年1月1日至2024年12月31日。

- 《财政部 税务总局关于小微企业和个体工商户所得税优惠政策的公告》（财政部 税务总局公告2023年第6号）第一条：对小型微利企业年应纳税所得额不超过100万元的部分，减按25%计入应纳税所得额，按20%的税率缴纳企业所得税。

第四条：本公告执行期限为2023年1月1日至2024年12月31日。

- 《国家税务总局关于落实小型微利企业所得税优惠政策征管问题的公告》（国家税务总局公告2023年第6号）第三条：小型微利企业在预缴和汇算清缴企业所得税时，通过填写纳税申报表，即可享受小型微利企业所得税优惠政策。

- 《关于进一步实施小微企业"六税两费"减免政策的公告》（财政部 税务总局公告2022年第10号）第一条：由省、自治区、直辖市人民政府根据本地区实际情况，以及宏观调控需要确定，对增值税小规模纳税人、小型微利企业和个体工商户可以在50%的税额幅度内减征资源税、城市维护建设税、房产税、城镇土地使用税、印花税（不含证券交易印花税）、耕地占用税和教育费附加、地方教育附加。

第二条：增值税小规模纳税人、小型微利企业和个体工商户已依法享受资源税、城市维护建设税、房产税、城镇土地使用税、印花税、耕地占用税、教育费附加、地方教育附加其他优惠政策的，可叠加享受本公告第一条规定的优惠政策。

第四条：本公告执行期限为2022年1月1日至2024年12月31日。

上述优惠条件需同时符合年度应纳税所得额不超过300万元、从业人数不超过300人、资产总额不超过5000万元三个条件。

- 关于收受干股：中国最高人民法院、最高人民检察院发布的《关于办理受贿刑事案件适用法律若干问题的意见》（法发〔2007〕22号）第二条，明确说明国家工作人员利用职务上的便利为请托人谋取利益，收受请托人提供的干股的，以受贿论处。进行了股权转让登记，或者相关证据证明股份发生了实际转让的，受贿数额按转让行为时股份价值计算，所分红利按受贿孳息处理。股份未实际转让，以股份分红名义获取利益的，实际获利数额应当认定为受贿数额。

招贤纳士

"东子，这财务室你不是打算让我一肩挑吧？"灵樨堵着要出门的林正东说。

"哪敢哪敢，财务室至少得有两个人，会计、出纳不能一人兼，这个规定连我都知道，何况东子。"刘洋打圆场道。

林正东连忙接上话茬子："我正巧有个表妹，叫安小米，也是学会计的，我叫她来给你打打下手吧。"

"谢谢体谅，不过丑话可得说在前头。这财务负责人呀，她是做不成的，还得委屈她做做出纳，《会计基础工作规范》里可是白纸黑字地写着呢。单位领导人的直系亲属不得担任本单位的会计机构负责人、会计主管人员；会计机构负责人、会计主管人员的直系亲属不得在本单位会计机构中担任出纳。需要回避的直系亲属为：夫妻关系、直系血亲关系、三代以内旁系血亲及配偶亲关系。

"我们既然是经营企业，就不能公私不分。按制度经营，公司才能长久发展。"

"行,就听灵樨的,明天让小米来公司吧。"

周一,公司。

"刘洋哥,这是我在会计培训班的同学夏朵朵。你不也得招人吗?就招她吧。你要用我,就得用她,要不然一个也别用。"安小米拉着夏朵朵,理直气壮外加耍赖地看着刘洋。

林正东瞪了一眼小米,正在犹豫间,孙灵樨从里面的房间走了出来。

"行了,你不用说了,小米的声音那么大,我想听不见都难。你要还没招到人,就她俩吧。新手也好,可塑性强。"

林正东递了个感激的眼光,转身去叫小米和朵朵。

"灵樨姐,我是安小米,这是我同学夏朵朵。我可没少听我哥夸你,说你一手龙门账,是财税界里女诸葛。你放心,我们俩都有会计证书的,不信你看。"小米顺势递上了自己的资格证,嘴巴甜得像灌了蜜。

"哈哈哈!小米,你性格活泼,就做出纳吧。朵朵,你性子沉稳,就当会计吧。这是你俩的工作岗位职责,行走江湖必备,记住要背得烂熟于心。"

"哎呀,你比我背得少,可羡慕死我了!"安小米嘟起了嘴。

"别自己给自己画老虎,"孙灵樨笑了,接着说道,"这也就是文字表述问题,实际工作可没你们想象中的那么难。小米就是平时报报销,发发工资,去银行取下钱,进个支票,就是跟钱打交道的,做些跟钱有关的凭证,记跟钱有关的账。朵朵你呢,就是做做收入、成本的凭证,核算下税金、往来款,再报报税、登登账。小米也别羡慕朵朵,她的工作量和责任可不比你少。"

"那就是我管钱,她管账,你管我们了!"朵朵一点就透。

"不错,孺子可教,总结到位。即使小米手握真金白银,也逃不出朵朵的五指神山。"

"嗯,你这样一说还挺有意思的。"朵朵说。

"以后你们会越来越觉得会计有意思。"

小贴士

- 《会计基础工作规范》(财政部令第98号)第十一条:各单位应当根据会计业务需要设置会计工作岗位。

会计工作岗位一般可分为：会计机构负责人或者会计主管人员，出纳，财产物资核算，工资核算，成本费用核算，财务成果核算，资金核算，往来结算，总账报表，稽核，档案管理等。开展会计电算化和管理会计的单位，可以根据需要设置相应工作岗位，也可以与其他工作岗位相结合。

第十二条：会计工作岗位，可以一人一岗、一人多岗或者一岗多人。但出纳人员不得兼管稽核、会计档案保管和收入、费用、债权债务账目的登记工作。

第十六条：国家机关、国有企业、事业单位任用会计人员应当实行回避制度。

单位领导人的直系亲属不得担任本单位的会计机构负责人、会计主管人员。会计机构负责人、会计主管人员的直系亲属不得在本单位会计机构中担任出纳工作。

需要回避的直系亲属为：夫妻关系、直系血亲关系、三代以内旁系血亲，以及配偶亲关系。

出纳岗位职责：

1.严格遵守现金管理制度，库存现金不得超过定额，不坐支、不挪用，不得用白条抵顶库存现金，保持库存现金与账面现金一致，每日对库存现金自行盘点，编制现金报表；

2.负责到银行办理现金支取和相关业务的结算工作；

3.认真审查各种报销或支出的原始凭证，对违反国家及公司规定或有误差的，有权拒绝办理；

4.根据审核无误的收支凭证及时登记现金日记账和银行存款日记账，做到日清月结；

5.负责做好工资、补助等的造册发放工作；

6.负责支票签发管理工作，不得签发空头支票，按规定设立支票领用登记簿；

7.妥善保管现金、收据、支票、汇票、发票、有价证券和财务印鉴，确保资金和票据的安全性；认真登记银行票据的购买、领用、背书转让及注销等事项；

8.及时向财务主管提供账面资金及资金使用情况说明，使财务主管准确掌握资金流动情况，合理调配资金。

会计岗位职责：

1. 根据《中华人民共和国会计法》和《企业财务通则》（财政部令第41号）、《企业会计准则》及有关会计制度和公司章程的规定，设置会计科目和会计账簿，记录经济业务活动；

2. 遵循会计核算的一般原则，对公司的一切经营活动进行会计核算和会计监督；

3. 认真做好财务核算，及时正确地确认收入、成本及税金，并按期缴纳各项税款；

4. 认真做好债权、债务等往来款项的核算及登记，严格按照规定核算固定资产及计提固定资产折旧；

5. 每月及时与银行对账，如有未达账项，应及时做好银行存款余额调节表；

6. 保证财务核算的时效性，督促工作人员及时结账、报账，及时进行会计核算、会计报表编制，做好财务分析，保证会计核算的合法性、真实性、正确性；

7. 按照《中华人民共和国档案法》和《会计档案管理办法》（财政部 国家档案局令第79号）的规定，认真贯彻会计档案管理规定及公司档案管理制度，并对财务会计资料及时整理、归档，保证会计档案的合规性和完整性。

开个银行账户

"小米，预约一下银行，我们去把基本户开了。"灵樰给小米布置了第一项工作。

"约哪个银行呀？"

"什么是基本户？"

小米和朵朵同时问道。

"关于选择银行，把握几个基本点就行：

"第一，就近原则，考虑到日后存取款及办理业务的方便程度，选择离公司较近、交通方便的银行；

"第二，规模原则，考虑到日后业务开展的需要，选择规模大、服务网点多的银行；

"第三，服务原则，银行收费情况也是需要考虑的因素之一，不同的银行办理业务的收费标准是不同的，处理业务的速度也是不同的。你也不想遇到办理业务慢、收费高、态度还不好的长期合作伙伴不是？

"第四，贷款原则，为以后的发展做准备。

"差不多就这些吧，你先筛选下。哦，对了，给你个特权，选择时可以任性一回，考虑下自己是否喜欢。

"至于什么是基本户，就是公司成立后需要开立的单位银行结算账户，用于日常的银行存取款、收款、转账支付、票据办理等业务。不过单位银行结算账户可不止一种，也不止一个。单位银行结算账户有基本存款账户（基本户）、一般存款账户、临时存款账户、专用存款账户四种。基本存款账户是单位银行结算账户的一种，是主办账户，一个公司只能开立一个基本存款账户，但是可以开立多个一般存款账户。"

"既然可以开立很多个一般存款账户，那还开基本存款账户干什么？"

"笨呀，基本基本，肯定是最基本的，离不了的，就像你衣柜里那一两件基础款的衣服一样。"小米一听朵朵的问题立马回了过去。

"小米，你没理解朵朵的真实意思，朵朵实际上是想知道为什么会分四类，分别都在什么情况下用，是不是？"

"嗯嗯，就是这个意思。"

"首先，基本存款账户开立是其他账户开立的前提，没有基本存款账户，其他账户也开不了。其次，只有基本存款账户才可以办理日常的现金取款业务，其他账户虽然也是银行结算账户，但是不能办理日常的现金取款业务，只能存款或转款，它们都有各自的专有用途与局限。

"一般存款账户可以根据需要选择在基本存款账户所在银行以外的其他银行开立。专用存款账户一般有其用途的专门性，专门用于缴税的税款账户，专门借款的账户，政府拨款专用账户，各类保证金、基金、建设金账户，党、团、工会设在单位的组织机构经费账户等都是专用存款账户。而临时存款账户一般就是临时需要并在规定时间内使用的结算账户，它的关键词是'临时'+'规定时间'。"灵樨解释道。

"一般存款账户也只能开一个吗？"朵朵问道。

"这个没有限制，根据自己的实际情况开立即可。"

"临时存款账户的规定时间一般是多久呀？"

"有效期最长不超过两年。"

"哈哈，和食品保质期似的。明白了，我这就去办。"别看小米有时脑子不着调，干活倒是挺麻溜。

> **小贴士**
>
> 基本存款账户的银行选择，一般按照就近、方便的原则进行。
>
> 单位银行结算账户分为基本存款账户、一般存款账户、专用存款账户、临时存款账户。基本存款账户的开立是其他账户开立的前提，单位的现金支取，只能通过基本存款账户办理。
>
> 基本存款账户是指存款人因办理日常转账结算和满足现金收付需要而开立的银行账户，是其主办账户。单位银行结算账户的存款人只能在银行开立一个基本存款账户。

去税务局报到

"灵樨，现在还需要办理税务登记证、组织机构代码证吗？"林正东问。

"不需要办理了，但是仍需要办理税务登记，确认一下税务信息，相当于去税务局报个到。"

"我怎么听着像是告诉人家一声，你要开业了，接下来就得纳税了。"林正东也学会了自嘲。

"哈哈哈哈，这个说法很恰当呀。"灵樨笑道，"办理完营业执照后，企业就要办理税务登记，完成补充信息采集后，加载18位统一社会信用代码的营业执照可代替税务登记证使用。

"另外，企业还要进行法人、财务负责人、办税人员、发票领购人的实名认证，完成图像和身份采集。以后就只有经过实名认证的这四个人凭身份证才可以来税务机关办理业务。"灵樨解释着为什么还需要办理税务登记。

"听起来，实名认证像是给企业戴了个金箍，让一切都可以追根溯源，谁哪一天来办了什么事儿，全都有记录可查呀。"朵朵说。

"实名认证也保护了企业呀,万一别人假冒公司人员领发票进行虚开怎么办,是不是呀,灵樨姐?"小米倒是想得明白。

"听说现在的税务征管越来越严了,连个人的银行账户都要被监管。"刘洋觉得他最近刷的许多视频都与金税四期有关,这些消息看得人瑟瑟发抖。

"这实际上是智慧税务的体现,最终的目的还是降低纳税成本和税收征管成本。如果真要说加强征管,那也是针对非法纳税人而言的。"灵樨说道。

"你又不偷税、不犯法,正常经营,合法纳税,你发什么抖。"小米打趣道。

"嘿嘿,就是听说这个功能太强大了,能把你的一切经济活动都监控了。"刘洋也觉得自己可能被那些视频带歪了。

"那是因为你对金税工程不了解,才会被各种流言所裹挟。金税工程实际上从1994年就开始实行了,它是整个税收管理信息系统工程的总称,也是国务院办公厅批准的国家一级智慧政务工程项目'十二金'之一。我们现在所说的金税四期,就是这个金税工程的一部分。

"金税工程的重点是进行智慧税务系统的建设,人工智能和大数据将帮助税务机关实现精准监管、精细服务,当然还有精确执法。一方面降低征管成本,另一方面提高服务水平。梳理一下你就会发现,税收征管方式已经从最初的管理员收税到企业报税再到现在的智能算税,税收征管的流程也从最初的'手工'到'上机'到'上网'再到现在的'上云',而税收征管的效能更是进化到了现在的以数治税。随着科技的进步,运用这些科技手段显然比过去用手工要节省时间且提高效率。"

"也是,我们不偷不抢,合法经营,我发什么抖呀。"刘洋在灵樨的解释下也明白了是自己的误解导致了认知偏差。

"你的担心与害怕实际上来自自己因陷入知识盲区而对未知产生的恐惧,只要解决掉这部分知识盲区,恐惧自然就消失了。"灵樨对刘洋安慰道。

"我们需要将企业的银行账户,财务、会计制度或者处理办法报送税务机关备案,签订企业、银行、税务三方协议,进行税费种认定,还要申请发票的领购。"灵樨把来税务局需要办理的关于税务的事项一一说明。

"不过这些现在都是可以在电子税务局或者手机APP上办理的,进行税务信息确认以后,大多都可以自动完成,方便得很。当然你也可以去办税服务大厅办理。"灵樨补充说道。

"是不是还要买个税控盘？"朵朵问道。

"不强制，电子税务局的开票业务模块可以开具全电发票，也可以开具纸质发票，而且电子税务局平台也是免费使用的。

"另外有一点需要注意下，办理报告银行账户信息的'存款账户账号报告'可是有时间限制的，需要在开立银行对公账户之日起15日内完成，所以还是要抓紧时间去办的。办理完这个之后才能办理网签三方协议。"

"我们领增值税专用发票吗？"林正东问道。

"可以，现在国家已解除了小规模纳税人自开专票的限制，我们直接申请一般纳税人认证。"

"灵樨姐，什么是一般纳税人和小规模纳税人呀？"小米这个"好奇宝宝"又上线了。

"一般纳税人和小规模纳税人之间最明显的区别就是，前者可以进行增值税进项税额的抵扣，而后者不能进行增值税进项税额的抵扣。而且，二者所适用的税率也是不同的。

"小规模纳税人主要是指年应征增值税销售额在500万元以下，并且会计核算不健全，不能按规定报送有关税务资料的增值税纳税人。"灵樨决定满足一下小米的好奇心。

"不是说还看销售额吗？我们刚拿到营业执照，销售额肯定是0元，这样也能行吗？"朵朵说道。

"行，怎么不行？！新办企业是可以自己提出申请成为一般纳税人的。即使你的年应征增值税销售额没有达到500万元的标准，只要你公司的会计核算非常正规、非常健全，能够按照国家统一的会计制度规定设置账簿，能够根据合法、有效的凭证进行核算，就可以向主管税务机关提出申请办理一般纳税人登记。除了自然人和偶尔超过小规模纳税人标准的小规模纳税人选择按照小规模纳税，其他都应当办理一般纳税人登记。也就是说，即便是个体工商户，达到标准也可以办理一般纳税人登记。"

"还可以选择不登记为一般纳税人吗？"朵朵听到灵樨的话问道。

"当然，这是你的权利。"

"为什么会有人不办理一般纳税人登记？"林正东也好奇这个问题。

"这是根据公司自身的情况进行的选择，如果公司不能取得足够的进项税发票，增值税税负过高的话，选择小规模纳税人的身份不失为一种良策。"

"这就是传说中的税收筹划吗？"小米感叹道。

"税收筹划是从一开始就要考虑的。"灵樨说道，"之前国家还专门开放了一般纳税人转登记为小规模纳税人的业务。"

"税率都是多少？"

"对于一般纳税人，我们称之为税率；而对于小规模纳税人，我们不能称之为税率，而是叫它征收率。一般纳税人的税率分为13%、9%、6%及零税率几种。另外，根据情况不同，还有直接减免，以及即征即退、先征后退、先征后返、退税、免征、不征税等特殊政策。目前小规模纳税人增值税的征收率为3%。"

"我的妈呀，这还只是增值税，这些名词已经把人绕晕了。"小米拍着她晕乎乎的脑袋说。

"我国现行的税种有18个，分别由税务系统和海关系统负责征收，这些税收收入又划分为中央政府固定收入、地方政府固定收入和中央政府与地方政府共享收入。这些以后我会慢慢说给你们听，现在只是先了解一个大概，有个概念就行。"灵樨看着小米苦恼的样子，决定先放过她：这才刚开始，以后在实践中再慢慢教给她吧。

"数电发票，在票种核定这里选增值税发票，然后对应填表就行了。连票种核定都省了，流程精简了不少不说，还让你实现开业即开票。另外，税费种认定上注意看有没有印花税，这个容易落掉。"灵樨说道。

"好嘞。"小米大松一口气，来日方长，她慢慢加油就行。

小贴士

小规模纳税人主要是指年应征增值税销售额在500万元以下，并且会计核算不健全，不能按规定报送有关税务资料的增值税纳税人。

增值税的税率和征收率：对于一般纳税人，我们称之为税率；而对于小规模纳税人，不能称之为税率，而是叫它征收率。小规模纳税人的征收率为3%。一般纳税人的税率分为13%、9%、6%及零税率几种。

> 我国现行的税种有18个，分别为增值税、消费税、车辆购置税、企业所得税、个人所得税、资源税、城镇土地使用税、耕地占用税、土地增值税、房产税、车船税、印花税、契税、城市维护建设税、环境保护税、烟叶税、关税和船舶吨税。由税务系统和海关系统负责征收，其中税务系统征收前16个税种，海关系统征收后2个税种（关税和船舶吨税）。这些税收收入又被划分为中央政府固定收入、地方政府固定收入和中央政府与地方政府共享收入。
>
> - 《国家税务总局河南省税务局关于开展全面数字化的电子发票试点工作的公告》（国家税务总局河南省税务局公告2023年第1号）第六条：试点纳税人通过实名认证后，无须使用税控专用设备即可通过电子发票服务平台开具发票，无须进行发票验旧操作。其中，数电票无须进行发票票种核定和发票领用。

明确公司的报销制度和借款制度

"灵樨姐早！"

"早！"

"灵樨姐，你说同事要来报销的话，我应该怎么做呀？"小米觉得还是应该先弄清自己的工作要点比较好，省得到时候出丑。

"你先把这个看一下，有不懂的再问我。"

林氏商贸有限公司日常费用报销制度

一、本制度旨在加强公司财务管理工作，完善公司报销制度，提高工作效率。

二、日常费用包括购买办公用品费、差旅费、交通费、电话费、业务招待费等费用。

三、报销发票粘贴规定。

1. 费用报销单。在费用报销单上按事项类别逐项逐件填写内容摘要（费用报销发票的内容包括日期、商品名称、单价、数量、大小写金额），加盖开具发票单位的发票专用章，以及所附单据附件张数。有借款记录需要在报销时冲账的，应注明借款人姓名、金额及时间。经办人必须要求开票单位如实填写发票所有内容，涂改过的发票、大小写金额不符的发票、虚假发票及非行政部门开具的收款收据一律不予报销。

2. 差旅费报销单。按途中经过的地点及发生的相关费用逐地逐项填写，出差发生的费用填在差旅费报销单中"其他"费用项上的，注明出差事由、随行人员及借款情况。

3. 报销单应使用签字笔或钢笔填写，不得使用圆珠笔或铅笔。

4. 票据粘贴方法：

（1）粘贴前先将所有票据归类，将同类的发票粘贴在一起；

（2）所有单据不得附带订书钉、大头针、回形针等金属物品；

（3）所有单据必须粘紧，由上向下，由右向左，一层层平均地粘贴在粘贴单上，上下左右不得超出粘贴单，超出的部分可折叠起来。

5. 通过电子渠道报销时，需逐张清楚地扫描，不得叠加扫描。

6. 使用打印的电子票据报销时，须同时提供该文件的电子凭证。

7. 报销人为发票真伪查验责任人。

四、报销时间规定。

员工报销费用，必须在费用发生当月内按规定程序进行报批。

五、下列情况不予报销：

1. 违章罚款及其他因当事者过失而发生的费用；

2. 其他不符合国家规定的不合法单据，无理由跨年度的单据。

六、各项费用开支，必须经部门经理和财务经理审核后，报总经理审批签字。具体流程如下：

1. 费用报销人粘贴票据并填写原始凭证粘贴单；

2. 需办理申请或出入库手续的应附批准后的申请单或出入库单；

3. 部门经理签字—财务经理签字—总经理签字—出纳处报销。

七、本制度最终解释修正权归公司财务部。

八、本制度自签发之日起执行。

林氏商贸有限公司
2023 年 5 月 1 日

林氏商贸有限公司员工借款制度及流程

一、本制度旨在规范员工借款行为，明确借款流程及权限，减少资金的不合理占用，规避借款坏账损失风险。

二、借款人范围：本公司正式员工。

三、审批职责。

1. 部门负责人：

对借款用途、金额、时间等进行审核，保证借款行为真实性、合理性、必要性，且保证借款的可收回性。

2. 财务负责人：

对借款金额的适当性及合理性进行复核，保证资金的合理使用。

3. 出纳人员：

审核借款申请表填写是否完整，签字是否齐备，对不合格的借款申请表可不予支付。

四、借款种类。

1. 出差借款。出差人员凭审批后的出差申请表按批准额度提交财务部门办理借款。出差返回后5个工作日内办理报销及还款手续。

2. 其他临时借款，如业务费、周转金等。借款人员凭审批后的借款申请表按批准额度提交财务部门办理借款。借款人员应及时报账还款。除周转金，其他借款原则上不得跨月。所有周转金必须于本年年末结清欠款，仍需使用的，于次年年初重新办理借款手续。

五、借款未还者原则上适用上款不还，下款不借。逾期未还的借款者经催告仍未还款的，转为个人借支，从其个人工资中扣回。

六、借款流程。

1. 借款人按规定填写借款申请表，注明借款事由、借款金额（大小写必须完全一致，不得涂改）、借款日期、借款期限、借款部门及支付方式等。

2. 审批流程：部门经理签字—财务经理签字—总经理签字。

3. 借款人员将审批后的借款单提交出纳处办理领款手续。

七、还款流程。

1. 借款员工应主动、积极地还款；

2. 出纳人员在收到借款员工的还款时，应开具收款收据，签名并加盖财务

专用章,并由还款人在"交款人"处签名;

3.收据联交由还款人保管,记账联作为财务记账依据。

八、本制度最终解释修正权归公司财务部。

九、本制度自签发之日起执行。

林氏商贸有限公司
2023 年 5 月 1 日

"灵槭姐,我怎么觉得好像给我戴了个金箍呀?"

"这个金箍,实际上也是你的尚方宝剑。在实际工作中,出纳是最容易得罪人的,同事总觉得你不好说话,故意刁难人,到时候你就可以理直气壮地说,'本姑娘执行的是公司的财务制度'。"

"霸气。"小米竖着大拇指说道。

"再者,把规则写在制度里,既明确了流程,又规避了风险,我们财务人员在工作中也要知道保护自己,而这个财务规章制度就是很好的保护手段。"灵槭最怕她俩一味蛮干,而财务工作,并不是单纯的核算、记账这么简单。

"小米,这里还得提醒你一下,电子发票是趋势,纸质的普通发票注定会退出,所以以后收到的电子发票我要求你一定要做好登记,避免重复打印、重复报销的事情发生。"灵槭对小米强调道。

"好嘞。我要怎么登记呀?"小米答应得挺快,问题问出来得也快。

"按这样的表格登记就可以,在发票号码这里可以使用查重功能。"灵槭贴心地给小米设计好了表格(见表 1-1)。

表 1-1 电子发票登记明细表

单位名称:

序号	发票日期	开票单位	项目名称	发票金额	发票号码	报销人	入账日期	备注

制表人:

"灵樨姐，那我呢？"朵朵迫不及待地问道。

"你呀，一句话就搞定了：本公司会计核算遵循权责发生制原则，以人民币为记账本位币，会计年度为每年公历1月1日至12月31日。"

"后半句我知道，可前半句的权责发生制是什么呀？"小米不解地问道。

"打个比方，你帮忙做家务，每月100元，这个月的钱妈妈没来得及给你，但你家务已经做了，钱迟早要给你，这个时候你做收入，就是在遵循权责发生制，因为这项经济业务已经发生了。但如果你在3个月后收到钱时再做收入，这就不叫权责发生制了，叫收付实现制。你想想，这两种哪个更合理？"

"什么时候收钱什么时候做收入呗。"小米想都不想就脱口而出。

"那要是一直都收不到呢？"朵朵问道。

"所以，对于企业而言，按权责发生制将发生的收入和成本计入当期，能更真实、更准确地反映企业当期的经营情况，避免出现某一个月的收入或成本畸高的情况发生。而且《企业会计准则》第一章第九条明确规定：企业应当以权责发生制为基础进行会计确认、计量和报告。收付实现制已经退出了企业会计的舞台，只能在行政事业单位和现金流量表中一睹芳容了。"

"那要是会计想给新经理一个下马威的话，就用收付实现制将全部成本都砸在一个月里，估计老板脸都是绿的了，哈哈！"小米一脸坏笑地说着。

"原则不是你想换就能换的！"灵樨边说边给小米剥了一个栗子。

小贴士

出纳人员应严格执行公司的费用报销制度及借款制度。

企业应当以权责发生制为基础进行会计确认、计量和报告。

权责发生制原则是指收入费用的确认应当以收入和费用的实际发生作为确认计量的标准。凡是当期已经实现的收入和已经发生或当期应当负担的费用，不论款项是否收付，都应作为当期的收入和费用处理；凡是不属于当期的收入和费用，即使款项已经在当期收付，也不应作为当期的收入和费用。

如果公司成立日期是在年中某一天，那第一个会计年度就是从成立日（公历）起至当年12月31日止。

> 会计核算以人民币为记账本位币。业务收支以人民币以外的货币为主的单位，可以选定其中一种货币作为记账本位币，但编制财务会计报告只能使用人民币，采用非人民币为记账本位币的也必须折算为人民币。记账本位币一经确定，不得随意变动。
>
> - 《财政部 国家档案局 关于规范电子会计凭证报销入账归档的通知》（财会〔2020〕6号）第四条：单位以会计凭证的纸质打印件作为报销入账归档依据的，必须同时保存打印该纸质件的电子会计凭证。

财务总监 vs 账房先生

"哇，灵槭姐，我怎么才能修炼成像你这样的财务总监呢？"小米一脸崇拜地望着灵槭。

"很简单，设定目标，坚决不做对账、付钱的账房先生。"

"会计的工作不就是对账、付钱吗？"

"错，要想成为财务总监，就要有战略眼光和头脑。你必须对公司的整体经营情况了然于胸，事事走在前面、做到前面，把经营情况可能引起的财务状况料想到，把可能产生的涉税风险规避掉，没钱时能筹来资金、整合资源，钱闲时能让钱生钱。一个人只有做到走一步看十步，才是财务总监。"

"是不是从建账开始就得谋划全局了？"小米问。

"对，建账很重要，《中华人民共和国税收征收管理法》第十九条和《中华人民共和国税收征收管理法实施细则》第二十二条、二十五条就规定了，所有的纳税人和扣缴义务人都必须按照有关法律、行政法规和国务院财政、税务主管部门的规定设置账簿。从事生产、经营的纳税人应当自领取营业执照或发生纳税义务之日起15日内设置账簿。扣缴义务人应自税收法律、行政法规规定的扣缴义务发生之日起10日内，按照所代扣、代收的税种，分别设置代扣代缴、代收代缴税款账簿。"

"那都要设什么账呢？"

"按照《税收征收管理法》和《税收征收管理法实施细则》的说法，账簿就是指总账、明细账、日记账及其他辅助性账簿。这里提醒你们一句，《公司法》里有明文规定，'公司除法定的会计账册外，不得另立会计账册'。你们两个，日后可不要自作聪明、知法犯法。"灵樑特意提点她俩，这种自作聪明的"自杀"行为可要不得。

"建账时要考虑企业的规模，它与业务量是成正比的。规模大的企业，业务量也大，分工就会相应地复杂些，需要的会计账簿品种也会多些；反之，需要的会计账簿品种就会少些。同时，建账也是为了满足企业管理需要，所以要避免重复设账、记账，以免给自己带来不必要的工作量，浪费自己的时间。但是，无论何种企业，都存在货币资金的核算问题，所以，现金日记账和银行存款日记账是必须设置的。另外，还需要设置总账和明细账、分类账，用来核算工资、收入、成本、费用等。目前我们公司需要设置的有现金日记账、银行存款日记账、总账、管理费用明细账、销售费用明细账、财务费用明细账、应收账款明细账、应付账款明细账、其他应收款明细账、其他应付款明细账、固定资产明细账、应付职工薪酬明细账、应交税费明细账、主营业务收入明细账、主营业务成本明细、实收资本明细账等。以后可以根据业务经营情况适时增设。"

"账簿设置完了，是不是就可以登账了？"朵朵问道。

"别急，还得选会计科目，它是记账的基础。为了便于记忆，各个会计科目都有相应的编码。科目主要分资产类、负债类、权益类、成本类和损益类，你们一定要记清楚每一个会计科目是属于哪一类的，因为它表示这个科目的借方或贷方反映的是增加还是减少。科目中绝大部分都是需要设置二级或三级明细科目核算的，有些甚至会设置到四级、五级，每往下设置一级都是对上一级科目的进一步细分。《企业会计准则——应用指南》中指出：'总分类科目一般由财政部统一制定，各单位可以根据自身特点自行增设、删减或合并某些会计科目，以保证满足会计科目的要求。'所以，我们要根据自己公司的情况从'会计科目表'中挑挑拣拣、增增补补。但是，无论你怎么挑拣，都逃不脱这六大类。而且，只要会计事项的相关核算内容在《企业会计准则——应用指南》中对应有明确的会计科目名称，就要遵循国家的统一规定，不另外确定科目名称，以增强会计科目名称的统一性和会计信息的可比性。"

"啊？我还以为可以随心所欲地起一些自己觉得好记的名称呢！"

"会计是很严谨的，哪能让你随心所欲！"

"灵樨姐，你刚才不是还提到了《税收征收管理法》吗，会计和税法是一致的吗？"朵朵问道。

"财会制度和税法有时是不一致的，甚至会出现相抵触的情况。"

"那怎么办？是账记错了吗？"

"这不是记错了账。会计准则有会计准则的规定，税法有税法的规定。比如在处理固定资产折旧年限时，会计准则的处理办法就可能和税法的处理方法不一致；在进行年度企业所得税汇算清缴时，也可能出现这种情况。做财务要避免将自己变成税务，按会计准则的规定进行记账、进行核算，按税法的规定计算缴纳税款即可，这时遵循的法则是调表不调账。不要把自己整成这样不行、那样不可以的教条模样。"

"嗯，好像会计很容易变得教条。"朵朵想想说道。

"那是你不精通，你看灵樨姐就不教条。"小米开启了她的彩虹屁模式。

"小米、朵朵，你俩接下来的任务就是背熟会计科目和编码，我会检查的哦！"

"还布置作业呀。"小米嘟着嘴不满道。

"灵樨姐，各个科目的总账、明细账的第一行是写期初余额为0吗？现金日记账和银行存款日记账还用不用设总账了？"

"No，第一行直接填写发生的第一笔业务。现金日记账和银行存款日记账也是要设总账的，总账登记的就是所有的一级科目。你俩先把账簿启用及接交表填一下吧。电子化时代，手工账已经被电子账所取代了，录完会计凭证，系统会自动生成总账和明细账，可以在电子账套里直接将总账、明细账打印出来，但是账簿启用及接交表千万别忘了打印（见表1–2）。这是反映企业这本账簿的使用情况的，内容可以包括单位名称、账簿名称、编号、页码、启用日期、经管人、交出记录、接管记录、接管人、复核人员等情况，这样的接交表，不仅可以使自己清楚该账簿的使用情况，也可以让查看的人一目了然。"

表 1-2　账簿启用及接交表

单位名称						公章		
账簿名称			（第　　册）					
账簿编号								
账簿页数	本账簿共计　　页							
启用日期	公元　　年　月　日							
经管人员	单位主管		财务主管		记账		复核	
	姓名	签章	姓名	签章	姓名	签章	姓名	签章
接交记录	经管人员		接管记录		交出记录			
	姓名	签章	日期	签章	日期	签章		
备注								

"好的。咦，这个启用日期填哪一天呀？"朵朵看着账簿启用及接交表问道。

"新成立的企业，就是营业执照上的发照日期；续存状态的企业，就是每年1月1日。"

小贴士

• 《税收征收管理法》第十九条：纳税人、扣缴义务人按照有关法律、行政法规和国务院财政、税务主管部门的规定设置账簿，根据合法、有效凭证记账，进行核算。

• 《税收征收管理法实施细则》（国务院令第362号）第二十二条：从事生产、经营的纳税人应当自领取营业执照或者发生纳税义务之日起15日内，按照国家有关规定设置账簿。

第二十五条：扣缴义务人应当自税收法律、行政法规规定的扣缴义务发生

> 之日起 10 日内，按照所代扣、代收的税种，分别设置代扣代缴、代收代缴税款账簿。
>
> 公司除法定的会计账册，不得另立会计账册。
>
> 所有新公司都需设置现金日记账、银行存款日记账、总账和明细账。
>
> 各单位可以根据自身特点自行增设、删减或合并某些会计科目。
>
> 现金和银行存款也要设总账。
>
> 新公司的账簿启用及接交表上的账簿启用日期一般填写营业执照上的发照日期。
>
> - 《税收征收管理法》第二十条：纳税人、扣缴义务人的财务会计制度或者具体的财务、会计处理办法与国务院或者国务院财政、税务主管部门有关税收的规定抵触的，依照国务院或者国务院财政、税务主管部门有关税收的规定计算应纳税款、代扣代缴和代收代缴税款。

会计的平衡之美

"灵楸姐，你拿着这幅画要挂哪呀？"小米见灵楸手里拿着一幅油画，于是想帮忙挂起来。

"挂在咱们财务室。"

"啊，这不是达·芬奇的《最后的晚餐》吗？这个题材挂办公室不合适吧？"小米说道。

"那你说说看这幅画是什么题材。"灵楸说道。

"这幅画不是取材于《圣经》里耶稣与十二门徒的故事吗？耶稣还说，'你们中间有一个人出卖我了'，然后他的门徒们开始争执谁是背叛者。背叛者就是那个犹大，看，他手里还攥着钱袋子。"小米指了指左边的一个人。

"不错，不过要我说呀，我之所以要在办公室挂这幅画，是因为达·芬奇的这幅画使用了会计学的理论和方法。"灵楸说道。

"啥？会计学！"小米和朵朵都不可置信地瞪大了眼睛。

"对，就是会计学。"灵楸卖了个关子没有直接回答，而是继续问道，"达·芬奇是哪里人还记得吗？"

"他是意大利人呀，是文艺复兴三杰之一。"朵朵立马说道。

"对,意大利的佛罗伦萨是文艺复兴的中心。当时意大利的佛罗伦萨、威尼斯和热那亚这三座城市是商人们经常聚集的地方,当然也是经济非常发达的地方。商人们的往来贸易要核算、要记录,也就带动了簿记的发展。此时的簿记使用的还是单式记账法,这三座城市都有自成一派的簿记方法。威尼斯商人在热那亚簿记和佛罗伦萨簿记的基础上发展了威尼斯簿记,这也是当时最为完整的记账方法。在威尼斯有一个人叫卢卡·帕乔利,他长期跟踪研究商人们的记账方法,还提出了自己的理论,也就是我们现在使用的复式记账法。他甚至提出了'借记'与'贷记',并将其写进了他的著作里。"

"这么厉害!什么书呀?"朵朵问道。

"《算术、几何、比及比例概要》。"

"书名好拗口!"小米听见算术就觉得晕。

"书名拗口不拗口没关系,这并不影响它伟大,内容好就行。卢卡·帕乔利在书里关于簿记的部分,明确了两侧型账户在借贷账项左右对照布局中的重要作用,也就是我们常说的'有借必有贷,借贷必相等'。这本书出版的时间正是1494年,而达·芬奇开始画《最后的晚餐》也是在1494年。"

"这是巧合吧,碰巧在同一年而已。"小米才不信呢,这本让她很不爽的书怎么会和世界名画有关系。

"你呀,一叶障目。"灵樧好笑地说着,"卢卡·帕乔利可是达·芬奇的老师,而且达·芬奇对他这位老师那是相当崇拜的,心甘情愿自掏腰包宣传他老师的这本著作,并且还给他老师的另一本书《神圣比例》画了60多幅插图。

"达·芬奇在画这幅《最后的晚餐》时那是相当纠结,因为在他之前,已经有很多有名的画家表现过这个题材了,他在构思如何突破以往的表现形式时相当苦恼。你看达·芬奇之前的《最后的晚餐》,画家们都是把人分作两排去画的,就是把犹大单独拎出来放在一边,把耶稣和其他门徒放在另一边,让人一眼就看出犹大和其他人之间有隔阂,于是都默认出卖者就是犹大。而达·芬奇呢,借鉴他老师提出的'有借必有贷,借贷必相等'的平衡原理,将犹大放在耶稣及其他门徒的同一面,让观众能清晰地看到每个人的表情,这样就能不受他人影响而自己做出判断。你们看,这幅画的中心是耶稣的额头,从这里画十字线上下延伸,不管是上下还是左右都是相等的。如果把上面看作'借',那下面就是'贷';如果把左边看作'借',对应的右边就是

'贷'。这是不是左右对照的布局？而卢卡·帕乔利《算术、几何、比及比例概要》的精髓，不正是'明确了两侧型账户在借贷账项左右对照布局中的重要作用'吗？

"达·芬奇可谓近水楼台，这个理论也正好让其找到了突破常规并完美呈现这个故事的灵感源泉。而'平衡'也正是会计的精髓。所以说，要成为优秀的会计，'有借必有贷，借贷必相等'的'平衡之术'就是你俩以后必须懂得和掌握的。"灵樧说道。

"啊！记住了，我一抬头就看见这幅画了，想忘也忘不了的。"小米被这个故事震惊到了，而那句话她早就记住了，她入门的第一节课老师就说过，但，也只是记住了。不过现在，她想这个"平衡"可能是她以后会计生涯中离不开的理论了。

朵朵若有所思地看着已经挂在了墙上的油画。

小贴士

现代会计学之父卢卡·帕乔利在他的著作《算术、几何、比及比例概要》中明确了两侧型账户在借贷账项左右对照布局中的重要作用。

会计恒等式：有借必有贷，借贷必相等。

第 2 章
会计总说日常

摸清实收资本

"朵朵,你说咱们这个公司值多少钱?"

"咦,小米,你又打什么鬼主意呢?"

"没有啦,就是想知道咱家底有多厚呗,够不够财大气粗。"

"你管着银行存款日记账呢,看一下银行存款有多少余额不就知道了?是吧,灵樨姐!"

"现在看银行存款的余额,只能知道我们现在可用的货币资金是多少。要想知道家底呀,以前看'实收资本'科目的余额就行。"

"那现在呢?还看'实收资本'?"小米眨了眨大眼睛说道。

"聪明,要看'实收资本',但同时也一定要看公司章程。"灵樨补充道,"实缴改认缴后,出资多少,出资方式是什么,出资期限多长,都必须在公司章程里清清楚楚写出来。如果约定的是一次性出资,你看到的'实收资本'科目的余额就是公司的实际家底了;而如果约定的是分期出资,你看到的'实收资本'就代表当前实际收到的资本和未收到的资本总和。"

"哦,那我们收到的实收资本还用还回去吗?"

"股东向企业投入的资本,在一般情况下无须偿还,是可以长期周转使用的。抽逃出资是绝对不允许的,这点无论是在《中华人民共和国刑法》还是在《公司法》里都是明令禁止的。"

"灵樨姐，你说我要不要学学法律，感觉会计怎么都离不开法律。"朵朵总是听到灵樨说各种法文、条例的，感觉自己的那点知识不够用了。

"如果你想在财务领域走得远的话，还是有必要学些法律知识的。"灵樨从来不对她俩要求过严，但总会在不经意处提点几句，好让她们在以后的职业生涯中少走些弯路。

"那我赶紧去看看我们的实收资本是多少。"小米说完就去翻账册了。

"咦，怎么什么都没有？"

"小米，朵朵，你们做凭证了吗？"

"嗯，好像，貌似，大概……没有。"

小贴士

实收资本是指企业投资者按照企业章程或合同、协议的约定，实际投入企业的资本。

实收资本可以是现金资产投资，也可以是非现金资产投资，如固定资产、无形资产、原材料等。

股东向企业投入的资本，在一般情况下无须偿还，可以长期周转使用。

- 《刑法》第一百五十九条：公司发起人、股东违反《公司法》的规定未交付货币、实物或者未转移财产权，虚假出资，或者在公司成立后又抽逃其出资，数额巨大、后果严重或者有其他严重情节的，处5年以下有期徒刑或者拘役，并处或者单处虚假出资金额或者抽逃出资金额2%以上10%以下罚金。

单位犯前款罪的，对单位判处罚金，并对其直接负责的主管人员和其他直接责任人员，处五年以下有期徒刑或者拘役。

- 《公司法》第二百条：公司的发起人、股东在公司成立后，抽逃其出资的，由公司登记机关责令改正，处以所抽逃出资金额5%以上15%以下的罚款。

第一张凭证

"小米，银行的单据你要及时整理入账，知道吗？"

"是，我这就整理。"小米摩拳擦掌准备做凭证，可又碰到了疑难，"灵樨姐，这凭证要怎么做呀？"

"在一般情况下，企业要做的第一张凭证一定是实收资本的凭证。这时，你拿到的原始凭证一定是银行的存款单据，你要根据这张存款单据做这笔交易的会计分录。"

小米赶紧找出银行给的存款单据。一张 10 万元的，一张 6 万元的，一张 4 万元的。

"小米，你看看我们的公司章程上是怎么约定的。"灵樨嘱咐小米注意公司章程的约定。

"第 6 条：公司注册资本 20 万元。第 7 条：股东的名称、出资数额、出资时间及出资方式如下。股东林正东，出资数额 10 万元，出资时间 2023 年 × 月 × 日，出资方式现金；股东刘洋，出资数额 6 万元，出资时间 2023 年 × 月 × 日，出资方式现金；股东孙灵樨，出资数额 4 万元，出资时间 2023 年 × 月 × 日，出资方式现金。

"填制的记账凭证内容必须包括：填制凭证的日期，凭证编号，经济业务摘要，会计科目，金额，所附原始凭证张数，填制凭证人员、稽核人员、记账人员、会计机构负责人的签名或盖章。那么，这张凭证就要这样做：填制凭证的日期写'2023 年 × 月 × 日'；凭证编号填'1'；经济业务摘要写'收股东投资款'；会计科目这样填。"

借：银行存款——工行 ×× 支行　　200000
　　贷：实收资本——林正东　　　　100000
　　　　实收资本——刘洋　　　　　60000
　　　　实收资本——孙灵樨　　　　40000

小米念得很认真。

"所附原始凭证张数填'3'；再分别在填制凭证人员、稽核人员、记账人员、会计机构负责人处盖上安小米、夏朵朵、孙灵樨的章就行了。"灵樨说。

"灵樨姐，这个填制凭证的日期是我填写凭证的当天吗？编号有要求没有？还有这个附件怎么算？是针对一张原始凭证做一张记账凭证，还是可以汇总所有原始凭证做记账凭证呀？"朵朵紧跟着问出了一堆问题。

"朵朵的问题问得好。第一个问题，这个填制凭证日期的问题，其实很容易出现错误，实际工作中大多数人为了省事，集中在月底做一次凭证，把日期填成每月的最后一日，这样是不对的。特别是在做讲究日清月结的现金存款、银行存款日记账时，这样做会给对账增加很多困难，也很容易对不上账。正确的做法是，要按经济业务的发生时间填制记账凭证。告诉你们个窍门，照着原始凭证上的日期抄写准没错。在电子账套里，也会分业务日期和记账日期。

"第二个问题，记账凭证上的编号应该是连续的，一笔经济业务需要填制多张记账凭证的，可以采用分数编号法编号，如 1/2，2/2。

"第三个问题，附件的计算。简单来说就是查张数，告诉你们一个原则：没有经过汇总的原始凭证按自然张数计算，有一张算一张；经过汇总的原始凭证，每张汇总表算一张。举个例子说，小米报销出租车发票，共在原始凭证粘贴单上贴了15张发票，这时，原始凭证粘贴单上的附件填写'15'，记账凭证上的附件则要填写'1'。

"第四个问题，记账凭证可以根据每一张原始凭证填制，根据若干张同类原始凭证汇总填制，也可以根据原始凭证汇总表填制。但不得将不同内容和类别的原始凭证汇总填制在一张记账凭证上，否则，经济业务的具体内容不清楚，难以填写摘要，也会因没有明确的对应关系而看不清经济业务的来龙去脉。这样填制记账凭证，不仅凭证自身记录不清楚，也容易造成会计账簿记录的错误，给记账、复核人员带来困难。用一句话说就是，一张记账凭证反映的一定是同一项经济业务。"

"还有这么多小窍门啊！这下好了，不用记那些冗长的条文了，记灵樨姐的话就行。"小米卖乖地说道。

小贴士

填制的记账凭证内容必须包括：填制凭证的日期，凭证编号，经济业务摘要，会计科目，金额，所附原始凭证张数，填制凭证人员、稽核人员、记账人员、会计机构负责人的签名或盖章。

记账凭证的日期为经济业务的发生日期。可照着原始凭证的日期抄写。

记账凭证上的编号应该是连续的，一笔经济业务需要填制多张记账凭证的，可以采用分数编号法编号。

　　附件的计算，一般来说按以下原则进行：没有经过汇总的原始凭证按自然张数计算，有一张算一张；经过汇总的原始凭证，每一张汇总表算一张。

　　记账凭证可以根据每一张原始凭证填制，或者根据若干张同类原始凭证汇总填制，也可以根据原始凭证汇总表填制。但不得将不同内容和类别的原始凭证汇总填制在一张记账凭证上。

员工来借款

　　"灵樨姐，销售部的小张准备出差，要借5000元，这是他的出差申请表。我已经仔细检查过，申请表所需的签字全都有，这样我是不是就可以给他钱了？"小米面对第一个来借钱的同事，还是有点紧张。

　　"嗯，不错，看来你认真看了咱们的《林氏商贸有限公司员工借款制度及流程》。用公司网银转给他吧。"灵樨适时地夸了夸小米。

　　"嗯，好的，那我这笔凭证是不是要这样做？"

借：其他应收款——张××　　　　5000
　　贷：银行存款　　　　　　　　5000

　　"这样做也对，但我建议你按部门设一个二级科目。比如这个小张，他是销售部的，你可以这样写。"

借：其他应收款——销售部——张××

　　"这样方便进行财务管理，以后查部门的欠款情况时一目了然，这叫责任到户。银行存款也是需要细分到二级科目的，表明是哪一个银行的结算账户，只有公司只开有一个银行账户，才可以不用细分。"

　　"那是否可以再细分一下借款种类？比如我们公司的借款有两种，一种是出差借款，一种是其他临时借款，做成'其他应收款——销售部——出差借款——张××'，这样行吗？"看来小米还很细心。

　　"细分科目，要看公司的实际情况，如果公司的经营情况很复杂，业务种类繁多，而公司的高层要的数据很精细，那你的财务核算越细越好。如果经营情况单一，就不用划分得太过精细，给自己徒增工作负担。"灵樆解释道，"但是摘要你要写清楚，部门、人员、事项都要交代清楚。比如这个，写'付销售部张××出差借款'，这样以后查找凭证时，看摘要就能知道大概的经济业务内容了。当然也不要太过烦琐，简明扼要就好。另外，要避免使用容易引发联想的敏感词，避免在以后的税收检查或审计中引起不必要的麻烦。"

"嗯，知道了。"

> **小贴士**
>
> 　　对于员工的借款，可以在"其他应收款"一级科目下按部门设定二级科目，便于日后的财务管理及数据提取分析。
>
> 　　下级科目的细分要根据自己公司的实际情况进行，不能盲目地细分。

什么是开办费？

"灵樆姐，你看这些单据要怎么处理呀？"小米拿出了一堆正让她苦恼的单据。

灵樆看了眼面前的单据，有办理证照的财政收费票据、林正东和刘洋往返乡下的差旅费、招聘和培训新员工的费用、开业前找广告公司做广告的宣传费等。

"听过开办费这个词吗？这些就是开办费。"

"那开办费是不是要摊销呀？"朵朵问道。

"开办费可以在开始经营当年一次性扣除，也可以作为长期待摊费用支出，从支出发生月份的次月起分期摊销，摊销年限不得低于3年。而且在新税法和新会计准则下，开办费也不再计入递延资产等，而是直接计入管理费用，将其费用化。在通常情况下，我们按开办费的多少来选择是摊销还是一次性扣除。"

"那这笔会计分录我是不是就可以这样做？"小米边说边写道。

借：管理费用——开办费
　　贷：银行存款——工行××支行

小米脑袋转得还挺快。

"不错，学得蛮快的。但有一点你要记住，也不是所有开业期间的费用都要计入开办费。例如取得各项资产所发生的费用，包括购建固定资产和无形资产时支付的运输费、安装费、保险费和购建时发生的相关人工费用都不得计入开办费，还有为培训职工而购建的固定资产、无形资产等支出也不得列作开办费。"

"嗯，记住了。可是灵樰姐，这'借''贷'怎么区分呀？怎么一会增加，一会又减少呀？"

"会计入门有一句铁打的原则'有借必有贷，借贷必相等'，还记得吗？"

"记得记得，还有达·芬奇的油画《最后的晚餐》。"小米说道。

"借和贷不是人们通常所理解的意思。在会计上，它俩表示的是相反的两个意思，一个表示增加，一个表示减少。当一方增加时，另一方一定减少。所谓'借贷必相等'是指，当一方为正时，另一方必定为负，而正负正好相抵，结果必然为0，因为正负的绝对值一定相等。举个例子，$(+1)+(-1)=0$，+1的绝对值等于-1的绝对值，即$|1|=|-1|$。拿银行存款来说：收钱一定意味着现金的增加，表示为借现金；钱付出去一定意味着现金的减少，就表示为贷现金。所以说资产类的增加记借方，减少记贷方，如果对六大分类记不清，就时刻拿现金、银行存款来做对比，任何业务的一方都可以转化为现金。"

"对呀！现金这个我理解，收钱、付钱、正号、负号，用现金替换，这样一说就容易理解多了。"小米瞬间有种茅塞顿开的感觉。

> **小贴士**
>
> 　　开办费是指企业在筹建期间发生的费用，包括筹建期人员工资、办公费、培训费、差旅费、印刷费、注册登记费及不计入固定资产和无形资产购建成本的汇兑损益和利息支出。筹建期是指企业从被批准筹建之日起至开始生产、经营（包括试生产、试营业）期间。

> 不得列作开办费的有：
> 1.取得各项资产所发生的费用，包括购建固定资产和无形资产时支付的运输费、安装费、保险费和购建时发生的相关人工费用；
> 2.为培训职工而购建的固定资产、无形资产等支出。

没有发票怎么办？

"灵樨姐，这个电话你能不能接一下？"朵朵为难地看着灵樨。

"怎么了？"

"是行政部的小王，林总让她去买些绿植来装点办公室，她就去了花卉市场，买完才发现对方没有发票，她打电话来问怎么办。"

"多少钱？"

"说是不到500元。"

"让店老板给开个收据，写上花店名称、收款人姓名及身份证号、收取金额、收取时间、销售给我们的花卉明细等事项就行了。"

"好的。"

"灵樨姐，这种不是白条吗？"朵朵挂了电话便问出了心中的疑虑。

"你是想说白条不能入账？"

朵朵点点头。

"在这里你是把会计上的规定和税法上的规定弄混了，我前面才说过别把自己变成税务，公司在经营过程中难免会遇到这种情况，对实际发生的情况进行会计核算时，依据会计制度的有关规定进行账务处理就行。而在税法上，按照税收规定计算缴纳税款就可以，如果想在税前扣除，合法有效的发票是前提，但有时候就是获取不到发票怎么办？"

"缴税。"朵朵说道。

"国家税务总局也考虑到了这个问题，在2018年6月发布的《企业所得税税前扣除凭证管理办法》的公告中明确指出了发票并不是税前扣除的唯一凭证。第九条中也说：'对方为依法无须办理税务登记的单位或者从事小额零星经营业务的个人，其支出以税务机关代开的发票或者收款凭证及内部凭证作为税前扣除凭证，收款凭证应载明收款单位名称、个人姓名及身份证号、支出项目、收款金额等相关信息。'所以你看，这种时候就不要强求了，非揪着要发票也不利于社会和谐。"灵樨解释道。

"那这样，是不是就可以在遇到没有发票的情况下就借用此规定呢？"

"政策可不能滥用，这里着重指的是小额零星。什么是小额零星？十几二十万元可不是小额零星，一般认为是每次 300～500 元。至于大额的，可以去税务局代开发票。"灵樨觉得还是要纠正她俩的认知。

> **小贴士**
>
> - 《企业所得税税前扣除凭证管理办法》第九条：对方为依法无须办理税务登记的单位或者从事小额零星经营业务的个人，其支出以税务机关代开的发票或者收款凭证及内部凭证作为税前扣除凭证，收款凭证应载明收款单位名称、个人姓名及身份证号、支出项目、收款金额等相关信息。

办公室要装修

"灵樨姐，前段时间装修办公室的费用，我是不是要计入在建工程？"朵朵拿着几张凭证问道。

"我看看。灯具 2500 元，装饰画 1500 元，桌椅 1500 元，窗帘 2500 元，门 3000 元。嗯？朵朵，能不能告诉我为什么要计入在建工程？"

"我记得《企业会计准则》上说，企业与固定资产有关的后续支出，要在'在建工程'科目核算，后续支出里包括房屋的装修费用。"

"嗯，《企业会计准则》上是这样说的。但是，你先要搞清楚，对于装修费，首先要确定该房屋是否为租入和是否符合资本化支出的条件。"

"那有没有确认的方法？"朵朵问道。

"《企业会计准则》对固定资产装修费用是否资本化，并无装修费用占固定资产原值或净值比例的要求，判断标准是两个基本条件：在通常情况下，自有房屋大修，只维持原有功能或保障固定资产正常使用，并不能因装修带来经济利益的增量流入的，应当计入当期费用；而房屋改建或改良，增加了功能或延长了寿命的，应当计入资产。

"符合资本化条件的,计入固定资产成本或其他相关资产成本,同时将被替换部分的账面价值扣除,并按重新确定的固定资产原价、使用寿命、预计净残值和折旧方法计提折旧。固定资产发生的可资本化的后续支出,通过在建工程科目核算;不符合资本化条件的,根据不同情况分别计入当期管理费用或销售费用。企业行政部门、企业专设的销售机构等发生的固定资产修理费用等后续支出计入管理费用或销售费用。

"税法上对于固定资产装修费的规定是,不能改变固定资产结构或者功能、不能延长固定资产使用寿命的,应当作为固定资产大修理支出处理。符合大修理支出两个条件的,作为长期待摊费用按规定摊销;不符合条件的,应当一次性计入当期损益。对于以融资租赁方式租入的固定资产发生的装修费支出,参照上述原则进行税务处理。对于以经营租赁方式租入的固定资产改良支出,应计入长期待摊费用科目核算,在剩余租赁期与租赁资产尚可使用年限两者中较短的期间内,采取合理方法单独计提折旧。

"要知道通过在建工程核算的内容最终是要转入固定资产的,你再看看我们发生的这些支出,符合转为固定资产的条件吗?不是所有的装修费用都要计入在建工程,我们的这些装修费用,还用不上这么复杂的操作手法,直接计入当期费用就行了。"灵樨对固定资产的后续支出做了详细的说明,帮助朵朵理解当期费用和后续支出在不同场合下的应用。

"嗯,明白了,是应该计入当期费用的。"朵朵这才明白两者的区别。

小贴士

对于装修费,首先要确定该房屋是否为租入和是否符合资本化支出条件。企业发生的房屋装修费主要包括自有及融资租赁房屋装修费和租入固定资产装修支出。

固定资产的改建支出,是指为改变房屋或者建筑物结构、延长使用年限等发生的支出。

- 《中华人民共和国企业所得税法》第十三条规定,在计算应纳税所得额时,企业发生的下列支出作为长期待摊费用,按照规定摊销的,准予扣除:

1. 已足额提取折旧的固定资产的改建支出;

2. 租入固定资产的改建支出；
3. 固定资产的大修理支出；
4. 其他应当作为长期待摊费用的支出。

买了一批办公用品

"小米，审核票据的时候一定要看清发票上开具的品名和单位是什么，如果单位开的是'批'，那下面就必须附有开票单位出具的销货清单，以及开票人姓名等开票信息，加盖发票专用章，章必须和发票上盖的一样。"灵樨拿着一张购买办公用品的发票对小米说道。

"有发票不就行了吗，怎么还要求有清单呀？"小米不解地问。

"不但要求有清单，而且清单还必须是机打的，不管收到的是增值税专用发票还是增值税普通发票，清单都必须是随发票一同由增值税发票管理新系统出具的，不能另行自制电子表格打印。此外，还要注意清单上的发票代码、发票号码与发票是否一致，以及开票人、复核人、收款人姓名是否写全，且这三个人不能为同一人。"

"这么严！"

"嗯，对办公用品类的发票，就得这么严。因为它呀，太过招摇。审计和税务检查时一般都会着重查它。"

"好像真是这样。去百货公司购物时，服务台前总围着很多开发票的，大多都要求给开成办公用品。"朵朵说道。

"对，这才是重点，一些百货公司为了方便客户，将客户购买的其他物品开成办公用品，方便客户使用。还有一些专门倒卖票据的公司，也常开办公用品的发票。因为办公费可以在税前全额扣除，所以单位也爱用这类发票抵换一些不合规或无法正常入账的费用。久而久之，办公用品发票就成了审计和税务审查的重点事项了。根据公司的规模、资产、人员情况可以推算出办公用品的需求消耗量，购买了多少，领用了多少，还剩多少，两相一对比就一目了然。不过这种做法在数电发票的环境下就无地遁形了，在电子发票或纸质发票下，它是有行数限制的，这样在品类项目多的情况下就会借助清单将所有品类列明，但在数电发票上就不存在行数的限制了，也就不用导入清单了，你可以将所有品类都开具在一张发票上。

"另外，取得的发票一定得是真实合法的。辨别的方法有很多种，其中查询是最常用的方法。发票查验平台和各地方税务局网站都有发票查询功能，点进去后输入发票号码、发票代码等要素，就可以查询到相应发票的信息了。扫描发票上的二维码、使用发票查询小程序，都能很方便地、快速地查询到发票的信息。如果当时上不了网，发个短信或打电话到12366也是可以查询的。如果是增值税发票还可以查询到该发票的流转过程，开票企业是否走逃失联等。"灵樨说道。

"什么是走逃失联呀？"朵朵听到了个新词。

"跑路的企业？联系不上的企业？"小米歪着脑袋想了想说道。

"不错，但也包括变更了地址、法人、联系人却没有在税务系统中备案，以至于让税务机关找不到的企业。官方的解释就是不履行税收义务并脱离税务机关监管的企业。"灵樨说道。

"科技改变世界。"小米脱口而出的感慨把大家都逗乐了。

"做到这些，还是不够老辣。对于有所怀疑的发票，你可以去国家政务服务平台进一步查验开票单位的经营范围、开票单位是否为持续经营状态等信息，进而进一步判断这张发票是否为套票。"

"要是以后不用贴发票，不用担心收到虚假发票就好了。"小米边查发票边憧憬道。

"恭喜你，这个愿望很快就能实现了。"灵樨说道，"习近平总书记在十九届中央政治局第十八次集体学习时指出，'我们要抓住区块链技术融合、功能拓展、产业细分的契机，重视区块链技术应用，发挥区块链在促进数据共享、优化业务流程、降低运营成本、提升协同效率、建设可信体系等方面的作用'[①]。"

"嗯？这和发票有什么关系？"小米不解道。

"《国家税务总局深圳前海税务局关于全面推行电子发票的通告》发布，规定：自2019年11月1日起，全面推行电子发票，同时取消纸质普通发票；

---

① 中共中央党史和文献研究院. 习近平关于网络强国论述摘编[M]. 北京：中央文献出版社，2021：142.

2020年1月1日起，停止办理纸质普通发票的申请领购手续。这样一来，在交易的同时即可开取发票，数据同时传送到税务局端和企业端，区块链发票打通了各环节的壁垒。不仅如此，我们现在还迎来了数电发票，开完票就可以将发票同步给买方，你再也不用为贴票查票发愁了。"

"哇，这么好！"

"学无止境啊，因为科技前进的速度远比我们想象得快。你们呀，要多关注下时事，做财务这一行，是要站在时代前沿的。"灵樨总是第一时间了解新政，财务不仅要适应时代，还要预判未来。

小贴士

办公用品发票为审计和税务审查的重点事项，在实际工作中一定要对其多加注意，尤其要注意办公用品费与公司规模的配比关系。

查询发票真伪常用的方法有：登录税务局网站查询，使用发票查询小程序查询，拨打电话12366查询，发短信至12366查询等。

套票是指套取发票，指为了偷逃税款少纳税而领用的发票。也指大头小尾票，指给客户的联次金额大于存根联和记账联，从而达到双方利益上的要求。

• 《国家税务总局关于走逃（失联）企业开具增值税专用发票认定处理有关问题的公告》（国家税务总局公告2016年第76号）第一条：走逃（失联）企业，是指不履行税收义务并脱离税务机关监管的企业。

老板拿来的发票

"哎呀，头痛呀，表哥我恨你。"小米面对眼前的这堆票直呼头痛。

"怎么了，小米？女孩子要稳重点，别总咋咋呼呼的。"

"灵樨姐，你看我表哥。"小米娇嗔着说道，"他是老板，竟然扔给我一堆票据。这让我怎么处理呀？"

"哦，我当什么事呢。他又没有秘书，找你帮他贴票也正常呀！"

"贴票好说，可这'报销人'怎么填呀，又不是我经手的，难不成还写我吗？凭证可是要保存很多年的呀！灵樨姐，你肯定有办法，快救救我吧。"

"这么为难？那好吧。我来告诉你。在企业经营中这种情况是很常见的，老板也是有自己费用的嘛，但是老板又不能自己审批自己的费用票据，更不能自己签张借款申请单来财务上借钱，在这种情况下，就要看企业的管理形式及组织架构了：如果企业设定了党委书记一职——一般的国有企业、党政机关都设有该职位——总经理报销的票据、借款申请单等就由党委书记审核签字；如果没有设立党委书记一职，或是企业的党委书记由总经理本人兼任，那就由副总经理审核签字。采用这种规定避免了老板找员工签字报销，从而出现公款亏空的可能性。"

"灵樨姐，你真是救命菩萨呀！副总经理是刘洋哥，我这就找他签字去。"

"行了，你别贫了，赶紧去吧。"

小贴士

单位负责人不能自己审批自己的费用票据，也不能自己审批自己名义下的借款申请单。

如果企业设定了党委书记一职，总经理报销的票据、借款申请单等就由党委书记审核签字；如果没有设立党委书记一职，或是企业的党委书记由总经理本人兼任，那就由副总经理审核签字。

公司要买车

"好消息，好消息，公司要买车了。"

"果然是近水楼台先得月呀。小米的小道消息还挺多的！"灵樨打趣道，"既然你们都知道要买车了，那我就考考你俩，买车的这笔经济业务要怎么做账务处理呀？"

"入固定资产呗，这个我还是知道的。"小米快人快语，首先抢答了。

"我的意见也是计入固定资产。上课时老师说使用期限超过 12 个月、金额超过 2000 元的就可以入固定资产。"

"嗯，那按多少金额计入固定资产？"灵樨接着问道。

"发票上开具的金额呀。"小米接道。

"嗯，大致是对的，我再来补充一下吧。《企业会计准则》认为，固定资产是同时具有下列特征的有形资产：第一，为生产商品、提供劳务、出租或经营管理而持有的；第二，使用寿命超过一个会计年度。《中华人民共和国企业所得税法实施条例》第五十七条又对固定资产做出如下定义：'企业为生产产品、提供劳务、出租或者经营管理而持有的、使用时间超过12个月的非货币性资产。'由此可见，无论是会计上还是税法，都没有固定资产的价值标准，所以朵朵说的2000元的标准可以标上古董的标记了，是N年前的会计制度了，那时我还在玩泥巴呢！"灵樨说完哈哈笑了起来。

"再说这辆车的入账价值。不单单包括车价，还包括购置税、装饰费、牌照费等，这些均可计入固定资产成本。这里要提一下，装饰费一定是购车时所花费的装饰费，可以要求汽车销售公司将其与购买汽车的费用开在同一张发票上。如果是计入固定资产之后又发生的装饰费，就不能再计入固定资产，而只能计入当期费用了。保险费、车船税等，不作为固定资产的入账价值，根据使用部门的不同，在管理费用或销售费用中核算。

"另外，自2013年8月1日起，以公司名义购入的管理用车，其进项税也准予从销项税额中抵扣了。还有以前计入管理费用的房产税、车船税、城镇土地使用税、印花税也在2016年12月改为计入税金及附加了。所以，你可以这样做。

借：固定资产——公务车
　　应交税费——应交增值税（进项税额）
　　税金及附加——车船税
　　管理（销售）费用——车辆保险费
贷：银行存款——工行××支行

"同时，我要求你们做一个固定资产台账，包括固定资产清单和固定资产折旧明细。如果固定资产有变动，要及时调整会计账，避免账实不符，要做到对公司固定资产的情况了如指掌。"

"会计不是只管账不管实物吗？"朵朵说道。

"就是因为会计不管实物，所以账册之于实务往往会滞后。作为会计一定要勤跑勤问，如果出现账实不符的情况，大多数领导会说会计不负责任，工作不积极，到时你就委屈了。"

"汗！那要防患于未然呀。那入了固定资产是不是就要提折旧了？"小米的求知欲还是很强的，一边吐槽还一边问问题。

"对，固定资产是要计提折旧的，而且折旧的计提方法不止一种。一般企业都会选择平均年限法，因为这个使用起来最简单。个别企业会选择年限总和法和双倍余额递减法，但这种加速折旧的方法大多是针对固定资产的性质或基于利润的考虑选择的。无论选择哪种方法，只要选择了，就不得随意变更，如需变更，就要在会计报表附注中披露。"

"加速折旧？"

"是的，加速折旧的方法还有缩短折旧年限法。企业采取缩短折旧年限法的，对其购置的新固定资产，最低折旧年限不得低于《企业所得税法实施条例》第六十条规定的折旧年限的60%；企业购置已使用过的固定资产，其最低折旧年限不得低于《企业所得税法实施条例》规定的最低折旧年限减去已使用年限后剩余年限的60%。最低折旧年限一经确定，一般也是不得变更的。"

"嗯，难怪一些上市公司总是将折旧计提方法改来改去的，敢情是动机不纯呀。"小米颇有见地说道。

"那这辆车要计提多少折旧？"朵朵比较关心折旧的算法问题。

"情不可用完，话不可说尽。欲知后事如何，请听下回分解。"灵樨埋了个伏笔，让人意犹未尽。

小贴士

固定资产是指同时具有下列特征的有形资产：

1. 为生产商品、提供劳务、出租或经营管理而持有的；
2. 使用寿命超过一个会计年度。

外购的固定资产的成本，包括购买价款、相关税费、使固定资产达到预定可使用状态前所发生的可归属于该项资产的运输费、装卸费、安装费和专业人员服务费等。

《企业会计准则》和会计制度规定，我国企业的固定资产必须采用历史成本计价。

- 《财政部 国家税务总局关于全面推开营业税改征增值税试点的通知》(财税〔2016〕36号)规定,自2013年8月1日起,原增值税一般纳税人自用的应征消费税的摩托车、汽车、游艇,其进项税额准予从销项税额中抵扣。
- 《增值税会计处理规定》第二条第二款:全面试行营业税改征增值税后,"营业税金及附加"科目名称调整为"税金及附加"科目,该科目核算企业经营活动发生的消费税、城市维护建设税、资源税、教育费附加及房产税、城镇土地使用税、车船税、印花税等相关税费;利润表中的"营业税金及附加"项目调整为"税金及附加"项目。

交房租、水电费了

"小米,你的这笔分录做得有点不妥。"灵楔指着账套里的分录对小米说。

"哪个?我看看。付王艳报销2019年11月至2020年10月办公房租,没错呀。"小米看完说道。

借:管理费用——房租　　　　　　　　　　　45871.56
　　应交税费——应交增值税(进项税额)　　　 4128.44
　贷:银行贷款　　　　　　　　　　　　　　　50000

"你付的房租是一年的,对吧?可你把一年的房租都计在这一个月里了,这就会导致这个月的费用突然增大,同时也没有正确、恰当地核算出当期费用。应该按12期平均分摊计入合同期限内。"

"哦,那是5万元除以12个月,每个月应该计4166.67元,对吧?"

"进项税额不用分摊,仅对计入成本的金额分摊。正确的做法应该是这样的。

借:长期待摊费用——房租　　　　　　　　　45871.56
　　应交税费——应交增值税(进项税额)　　　 4128.44
　贷:银行贷款　　　　　　　　　　　　　　　50000
借:管理费用——房租　　　　　　　　　　　　3822.63
　贷:长期待摊费用——房租　　　　　　　　　3822.63

"对这些一次性付全年或多期的费用,一定要记得分摊到月,不然到所得税汇算时也得做纳税调整。《企业所得税法实施条例》第四十七条里说了,企业根据生产经营活动的需要租入固定资产支付的租赁费,按照以下方法扣除:以经营租赁方式租入固定资产发生的租赁费支出,按照租赁期限均匀扣除。"

"那除了房租要分摊,还有其他要分摊的吗?"小米问道。

"最常见的,还有网络通信费、订阅报纸杂志的费用等,这些也是需要分摊计入各月的。这体现了会计的权责发生制原则。"

"也就是说,虽然公司一次性付了全款,但全款不能被一次性计入付款档期,否则以后各期就不可能体现出这些费用了,那财务核算的数据就会不准确了,是这个意思吗?"

"赞,完全正确。"灵榠毫不吝啬她的表扬。

"房租要分摊,记住了,那水电费要不要分摊呢?"

"我们的水电费是充卡式的,属先付款后消费型,就不用分摊了。付款时根据交款凭证这样做。

借:其他应付款——水电费

　贷:现金

"拿到水电费发票时,要这么做。"

借:管理费用——水电费

　贷:其他应付款——水电费

"明白了。"小米恍然大悟。

小贴士

- 《企业所得税法实施条例》第四十七条规定,企业根据生产经营活动的需要租入固定资产支付的租赁费,按照以下方法扣除:以经营租赁方式租入固定资产发生的租赁费支出,按照租赁期限均匀扣除。

根据权责发生制原则,网络通信费、订阅报纸杂志费等也要平均分摊计入各月。

先付款后消费的费用，付款时可计入其他应付款科目，待取得发票时再转入费用类科目。

印花税二三事

"小米，租房合同有没有附在凭证后面？"

"没有呀，合同不是行政部门留存吗，我们也要留？"

"他们留原件，我们留一个复印件，附在凭证后面就行了，不然你怎么确定合同金额、合同期限？而且以后在审计、税务检查时经常会用到租房合同，你备一份，省得到时候着急找。"

"好嘞，我这就去复印。"

"等等，我看看贴花了没？"

"贴花？什么花？我喜欢玫瑰花，这个合同还要美容吗？"小米连忙翻看合同。

"哈哈，这可不是什么玫瑰花、百合花，这是指印花税票。朵朵，你算一下，按合同金额的千分之一计算印花税，要么贴花，要么去税务局开具完税凭证。"

"好的，灵樨姐，印花税率那么多，你怎么就能随口说出准确的税率？这么厉害！"

"印花税看似很多，实际上就是两大两小。而这两大两小的税率呢，则是135。用一句话来记就是'两大两小一三五'。"

"这个，嗯，还待您进一步解释。"小米有点晕，她知道越简单的话信息量越大，比如这句像儿歌的话。

"两大就是合同和产权转移书据这两大类，两小就是营业账簿和证券交易。先来看两小，营业账簿和证券交易。营业账簿说的就是账簿中记载的实收资本和资本公积的合计金额，按照金额的 0.025% 来计算税率，实际上这是 2018 年 5 月 1 日以后实施的一个优惠政策，之前的营业账簿的印花税率是 0.05%。如果以后有增资，单独对增资部分按此税率计算印花税即可。而证券交易是按成交金额的千分之一来计算印花税的。再来看两大：合同有 11 种，3 种税率全覆盖；产权转移书据有 4 种，只涉及 0.03% 和 0.05% 两种税率。"

"这个产权转移书据是个什么东西呀？"好奇宝宝小米又上线了。

"产权是我们对某种财产或资源拥有的权利，包括所有权、使用权、收益权和处分权等。我们所谓的产权转移是说我们将自己所拥有的对某种财产或资源的权利出让或转让出去，从而获得收益。而转让呢，它又包括了买卖、继承、赠予、互换和分割等形式。那么首先这种产权得有价值，这样才能为股东带来收益。想想都有什么可以为我们带来收益的财产或是资源？"灵樃一步步地引导道。

"专利，还有商标，我要拥有某个专利那可赚大发了，或者来个驰名商标也行。"小米的脑筋转得还挺快。

"还有股权也可以。"朵朵也说道。

"对的，专利权、商标专用权，为实现这些产权的转让所签订的转移书据就是这里所说的产权转移书据。这些产权不同于商品。比如我们使用的电脑，电脑本身可以买卖，但电脑里承载的软件是由软件开发者写出来的，这个软件开发者就拥有此软件的著作权，这个著作权就是能为我们带来收益的资源。再比如我们住的房子，房子可以买卖，但房子所占用的土地不能买卖，我们只有使用权，那么为这个土地使用权的出让而立的书据就是这里的产权转移书据。实际上这就是我们的四种产权转移书据。分别是土地使用权出让书据；土地使用权，房屋等建筑物和构筑物所有权转让书据，这里的'土地使用权，房屋等建筑物和构筑物的所有权'不包括土地承包经营权和土地经营权；股权转让书据，当然这里还要把应该缴纳证券交易印花税的那部分股权转让书据扣除掉；最后就是商标专用权、著作权、专利权、专有技术使用权转让书据。

"前面我们说产权转移书据只涉及两种税率，就是 0.03% 和 0.05% 的，你们可以分析一下这四种产权的税率哪些是 0.03%，哪些是 0.05%。"税率如果靠死记硬背是记不住的，只有理解了背后的经济含义才能将其真正储存在大脑里。

"涉及土地使用权的一定是 0.05% 的税率。"小米想了想说道。

"你怎么那么肯定？"朵朵问道。

"你想呀，土地多大呀，占地儿。而且几十年的使用权，谁没事频繁地转让土地使用权呀？再说你把土地使用权卖来卖去，房子同意吗？所以这个税率肯定要高一些呀。"小米洋洋得意地解释着。

"那照你这样说的话，房屋、股权也是0.05%了。房子是用来住的，不是用来炒的，不欢迎你炒来炒去，当然要高一点了。"朵朵顺着小米的思路说道。

"有进步，知道了税收和经济之间的联系。没错，涉及土地、房屋、股权转让的税率就是0.05%，而商标专用权、著作权、专利权、专有技术使用权这四种转让书据的税率是0.03%。"

"哇，这样一下子就把产权转移书据所涉及的印花税给整明白了。"小米说道。

"你可以把这7种连成一句'土房股标作专利'来记。"灵樨为了让她俩记住，又加了句顺口溜。

"那合同呢？还有11种合同呢。"

"11种合同，1、3、5全覆盖。11种合同分别是借款合同、融资租赁合同、买卖合同、承揽合同、建设工程合同、运输合同、技术合同、租赁合同、仓储合同、保管合同、财产保险合同。1、3、5指的是3种税率，也就是0.1%的税率、0.03%的税率和0.005%的税率。先说0.1%，采用0.1%税率的合同包括租赁合同、仓储合同、保管合同、财产保险合同。说几个点大家注意一下：2022年7月1日立《中华人民共和国印花税法》时，仓储保管合同被分成了仓储合同和保管合同；这里的租赁合同是说房屋租赁和其他租赁；财产保险合同可不包括再保险合同。我们可以把这种税率为0.1%的合同记成'仓猪（租）宝宝（保）'。

"再来说借款合同和融资租赁合同这两个涉及钱的合同吧。我们都说钱能生钱，可钱怎么生的钱呢？让钱流动起来才行呀，流动的水才有生气嘛，钱也一样。如果要把存起来的钱盘活，就要把钱借出去，只有让钱往市场上流动，市场才能旺起来。所以这个税率就不会高，0.005%，这也是印花税中税率最低的一个。最高的0.1%和最低的0.005%，就是'仓猪宝宝借钱花'呀。剩下的就是和物（务）有关了，货物或者服务。也就是买卖合同、承揽合同、建设工程合同、运输合同、技术合同这5种，税率就是0.03%。这11种合同用一句话来说就是'承建运技卖三万，仓猪宝宝一五钱'。"灵樨一一解释道，又给了一句顺口溜。

"哈哈哈，原来税法还可以这么有意思呀。"小米两眼放光地说道，"我还发现了一个秘密。"

"什么秘密？"朵朵果然好奇了。

"就是我会写诗了，你听着（见表 2-1）：'两大两小一三五，土房股标作专利，承建运技卖三万，仓猪宝宝一五钱。'听听，我是不是很有才华？"小米洋洋得意地笑了。

"哈哈，著作权归灵樨姐所有。"朵朵也听出来了，小米这是把刚刚灵樨教她们的速记语给连了起来呀。

"这样记，想忘都忘不掉了。你们熟了以后，只要说到印花税，就会联想到这句'两大两小一三五'了，自然就不会放过涉及印花税的合同或书据了。"涉及税法的知识总是很细碎，灵樨真是不遗余力地在带她俩呀。

"印花税是按含税价计算还是不含税价计算？"小米问。

"我的建议是，在签合同时一定要分开说明合同价格的不含税价和税额。因为印花税的计税依据是合同价格，只要在合同中分开表示价格与税金，就可以按不含税价计算缴纳印花税。如果在合同中未分开说明不含税价，则要以含税价全额计算印花税。如果合同中没有列明合同金额，则按照实际结算的金额来计算印花税。还有一点需要注意的是，印花税是双向贴花（不过证券交易印花税除外），别认为对方贴花你就不用贴花了，这种心理不可有。印花税虽是小税，却可能带来重罚。"灵樨特意对小米说了后半句话。

表 2-1 印花税目及税率表

税目		范围	税率
合同（指书面合同）	买卖合同	动产买卖合同，不包括个人书立的动产买卖合同	0.03%
	承揽合同	加工合同、定作合同、修理合同、复制合同、测试合同、检验合同	
	建设工程合同	建设工程勘察合同、建设工程设计合同、建设工程施工合同	
	运输合同	公路货物运输合同、水路货物运输合同、航空货物运输合同、铁路货物运输合同和多式联运合同（不包括管道运输合同）	
	技术合同	技术开发合同、技术许可合同、技术咨询合同、技术服务合同（不包括专利权、专有技术使用权转让书据）	

续表

税目		范围	税率
合同（指书面合同）	租赁合同	房屋租赁合同、其他租赁合同	0.1%
	保管合同		
	仓储合同		
	财产保险合同	不包括再保险合同	
	借款合同	银行业金融机构借款合同、经国务院银行业监督管理机构批准设立的其他金融机构与借款人借款合同（不包括同业拆借）	0.005%
	融资租赁合同		
产权转移书据	土地使用权出让书据		0.05%
	土地使用权，房屋等建筑物和构筑物所有权（不包括土地承包经营权和土地经营权）转让书据		
	股权转让书据	不包括应缴纳证券交易印花税的	
	商标专用权、著作权、专利权、专有技术使用权转让书据		0.03%
营业账簿	营业账簿	实收资本、资本公积合计金额	0.025%
证券交易	证券交易	成交金额	0.1%

小贴士

在中华人民共和国境内书立应税凭证、进行证券交易的单位和个人，为印花税的纳税人，应当按照规定缴纳印花税。

借款合同：银行业金融机构借款合同、其他金融机构借款合同（不包括同业拆借）。

承揽合同：加工合同、定作合同、修理合同、复制合同、测试合同、检验合同。

建设工程合同：建设工程勘察合同、建设工程设计合同、建设工程施工合同。

运输合同：公路货物运输合同、水路货物运输合同、航空货物运输合同、铁路货物运输合同、多式联运合同（不包括管道运输合同）。

技术合同：技术开发合同、技术许可合同、技术咨询合同、技术服务合同（不包括专利权、专有技术使用权转让书据）。

租赁合同：房屋租赁合同、其他租赁合同。

> 产权转移书据：土地使用权出让书据、土地使用权转让书据、房屋等建筑物和构筑物所有权转让书据（不包括土地承包经营权和土地经营权转移）、股权转让书据（不包括应缴纳证券交易印花税的情况）、商标专用权转让书据、著作权转让书据、专利权转让书据、专有技术使用权转让书据。
>
> 印花税速记口诀：两大两小一三五，土房股标作专利，承建运技卖三万，仓猪宝宝一五钱。

收钱报销

"小米，你今天是不是坐支了 3000 元？"灵樨看着今天的账套问道。

"坐支？什么是坐支呀？"

"就是你将收到的钱直接支付了出去。"

"嗯，给行政部的小王报销用了。灵樨姐，你怎么知道的呀，福尔摩斯呀？"

"你这账上写着呢！"

借：现金	7000
借：管理费用——行政部——通信费	3000
贷：主营业务收入	8849.56
贷：应交税费——应交增值税（销项税额）	1150.44

"我说过，会计凭证是最忠实的记录者。你这样写，不就是告诉我你坐支了一笔钱吗？"

"灵樨姐，如果这笔分录分开做两笔，是不是就看不出坐支了？"朵朵问道。

"怎么就看不出坐支？自作聪明。即使你将分录分开做，也会因为在银行对账单上没有存款和取款的记录而露出坐支的马脚来。所谓'坐支'，就是指企事业单位和机关团体将本单位的现金收入直接用于现金支出。按照《现金管理暂行条例》的规定，开户单位支付现金，可以从本单位的现金库存中支付或者从开户银行提取，不得从本单位的现金收入中直接支出（即坐支）。这主要是因为，坐支使银行无法准确掌握各单位的现金收入来源和支出用途，干扰开户银行对各单位现金收付的管理，扰乱国家金融秩序。因此，坐支是违反财经纪律的行为，会受到相应处罚。"

"哇，这么严重，所有单位都不能坐支吗？"

"也不全是，也有允许坐支的情况，如：基层供销社、粮店、食品店、委托商店等销售兼营收购的单位，向个人收购支付的款项；邮局以汇兑收入款支付个人汇款；医院以收入款项退还病人的住院押金、伙食费及支付输血费等；饮食店等服务行业的营业找零款项等；其他有特殊情况而需要坐支的单位。"

"这样看来，这趟银行还真免不了了。"小米的懒癌还得治。

"不能坐支是硬性规定，坐支也是最常见的问题。真是特殊情况需要坐支的，需要经过开户银行的批准，在核准范围内坐支。切记一定要在账务上做清楚，收支不能做在一张凭证里，更不能节省某些凭证不做，存取现金一定要分开写。坐支很容易让你这种马大哈对不上账的，也不利于公司的财务管理。"灵樨认为有必要及时扭转小米这种偷懒的作风，否则小错终会变成大错。

"明白了，我现在就填现金存款单和现金支票。"

小贴士

开户单位现金收入所得现金应于收款的当日送存开户银行，当日送存确有困难的，由开户银行确定送存时间。

开户单位支付现金，可以从本单位库存现金限额中支付或从开户银行提取，不得从本单位的现金收入中直接支取，即不得坐支现金。因特殊情况需要坐支现金的，应当事先报经有关部门审查批准，并在核定的坐支范围和限额内进行，同时，收支的现金必须入账。

企业、事业单位和机关、团体、部队因特殊情况确实需要坐支现金的，应事先向开户银行提出申请，说明申请坐支的理由、用途和每月预计坐支的金额，然后由开户银行根据有关规定进行审查，核定开户单位的坐支范围和坐支限额。

企业可以在申请库存现金限额申请批准书内同时申请坐支，说明坐支的理由、用途和金额，报开户银行审查批准，也可以专门申请批准。

招商会与会务费

"灵樨姐,我们的招商会在五星级酒店举办呢,瞬间高大上呀!"小米的两只眼睛闪着光。

"哈哈。灵樨姐,你看,这是他们拿过来的单据,我是不是全部计入会务费就 OK 了?"

"我看看。这几张要做业务招待费,不能做会务费处理。还有,他们的会议纪要、参会人员的签名等资料怎么没有附送过来?"灵樨翻看了单据后指出。

"咦,为什么呀,会务费里不是包含餐费吗?怎么报销会务费还要会议纪要呀?"

"所谓会务费,就是指因召开会议而产生的一切合理费用,包括租用会议场所费用、会议资料费、交通费、茶水费、餐费、住宿费、租车费、杂费等,包含的内容比较多。正因为包含的内容众多,所以就有很多空间可以利用,这就是为什么会务费还有个名称叫万能费了。"灵樨说道。

"那餐费不是合理的费用吗?"朵朵也不解地问道。

"是合理的费用,但即使是合理的费用也要满足要求。这个具体要求可以参考一下《中央和国家机关会议费管理办法新规》。"

"那既然我们知道这个可利用的空间,那税务局肯定也知道,我们要怎么规避不必要的麻烦呢?"小米问道。

"不错,小米都知道规避风险了。"

"之所以叫万能费,就是由于一些单位为了逃避业务招待费税前扣除的比例限制,把业务招待费计入会务费中;还有一些单位用会务费代替旅游费、礼品购置的费用和职工福利等。渐渐地,会务费就成了税务机关审查的'明星科目'了,人怕出名猪怕壮嘛。不过,也不能一竿子打翻一船人,船上也有合法公民呢,这就是我问你要会议纪要、参会人员签名等资料的原因了。"

"原来是要用这些资料来证明自己的合法性,这些资料简直就像我们的'良民证'一样,哈哈。"

"对,你需要提供如下资料以自证清白。"

1. 正式的会议通知，包含会议费用预算、会议议程；

2. 会议纪要，包含时间、地点、出席人员、会议内容、会议目的、费用标准、支付凭证等；

3. 会议签到表，与会单位、会议名称、开会时间、开会地点、参会人员等都要详细在列；

4. 会议费用的明细清单。

"那有了这些，是不是不合法的也合法了？"小米问道。

"你想什么呢？银行付款记录你能造假吗？"朵朵不明白小米的脑子怎么净想些疯狂的事情。

"另外，可以抵扣增值税进项税的会务费发票，在有些时候也是不能抵扣的。"灵樨敲了下小米的脑袋说道。

"不是取得合法、有效的凭证及增值税专用发票就可以抵扣吗？"朵朵不解地问道。

"比如公司组织员工开年会，酒店开的专票就不能抵扣进项税，因为年会是职工福利性质的。比如公司替客户支付会务费，这样的会议属于业务招待性质，也是不能抵扣的。但如果是组织经销商、代理商举办经营会议所产生的会议费，就可以作为销售费用抵扣进项税了。组织员工进行培训，属于职工教育性质的，也是可以抵扣的。"灵樨边说边举了几个例子帮她俩理解。

"这个会务费也是企业降低成本的好帮手，知道怎么用吗？"灵樨在日常的会计实务工作中总会穿插着将一些财务管理的方法教给她俩，因为她知道实务只是会计工作的基础，而财务管理才是会计的精华，人人都可能会记好账，但不是人人都可以做好财务管理的。

"不知道，这咋降低企业成本呀，这不花钱的主儿吗？"小米倒是挺实诚。

"要不咱少开点会？"小米打趣道。

"这不失为一个良策。"灵樨鼓励道。

"这我也做不了主呀。"

"你是做不了主，可你嘴甜呀。"灵樨笑着说道，看小米一脸懵懂样就又接着说道，"做会计最重要的是什么？"

"记账、核算、报税。"小米忙不迭地说道。

"数据,我们要保证数据的真实合法有效。"朵朵思索片刻后说出了她的答案。

"对,数据。这数据又在谁手里?"灵樾接着问道。

"当然是财务手里了,有哪个部门的数据能比财务齐全?"

"所以数据要为我所用呀,通过这些数据,你可以知道一年里我们公司会有多少这样的会议,会议过后能为企业带来多少经济收入,哪些会议有用,哪些会议无用,哪些会议必须现场开,哪些会议可以用视频代替,哪些会议可以不再开,会议中的场地定点、礼品定制、宣传印刷甚至电子屏的使用如何安排才能让成本最低,是设定单项定额标准还是综合定额标准对企业更有利,这些问题的答案都可以通过这些数据计算知晓,然后再通过你传达给领导以做决策。会计是给领导提供答案的,不是只知记账的。"灵樾慢慢地引导道。

"比如说,有的会议是不是可以在我们的内部会议室解决,有的会议是不是可以借助合作方的场地解决,是不是可以用以物易物的方式解决伴手礼的问题。"灵樾接着说道。

"难怪连埃隆·马斯克都说一家公司只要三个人就够了——老板、秘书和财务主管。"

"这里面好多门道呀,像玩捉迷藏游戏。"朵朵想了想说,"嗯,在工作中发现乐趣,在乐趣中获取知识,不错!"灵樾很赞成朵朵总能找到工作中的乐趣点。

小贴士

会务费是指因召开会议而产生的一切合理费用,包括租用会议场所费用、会议资料费、交通费、茶水费、餐费、住宿费、租车费、杂费等费用。

• 《财政部 国家税务总局关于全面推开营业税改征增值税试点的通知》(财税〔2016〕36号)附件1《营业税改征增值税试点实施办法》第二十七条:用于简易计税方法计税项目、免征增值税项目、集体福利或者个人消费的购进货物、加工修理修配劳务、服务、无形资产和不动产项目的进项税额不得从销项税额中抵扣。其中涉及的固定资产、无形资产、不动产,仅指专用于上述项目的固定资产、无形资产（不包括其他权益性无形资产）、不动产。

• 《河北省地方税务局关于企业所得税若干业务问题的公告》（2011年1号）第十四条：对纳税人年度内发生的会议费，同时具备以下条件的，在计征企业所得税时准予扣除。

1. 会议名称、时间、地点、目的及参加会议人员花名册；
2. 会议材料（会议议程、讨论专件、领导讲话）；
3. 会议召开地酒店（饭店、招待处）出具的服务业专用发票。

企业不能提供上述资料的，其发生的会议费一律不得扣除。

• 《中央和国家机关会议费管理办法》的通知（财行〔2016〕214号）第十五条规定如下。会务费综合定额标准：一类会议，住宿费每人每天500元，伙食费每人每天150元，其他费用每人每天110元，合计为760元；二类会议，住宿费每人每天400元，伙食费每人每天150元，其他费用每人每天100元，合计为650元；三、四类会议，住宿费每人每天340元，伙食费每人每天130元，其他费用每人每天80元，合计为550元。综合定额标准是会议费开支的上限。

第十七条：各单位在会议结束后应当及时办理报销手续。会议费报销时应当提供会议审批文件、会议通知及实际参会人员签到表、定点会议场所等会议服务单位提供的费用原始明细单据、电子结算单等凭证。财务部门要严格按规定审核会议费开支，对未列入年度会议计划，以及超范围、超标准开支的经费不予报销。

• 《企业所得税税前扣除凭证管理办法》（国家税务总局公告2018年第28号）第七条：企业应将与税前扣除凭证相关的资料，包括合同协议、支出依据、付款凭证等留存备查，以证实税前扣除凭证的真实性。

能抽出原始凭证吗？

"灵樨姐，小王来要房租的押金条（收据），说是物业的名称变更了，让咱把押金条退回去，他们再给咱开个新的。"

"告诉她，押金条我们已在收到当期入账，作为原始凭证不能随便抽取，如有需要，我们可以提供复印件。"

"我也是这么和小王说的,但她说物业公司不同意,非得让咱们把收据的原件交回去。"小米沮丧地说道。

"你这样,辛苦小王协商下。可以说明我们的意见:首先,让对方出具一份公司名称变更说明;其次,我们提供原收据的复印件,他们在新收据上注明'因公司名称变更,原收据作废'字样,并附新的营业执照复印件;最后,用新收据替换原收据。"灵樨说道。

"灵樨姐,这个物业公司为什么非要我们退回收据原件,他们的财务不知道抽取原始凭证是违反财务规章制度的吗?"小米不满地说道。

"就是呀,其实只要他们出具一份公司名称变更说明,我们做个转账凭证就行。"朵朵也十分不解这家物业公司的做法。

"这个就是财务工作中有趣的地方,你在工作中会碰到各种各样的奇葩要求,但你还得在不违法、不违规的情况下把它们给解决掉。"

"就像有关部门让出具'如何证明你就是你'的证明一样。"小米无语道。

过了一会儿,小王带回了与对方协商的结果:对方仍一意孤行要收据原件,否则就让公司立即搬离。

"还真是秀才遇到兵,有理说不清。小米,你把原收据原件找出来连同记账凭证一起复印下,并让小王在'原始凭证抽调登记簿'上登记。小王,你写一个情况说明,并签上经办人的姓名,拿去找你们部门经理签字,再来找我签字,最后再找总经理签字认可。只有这样,财务上才能把原件给你。"灵樨迅速给出了解决方法。

"好吧。"小王总算松了口气,她差点体验了一把'风箱里的老鼠——两头受气'的滋味。不管怎样,这事总算解决了。

"灵樨姐,那原来那份凭证下面是不是得贴上复印件了?"小米问道。

"是的,连同情况说明的复印件一起贴上,并在记账凭证的附件上写上'+1',再加盖你的个人名章。情况说明的原件要和小王拿来的新收据粘在一起,并做一份新老物业公司的对调凭证。"

"完美。"小米由衷地赞叹道。

"这要是我,搞不好会把原来的凭证直接撕下来给小王了,要不然就得背财务不配合的锅了。"朵朵感慨道。

"那到审计的时候你可就说不清了,记住,财务必须把事情做到有据可查。你不能自己一个人决定任何已入账事务的修改、删减、添加等事项。你经手的每一笔都要有第三方的知晓,并且这个知晓还要落在纸上,不要给自己挖坑。"灵楒是真怕她俩初生牛犊不怕虎,自己给自己挖坑不说,还自己把坑给填上了。

> **小贴士**
>
> 已入账的原始凭证原则上不能抽出。
>
> 在特殊情况下需由经办人写出情况说明,再由部门领导、财务部门负责人、总经理签字,并在专设登记簿上登记方可。

这样的发票不能收

"孙总,这张发票已经让对方重开过了,为什么还是不行呢?"小李望着这张被拒绝签批的发票不解地问道,他甚至认为这是财务在故意刁难他。

"你的这张运输发票是增值税专用发票,我们是可以抵扣9%的进项税额的,所以审核得严格些。如果不符合规定,我们却进行抵扣,公司会有税收风险的。"

"这些道理我知道,这张发票没问题,我已经查询过了。"小李记得公司专门进行过培训。

"发票状态正常不代表可以抵扣。这张发票不能抵扣是因为,发票备注栏的内容没有填完整。国家对运输发票有专门的抵扣要求,必须在备注栏里写明起运地、到达地、车种车号及运输货物信息等内容,如果内容较多可另附清单。你看,你这张发票虽然填了起运地、到达地和运输货物的信息,但车种车号没有填全。"灵楒指着发票解释给小李听。

"填了呀,车种'解放厢式货车',车号'××××'。"小李一边指着备注栏的信息让灵楒看,一边气呼呼地想:这不是刁难是什么?

"小李,这个我看到了。从起运地到到达地,全程800公里,需配备两名司机,即使这两名司机全程不休息不做停留,这辆车能跑几个来回?我们与运输公司合作的方式是月结,数据我想你自己也能算出来。我之所以这么肯定地说对方没有填全，正是基于此考虑，你再和对方好好确认下。"灵樨看着小李，把发票递还给他。

小李走后，小米立马围了上来。

"灵樨姐，幸好你给退回去了，不然我肯定看不出来，到时候给公司造成损失的就是我了。"

"审核发票时不单要看发票的要素是否填全，发票是真是伪，还要看发票的内容是否符合逻辑。"灵樨说道，这是发票审核中常被忽视的点。

"嗯，仅从备注栏就能看出这么多东西，会计的门道还真是多呢！"

"灵樨姐，备注栏都需要填写吗？为什么我看到的发票有的填有的不填呢？"当小米在感叹时，朵朵却在思考。

"备注栏并不是必填项，不是所有的发票都需要填写备注栏，只有个别发票需要填写。常见的如房屋租赁发票、机动车保险发票、运输发票、房屋买卖发票等，这些发票的备注栏必须按要求填写。"

"运输发票刚才已经说了，其他发票的备注栏都要填什么呀？"

"你觉得需要填什么？"灵樨不答反问道。

"如果是我，房屋租赁发票和房屋买卖发票会写上房屋的地址吧，而机动车保险发票会写上保险单号吧。"朵朵想了想说道。

"不错！"灵樨赞许道，"这房屋租赁发票的备注栏需填写房屋坐落地，要具体到门牌号；不动产销售发票的备注栏要填写不动产的详细地址；建筑服务发票的备注栏要填写项目发生地和项目名称；保险服务发票的备注栏写得有点多，需要写上保险单号、税款所属期（详细至月）、代收车船税、滞纳金金额、金额合计等。保险公司代收车船税是没有单独的车船税完税凭证的，这张增值税发票就可以作为缴纳车船税及滞纳金的会计核算原始凭证。"

"灵樨姐你说慢点，我记下来。"朵朵一边听一边在纸上奋笔疾书。

"你可以列张表格（见表2-2）方便记忆，平时收取票据的时候注意下。"灵樨看不过朵朵在一行行记，指点道。

表 2-2 不同类型发票的备注栏内容

序号	业务类型	备注栏内容	文件依据
1	货物运输服务	使用增值税专用发票和增值税普通发票，开具发票时应将起运地、到达地、车种车号及运输货物信息等内容填写在发票备注栏中，如内容较多可另附清单 铁路运输企业受托代征的印花税款信息，可填写在发票备注栏中	《国家税务总局关于停止使用货物运输业增值税专用发票有关问题的公告》
2	出租不动产	不动产的详细地址	《财政部 国家税务总局关于全面推开营业税改征增值税试点的通知有关税收征收管理事项的公告》
3	销售不动产	不动产的详细地址	
4	建筑服务	建筑服务发生地县（市、区）名称及项目名称	
5	适用差额征税办法缴纳增值税，且不得全额开具增值税发票的	自动打印"差额征税"字样	
6	国税机关代开	自动打印"YD"字样	
7	保险服务	保险单号、税款所属期（详细至月）、代收车船税金额、滞纳金金额、金额合计等。该增值税发票可作为纳税人缴纳车船税及滞纳金的会计核算原始凭证	《国家税务总局关于保险机构代收车船税开具增值税发票问题的公告》
8	个人保险代理服务	注明"个人保险代理人汇总代开"字样	《国家税务总局关于个人保险代理人税收征管有关问题的公告》
9	会议服务且同时提供住宿、餐饮、娱乐、旅游等服务	在开具增值税专用发票时不得将上述服务项目统一开具为"会议费"，应按照《商品和服务税收分类与编码（试行）》规定的商品和服务编码，在同一张发票上据实分项开具，并在备注栏中注明会议名称和参会人数	《河北省国家税务局关于全面推开营改增有关政策问题的解答（之三）》
10	生产企业委托外贸综合服务企业代办出口退税	注明"代办退税专用"的增值税专用发票	《国家税务总局关于调整完善外贸综合服务企业办理出口货物退（免）税有关事项的公告》

"哇，灵樨姐，你怎么能知道这么多信息？"小米看着这些文件，连地方税务机关的文件也有。

"行了行了，平时多注意点国家税务总局的文件库就行了。"灵樨回答。

"多谢师傅！可是师傅，这么多怎么记得住呀？"小米看着朵朵拉出来的表格就蒙。

"最少你也得把 1、2、7、9 中备注栏的内容记住,这些都是你日常工作中最容易遇到的。"灵楔看着小米的为难样,还是给压缩掉了一半的内容。

小贴士

- 《国家税务总局关于停止使用货物运输业增值税专用发票有关问题的公告》(国家税务总局公告 2015 年第 99 号)第一条:增值税一般纳税人提供货物运输服务,使用增值税专用发票和增值税普通发票,开具发票时应将起运地、到达地、车种车号及运输货物信息等内容填写在发票备注栏中,如内容较多可另附清单。

  铁路运输企业受托代征的印花税款信息,可填写在发票备注栏中。

- 《财政部 国家税务总局关于全面推开营业税改征增值税试点的通知有关税收征收管理事项的公告》(国家税务总局公告 2016 年第 23 号)第四条:

  1. 销售不动产,纳税人自行开具或者税务机关代开增值税发票时,应在发票"货物或应税劳务、服务名称"栏填写不动产名称及房屋产权证书号码(无房屋产权证书的可不填写),单位栏填写面积单位,备注栏注明不动产的详细地址。

  2. 出租不动产,纳税人自行开具或者税务机关代开增值税发票时,应在备注栏注明不动产的详细地址。

  3. 提供建筑服务,纳税人自行开具或者税务机关代开增值税发票时,应在发票的备注栏注明建筑服务发生地县(市、区)名称及项目名称。

  4. 按照现行政策规定适用差额征税办法缴纳增值税,且不得全额开具增值税发票的(财政部、税务总局另有规定的除外),纳税人自行开具或者税务机关代开增值税发票时,通过新系统中差额征税开票功能,录入含税销售额(或含税评估额)和扣除额,系统自动计算税额和不含税金额,备注栏自动打印"差额征税"字样,发票开具不应与其他应税行为混开。

  5. 税务机关为跨县(市、区)提供不动产经营租赁服务、建筑服务的小规模纳税人(不包括其他个人),代开增值税发票时,在发票备注栏中自动打印"YD"字样。

- 《国家税务总局关于个人保险代理人税收征管有关问题的公告》(国家

税务总局公告 2016 年第 45 号）第五条：主管税务机关为个人保险代理人汇总代开增值税发票时，应在备注栏内注明"个人保险代理人汇总代开"字样。

- 《国家税务总局关于保险机构代收车船税开具增值税发票问题的公告》（国家税务总局公告 2016 年第 51 号）规定，自 2016 年 5 月 1 日起，保险机构作为车船税扣缴义务人，在代收车船税并开具增值税发票时，应在增值税发票备注栏中注明代收车船税税款信息。具体包括：保险单号、税款所属期（详细至月）、代收车船税金额、滞纳金金额、金额合计等。该增值税发票可作为纳税人缴纳车船税及滞纳金的会计核算原始凭证。
- 《国家税务总局关于调整完善外贸综合服务企业办理出口货物退（免）税有关事项的公告》（国家税务总局公告 2017 年第 35 号）第六条：生产企业代办退税的出口货物，应先按出口货物离岸价和增值税适用税率计算销项税额并按规定申报缴纳增值税，同时向综服企业开具备注栏内注明"代办退税专用"的增值税专用发票，作为综服企业代办退税的凭证。

丢了一张增值税专用发票

"孙总，孙总，你可得救救我，我犯错了，我犯大错了！"

孙灵槊一进门就被采购部小张的架势吓了一跳："先别急，喝口水慢慢说，怎么回事？"

"是这么回事，前几天我们不是进了一批音箱吗？当时急着装货，我随手把开好的增值税专用发票装包里了，可回来后怎么也找不着了，今天我打电话过去想让对方财务再给开一张，可人家说这是增值税专用发票，再开一张就等于虚开，他们不干。你说，这可怎么办呢？"

小张总算把事情说清了，原来是把对方开具的增值税专用发票给丢了，而且还丢得很彻底，发票联、抵扣联、清单都丢得一干二净。

"是挺麻烦的，对方财务不给你重新开具发票是对的。不过你也别着急，这并不是没有办法解决。这样，你再和对方财务联系一下，说明情况，请对方帮忙将他们的记账联复印一下，然后盖上他们的发票专用章。你把这个加盖了发票专用章的记账联复印件拿过来就行，剩下的交给我们。"

"好，我这就去。"小张转身就跑去办理了。

"灵樨姐，增值税专用发票丢失不是传说中很麻烦的事情吗？不是还得登报声明吗？怎么你这就把小张给打发了？"朵朵和小米都不解地问道。

"要不说小张的运气好呢，赶上国家简政放权、便民办税，对流程、手续是能免则免。早在 2014 年，《国家税务总局关于简化增值税发票领用和使用程序有关问题的公告》及国家税务总局办公厅对此公告的解读文件就精减了处理流程，2019 年 7 月公布的《国家税务总局关于公布取消一批税务证明事项以及废止和修改部分规章规范性文件的决定》则删去了登报声明作废的流程。另外，《关于税收征管操作规范》又取消了去税务机关开具丢失增值税专用发票已报税证明单的流程。2020 年的《国家税务总局关于增值税发票综合服务平台等事项的公告》索性直接将处理增值税专用发票丢失问题的流程缩减成了两句话，小张的运气还真是好到爆。"灵樨也觉得这小子丢东西都会选时候。

"两句话？哪两句话？"小米的好奇心永远是最强的。

"其实概括起来就两个意思，一个是发票联和抵扣联全丢了怎么办，一个是只丢了一样怎么办。不再区分丢失前认证没认证、是不是认证相符这样的细节了。要是全丢了，就让对方提供加盖发票专用章的记账联复印件，这个复印件就当发票用了，抵扣、记账、退税都管用。要是只丢了发票联或是只丢了抵扣联，把没丢的复印一下，将复印件充当丢失件用。"灵樨说道。

"啥手续都免了，只要复印件就管用？"小米惊叹道。

"是不是总觉得复印件容易篡改，要给它多上几道'保险'才行？"灵樨看着小米惊讶的表情说道。

"你看现在但凡证明不都要原件嘛，即使是复印件也还要加上一句'与原件一致'！"朵朵也说道。

"就是就是。"小米点着头表示赞同朵朵。

"这就是简政，加盖了红章后的复印件和原件是有同等效力的。而且现在信息透明度越来越高，在大数据的作用下，只要是开票系统开出发票，各方都能查验到。"

"哈哈，有种超棒的感觉。"小米的欢快劲说来就来。

"以后呀，这些政务服务会越来越便民的。"

"那要是丢了其他发票怎么办？"小米突然问道。她想起了前几天业务部的小王找她报销，说他把出差时的火车票给弄丢了，问她咋报销，让她给怼回去了——没发票就不能报，谁让他这么不操心，活该。可这会儿看到灵樨连丢了增值税专用发票的问题都有办法解决，那几张火车票是不是也有办法，于是就问出了这句。

"你丢了什么发票？"灵樨问道。

"不是我，我没丢发票，是业务部的小王，他把出差时的火车票丢了，问我咋报销呢。"小米老实交代了她把小王怼回去的事。

"小米，没发票你不给报销是对的，但我们可以帮助其想想办法，用我们的专业知识去帮助他人。工作职责要坚守，但也要知道变通才行。"

"我就是想着让他长长记性。"小米小声嘀咕道，这声音，十分没有底气。

"实际上发票丢了也不是没有办法，丢张发票也是常有的事儿。如果发票丢了你就没办法了，那要遇上通情达理的说你秉公执行财务制度，要是遇上胡搅蛮缠的说你狐假虎威，要是遇上懂行的就要说你专业能力不足了。你去让小王写个详细的情况说明，让他们部门经理签下字，拿我这里签下，再去找林总签下就给他报了，不管是火车票、汽车票还是飞机票，以后要是遇到这种情况就都这样处理。"

"好的，我这就找小王去。"

"不仅是车票，还有从外单位取得的其他原始凭证，要是丢失了，就让经办人去找对方单位要个复印件并盖上他们的公章，或者由对方单位出具个证明并盖上他们的公章，再注明原来凭证的号码、金额、内容等，只要在这个证明上有经办人的签名，经办人的部门经理、财务经理和单位负责人签名，就可以报销入账了，这也是合法合规的。注意证明的要点是要由提供复印件的人签字盖章，并注明与原件一致。"灵樨借这个机会把在其他凭证丢失的情况下需要如何处理也说了一下，免得她俩遇到情况时不知道怎么处理。

"我知道了，要多多提升自己，以后我会用'帮他们想想办法'诸如此类的思维来解决问题，而不是遇事直接怼回去。"小米意识到了自己的不足，这让她的脾性也瞬间改变了不少。

小贴士

- 2019年7月公布的《国家税务总局关于公布取消一批税务证明事项以及废止和修改部分规章规范性文件的决定》（国家税务总局令第48号）第二条第二款：删去《中华人民共和国发票管理办法实施细则》（国家税务总局第25号公布，国家税务总局第37号、第44号修改）第三十一条中的"并登报声明作废"。

- 《国家税务总局关于增值税发票综合服务平台等事项的公告》（国家税务总局公告2020年第1号）第四条：纳税人同时丢失已开具增值税专用发票或机动车销售统一发票的发票联和抵扣联，可凭加盖销售方发票专用章的相应发票记账联复印件，作为增值税进项税额的抵扣凭证、退税凭证或记账凭证。

纳税人丢失已开具增值税专用发票或机动车销售统一发票的抵扣联，可凭相应发票的发票联复印件，作为增值税进项税额的抵扣凭证或退税凭证；纳税人丢失已开具增值税专用发票或机动车销售统一发票的发票联，可凭相应发票的抵扣联复印件，作为记账凭证。

第3章
财务总有来有往

出门进货

"朵朵,我刚看见林总他们在库房,是不是他们进货回来了?"

"嗯,今儿早上回来的,这是他们刚刚交过来的进货单据。"朵朵递上几张单据。

"怎么没有入库单?"

"小米在呢,一会给捎回来。"

"记住,入库单和出库单一定不能少。"

"嗯,知道了。灵樾姐,这么多进货单据,我该怎么记账呀?"朵朵拿着这些单据左翻右翻,不知该如何下手。

"慢着,传授新知识,不能没有我在场。呼呼,幸亏跑得快。"小米一阵风似的跑到,她最近越来越爱学习了。

"正好,小米,你说说什么是进货费用。"灵樾很有当老师的潜质。

"就是在进货过程中发生的费用呗。"小米一言以蔽之。

"你说得不错,准确地说,进货费用是指商业企业在采购商品过程中发生的各项税费。既然是税费,肯定既有税,又有费用。我们先说'费'吧,'费'包括商品采购时发生的包装费、运输费、装卸费、保险费,运输中的仓储费,运输途中的合理损耗,商品入库前的挑选整理费用。再说'税','税'包括购买商品发生的进口关税、消费税、资源税和不能抵扣的增值税进项税额，以及相应的教育费附加等。"

"进货费用是不是要计入当期损益？"朵朵问道。

"以前是，但现在不是，朵朵肯定没有好好看《企业会计准则》。新的《企业会计准则》里说，存货成本包括采购成本、加工成本和其他成本。在这里，存货的采购成本，包括购买价款、相关税费、运输费、装卸费、保险费及其他可归属于存货采购成本的费用。"

"咦，不就是购买价款和进货费用吗？"小米总结道，"那是都要计入成本的节奏呀！"

"以偏概全，是财务的大忌，继续听。《〈企业会计准则第1号——存货〉应用指南》说：商业企业采购过程中发生的进货费用，应当计入存货采购成本，也可以先进行归集，期末根据商品存销情况进行分摊；对于已售商品的进货费用，计入当期损益，对于未售商品的进货费用，计入期末存货成本；企业采购商品的进货费用金额较小的，可以在发生时直接计入当期损益。"

"那税法上有规定吗？会不会产生纳税调整？"小米接着问道。

"表扬下小米，有进步！新的《企业所得税法实施条例》规定：企业持有以备出售的商品等，以购进价款和支付的相关税费为成本。所以说，这里的处理方法，会计和税法上是一样的，不存在纳税调整的问题。"

"什么样的进项税是可以抵扣的？"朵朵问道。

"比如我们进的这批货，对方给我们开具了一张增值税专用发票，那这张发票上所显示的进项税额就是可以抵扣的。"灵樱说道。

"有没有期限？超期怎么办？就不能抵扣了吗？"有点马虎的小米显然比较关心期限的问题。

"凡事没有绝对，国家也有柔情的一面。比如对这个期限的问题，《国家税务总局关于逾期增值税扣税凭证抵扣问题的公告》就说，对于某些客观原因还是可以网开一面的。如：因自然灾害、社会突发事件等不可抗力因素造成逾期；由扣税凭证被盗、抢，邮寄丢失、误递造成逾期；司法、行政扣押或税务局网络故障；由买卖双方因经济纠纷未能及时传递，或因变更纳税地点，注销旧户和重新办理税证时间过长造成逾期；办税人员不声不响挂帅离职……而对取得的2017年1月1日及以后开具的增值税专用发票、海关进口增值税专用缴款书、机动车销售统一发票、收费公路通行费增值税电子普通发票，则取消认证确认、稽核比对、申报抵扣的期限。纳税人在进行增值税纳税申报时，只要通过本省（自治区、直辖市和计划单列市）增值税发票综合服务平台对上述扣税凭证信息进行用途确认即可。如果是纳入试点的数字化的电子发票用户，简称数电票用户，勾选认证时就要移步电子税务局—税务数字账户里进行勾选了。"灵榠说道。

"真遇见这几种情况，也够倒霉的。那取得的2017年1月1日以前的增值税专用发票要怎么办？"小米说道。

"后面这个政策简直就是为小米这种贵人多忘事的类型准备的。"看来小米还真是爱丢三落四，连朵朵都忍不住吐槽了。

"还按原来的执行，要是形成滞留票会更麻烦。"灵榠叮嘱道。

"什么是滞留票呀？"小米立马借机转移话题。

"销售方已开具增值税专用发票，并已抄报税，而购买方没有申报确认。"

"私藏啦？为什么不抵扣呢？"

"给你俩留道思考题，想想什么原因会让购买方不愿意抵扣。"

小米有种自己挖了坑把自己埋起来的感觉，好像还捎带上了朵朵。

小贴士

进货费用，即商业企业在采购商品过程中发生的各项税费。包括商品采购时发生的包装费、运输费、装卸费、保险费，运输中的仓储费，运输途中的合理损耗，商品入库前的挑选整理费用，购买商品发生的进口关税、消费税、资源税和不能抵扣的增值税进项税额以及相应的教育费附加等。

购买价款，是指发票账单上列明的价款，但不包括按照规定可以抵扣的增值税税额。

- 《国家税务总局关于逾期增值税扣税凭证抵扣问题的公告》（国家税务总局公告2011年第50号）第一条：对增值税一般纳税人发生真实交易，但由于客观原因造成增值税扣税凭证逾期的，经主管税务机关审核、逐级上报，由国家税务总局认证、稽核比对后，对比对相符的增值税扣税凭证，允许纳税人继续抵扣其进项税额。

增值税一般纳税人由于除本公告第二条规定以外的其他原因造成增值税扣税凭证逾期的，仍应按照增值税扣税凭证抵扣期限有关规定执行。

第二条，客观原因包括如下类型：

1. 因自然灾害、社会突发事件等不可抗力因素造成增值税扣税凭证逾期；

2. 增值税扣税凭证被盗、抢，或者因邮寄丢失、误递导致逾期；

3. 有关司法、行政机关在办理业务或者检查中，扣押增值税扣税凭证，纳税人不能正常履行申报义务，或者税务机关信息系统、网络故障，未能及时处理纳税人网上认证数据等导致增值税扣税凭证逾期；

4. 买卖双方因经济纠纷，未能及时传递增值税扣税凭证，或者纳税人变更纳税地点，注销旧户和重新办理税务登记的时间过长，导致增值税扣税凭证逾期；

5. 由于企业办税人员伤亡、突发危重疾病或者擅自离职，未能办理交接手续导致增值税扣税凭证逾期；

6. 国家税务总局规定的其他情形。

一般纳税人购进的货物等已到达并验收入库，但尚未收到增值税扣税凭证并未付款的，应在月末按货物清单或相关合同协议上的价格暂估入账，不需要将增值税的进项税额暂估入账。下月初，用红字冲销原暂估入账金额。

- 《国家税务总局关于取消增值税扣税凭证认证确认期限等增值税征管问题的公告》（国家税务总局公告2019年第45号）第一条：增值税一般纳税人取得2017年1月1日及以后开具的增值税专用发票、海关进口增值税专用缴款书、机动车销售统一发票、收费公路通行费增值税电子普通发票，取消认证确认、稽核比对、申报抵扣的期限。纳税人在进行增值税纳税申报时，应当通过本省（自治区、直辖市和计划单列市）增值税发票综合服务平台对上述扣税凭证信息进行用途确认。

增值税一般纳税人取得2016年12月31日及以前开具的增值税专用发票、海关进口增值税专用缴款书、机动车销售统一发票，超过认证确认、稽核比对、申报抵扣期限，但符合规定条件的，仍可按照《国家税务总局关于逾期增值税扣税凭证抵扣问题的公告》（2011年第50号）、《国家税务总局关于未按期申报抵扣增值税扣税凭证有关问题的公告》（2011年第78号）规定，继续抵扣进项税额。

第八条：本公告第一条自2020年3月1日起施行，第二条至第七条自2020年1月1日起施行。此前已发生未处理的事项，按照本公告执行，已处理的事项不再调整。

- 《国家税务总局河南省税务局关于开展全面数字化的电子发票试点工作的公告》（国家税务总局河南省税务局公告2023年第1号）第十条：自2023年3月22日起，试点纳税人可通过电子发票服务平台税务数字账户使用发票用途确认、风险提示、信息下载等功能，不再通过增值税发票综合服务平台使用上述功能。

试点纳税人取得带有"增值税专用发票"字样的数电票、带有"普通发票"字样的数电票、纸质专票和纸质普票等符合规定的增值税扣税凭证，如需用于申报抵扣增值税进项税额或申请出口退税、代办退税的，应当通过电子发票服务平台税务数字账户确认用途。非试点纳税人继续通过增值税发票综合服务平台使用相关增值税扣税凭证功能。纳税人确认用途有误的，可向主管税务机关申请更正。

丢了货怎么办？

"小米，这入库单和进货发票的数怎么对不上？"灵樨着急地问。

"听林总说了，在路上的时候因为没看住，被人偷了点货。"小米回答。

"那你这笔分录怎么没把这个事项反映出来？"

"啊？这个怎么反映？"小米眨着她那无辜的大眼睛，灵樨立马让语气平和下来。

"对于这种非正常损失，损失部分一定要从库存商品中扣除，相应的增值税金也不能抵扣，要做转出处理。并且，他们的运费部分的进项税也要做转出处理，像这样……"

借：待处理财产损溢——待处理流动资产损溢
　　贷：库存商品——音箱
　　贷：应交税费——应交增值税（进项税额转出）

"为什么要做转出呀，增值税专用发票我们申报确认了不就可以按票面上的税金抵扣了吗？"

"申报确认的增值税专用发票是可以按票面税金抵扣的。但是你想呀，这一部分商品被盗，那就没办法产生增值，当然也就没有增值部分的销项税额了，与之相对应的进项税金就更不能抵扣了。非正常损失的增值税是不能抵扣的，这里的被盗就是我们所说的非正常损失的一种。《中华人民共和国增值税法（意见征求稿）》中还列明了几种不得从销项税额中抵扣的情形，你看一下。"

1. 用于简易计税方法计税项目、免征增值税项目、集体福利或者个人消费的购进货物、服务、无形资产、不动产和金融商品对应的进项税额，其中涉及的固定资产、无形资产和不动产，仅指专用于上述项目的固定资产、无形资产和不动产；

2. 非正常损失项目对应的进项税额；

3. 购进并直接用于消费的餐饮服务、居民日常服务和娱乐服务对应的进项税额；

4. 购进贷款服务对应的进项税额；

5. 国务院规定的其他进项税额。

"哎呀，我想到了，上次灵槭姐问我们购买方出于什么原因不抵扣进项税，这不就是原因吗？"小米突然拍了下脑袋，她想到了灵槭问的问题的答案了。

"对呀，不得从销项税额中抵扣的情形，不就是不抵扣进项税的原因嘛，那遇见了要怎么处理才会不形成滞留票呢？"

"很多人会将其抵扣之后再进行转出处理，这样两步走的方法显然增加了财务人员的工作量。我们可以在增值税发票综合服务平台抵扣勾选菜单下选择发票不抵扣，这样既不会产生滞留票，又不需要勾选后再做转出处理，减轻了工作量。"

"这个我喜欢，能一步完成的绝不两步完成。"小米绝对是力挺偷懒有理工作论的。

"灵樨姐，这里只是说了非正常损失，我们要怎么把握这个'非正常'呢？"朵朵还是比较善于抓住重点的。

"这个也有人替你想到了。《营业税改征增值税试点实施办法》第二十八条对非正常损失的定义是：'因管理不善造成货物被盗、丢失、霉烂变质，以及因违反法律法规造成货物或者不动产被依法没收、销毁、拆除的情形。'"

"那我们被盗的这部分商品要怎么办？就放在待处理财产损溢里吗？"

"待处理财产损溢只是个过渡科目，就像一座桥一样。而最终的结果要看公司的处理结果了：如果有责任人赔偿，就计入其他应收款；如果没有人赔偿，则计入营业外支出。"灵樨解释道。

"我觉得做营业外支出的可能性比较大，因为货是林总带人去进的，据说当晚值夜的也是林总。"小米又放出了个小道消息。

"为什么这么笃定因为是林总失误就要计入营业外支出呢？"灵樨问道。

"林总不是老板吗？"

"那你把我们的公司制度放在何处了？公私不分的经营方法永远不是经营公司的可取之道。"灵樨这是在变相告诫小米呢。

"灵樨姐，那个贷款服务为什么不能抵扣，是因为金融业营改增吗？"

"准确来说，是贷款服务中的利息支出和接受贷款服务时向贷款方支付的与该笔贷款直接相关的投融资顾问费、手续费、咨询费等费用，其进项税额不得抵扣。这主要是因为针对与之相对应的金融业的存款利息不征收增值税，若抵扣会使整个链条断裂，所以也就不能抵扣。"

"嗯，你之前说过，增值税是一环扣一环的链条状的，道道征、道道扣。"

"对，这是增值税最显著的特点。目前有关增值税的法规缺位，有关增值税的处理主要是依照《增值税暂行条例》。不过《增值税法（意见征求稿）》已出，按照税制改革的步伐，会很快问世的。"灵樨解释道。

"怪不得你总是让我们多学习，我真觉得我们学习的速度还赶不上法条变化的速度呢。"小米吐槽道。

"哈哈哈哈，你应该这样认为，自己何其有幸，参与了税法的变革。"

小贴士

• 《增值税暂行条例》（2017年11月19日国务院令第691号）第十条规定，下列项目的进项税额不得从销项税额中抵扣：

1. 用于简易计税方法计税项目、免征增值税项目、集体福利或者个人消费的购进货物、劳务、服务、无形资产和不动产；

2. 非正常损失的购进货物，以及相关的劳务和交通运输服务；

3. 非正常损失的在产品、产成品所耗用的购进货物（不包括固定资产）、劳务和交通运输服务；

4. 国务院规定的其他项目。

• 《增值税法（征求意见稿）》第二十二条规定，下列进项税额不得从销项税额中抵扣：

1. 用于简易计税方法计税项目、免征增值税项目、集体福利或者个人消费的购进货物、服务、无形资产、不动产和金融商品对应的进项税额，其中涉及的固定资产、无形资产和不动产，仅指专用于上述项目的固定资产、无形资产和不动产；

2. 非正常损失项目对应的进项税额；

3. 购进并直接用于消费的餐饮服务、居民日常服务和娱乐服务对应的进项税额；

4. 购进贷款服务对应的进项税额；

5. 国务院规定的其他进项税额。

• 《关于全面推开营业税改征增值税试点的通知》（财税〔2016〕36号）附件1《营业税改征增值税试点实施办法》第二十八条：非正常损失，是指因管理不善造成货物被盗、丢失、霉烂变质，以及因违反法律法规造成货物或者不动产被依法没收、销毁、拆除的情形。

卖了台产品

"开张了，虽然只是一台，但开张大吉呀！下一张绝对是大单！"小米兴奋得有点手舞足蹈。

"灵樨姐，刚刚出售的那台音箱，为什么不给人家开增值税专用发票，而是开增值税普通发票呢？"朵朵不懂就问是灵樨很喜欢她的原因之一。

"这个问题要从增值税说起。增值税是流转税，有一个流转的过程，增值税专用发票就是这个一环环进销流转抵扣过程的凭证。而刚刚卖的那台音箱，买走的人是个人，是最终消费者，他买来的最大目的就是使用，而不是再出售，那他拿到增值税专用发票也不能进行抵扣，这个流转的环节在这里就停止了、断掉了，这时，开具增值税专用发票就失去了意义。"

"明白了，增值税的关键就在于流转和抵扣。那除了向消费者个人不能开具增值税专用发票，还有什么情况不能开呢？"

"还有以下几种情况也是不能开具增值税专用发票的。"

1. 商业企业一般纳税人零售的烟、酒、食品、服装、鞋帽（不包括劳保专用部分）、化妆品等消费品。
2. 销售免税货物不得开具增值税专用发票，但是，法律、法规及国家税务总局另有规定的除外。
3. 发生应税行为适用免税规定的。
4. 差额纳税的部分项目不能开具增值税专用发票。

接着灵樨举了几个简单的例子："如提供劳务派遣服务且选择差额纳税的纳税人，向用工单位收取用于支付劳务派遣员工工资、福利和为其办理社会保险及住房公积金的费用，不得开具增值税专用发票，但可以开具普通发票。又如提供人力资源外包服务的企业，按照经纪代理服务缴纳增值税，其销售额不包括受客户单位委托代为向客户单位员工发放的工资和代理缴纳的社会保险、住房公积金。向委托方收取并代为发放的工资和代理缴纳的社会保险、住房公积金，不得开具增值税专用发票，可以开具普通发票。"

过了几天，小米兴冲冲地跑了进来："哇，我说开张大吉吧，有家音箱店一下子进了我们 10 万元的货，销售部正签合同呢，不过好像是分期付款。哈哈，未卜先知呀我。"小米觉得这单生意完全是由自己的吉言引来的。

"小米，分期收款什么时候确认收入？"灵樨猝不及防地问道。

"当然是给钱的时候呗。"

"我记得好像是说，采取赊销和分期收款方式销售货物，纳税义务发生时间为书面合同约定的收款日期的当天，且不论是否收到，均为当天确认。无书面合同的或者书面合同没有约定收款日期的，为货物发出的当天。"朵朵指出了小米的错误。

"嗯，朵朵说得不错。那就再教你们一个不外传的小窍门吧。在确认收入计入主营业务收入时，可以在该科目下设置个购买方的二级科目，这样在日后查找或统计数据时，就能快速地统计出我们的客户数据。"

"啊？哦！明白了，其意深远呀！"小米的脑袋瓜转得还是相当快的，一点就通。

小贴士

增值税是以商品或劳务在流转过程中产生的增值额作为征税对象而征收的一种流转税。

• 《增值税暂行条例》（2017年11月19日国务院令第691号）第二十一条：纳税人发生应税销售行为，应当向索取增值税专用发票的购买方开具增值税专用发票，并在增值税专用发票上分别注明销售额和销项税额。

属于下列情形之一的，不得开具增值税专用发票：

1. 应税销售行为的购买方为消费者个人的；
2. 发生应税销售行为适用免税规定的。

• 《增值税专用发票使用规定》（国税发〔2006〕156号）第十条：商业企业一般纳税人零售的烟、酒、食品、服装、鞋帽（不包括劳保专用部分）、化妆品等消费品不得开具专用发票。

• 《财政部 国家税务总局关于进一步明确全面推开营改增试点有关劳务派遣服务、收费公路通行费抵扣等政策的通知》（财税〔2016〕47号）第一条：选择差额纳税的纳税人，向用工单位收取用于支付给劳务派遣员工工资、福利和为其办理社会保险及住房公积金的费用，不得开具增值税专用发票，可以开具普通发票。

第三条：纳税人提供人力资源外包服务，按照经纪代理服务缴纳增值税，其销售额不包括受客户单位委托代为向客户单位员工发放的工资和代理缴纳的

> 社会保险、住房公积金。向委托方收取并代为发放的工资和代理缴纳的社会保险、住房公积金，不得开具增值税专用发票，可以开具普通发票。
>
> 采取赊销和分期收款方式销售货物的纳税义务发生时间，为书面合同约定的收款日期的当天，且不论是否收到，均为当天确认。无书面合同的或者书面合同没有约定收款日期的，为货物发出的当天。
>
> 在确认收入计入主营业务收入时，可以在该科目下设置个购买方的二级科目，便于以后查找统计。

满减送加折上折

"小米，刚刚那个是谁呀，看你们好像很熟的样子。"朵朵好奇地向小米打听着。

"一个亲戚。不对呀，朵朵你可是一向都不八卦的呀。有情况？！"

"不是，我只是好奇老板给了他好大的折扣呢。"

"说到这儿我还得问问灵樨姐，这种情况怎么给他开发票呢？"小米说着就去找灵樨了。

"灵樨姐，这笔生意林总说给优惠20%，开票该怎么开呀，是按折后价开并在备注上注明折扣吗？"

"别，可不能这样开。你这样的开票方法会让公司多纳税的。要想按折后价纳税，得在'金额'栏中分别注明。在'备注'栏中注明折扣额的，可是要按全额计算增值税的。"灵樨说道。

"幸好幸好，幸亏问了句。"小米拍着胸脯压压惊。

"我们国家现行的税法对采用折扣方式销售货物的，规定了三种情况。第一种是折扣销售，也叫商业折扣，这种情况适用于因为购买方购货数量较大等而给予购买方的价格优惠。如果销售额和折扣额在同一张发票上分别注明，可以按折扣后的销售额征收增值税，销售额和折扣额在同一张发票的'金额'栏分别注明，未在同一张发票'金额'栏注明折扣额，而仅在发票'备注'栏注明折扣额的，折扣额不得从销售额中减除。如果将折扣额另开发票，不论其在财务上如何处理，均不得从销售额中减除折扣额。另外，这里的折扣仅指商业折扣。"

"为什么？不都是折扣吗，怎么还区别对待？"小米问。

"第二种是现金折扣。现金折扣是销售方为及时收回款项而给出的优惠，鼓励购买方为享受相应的折扣优惠在相应的天数内付款。它发生在销货之后，是通过财务费用反映的。

"第三种是销售折让。销售折让是因为售出产品的质量不合格等引起的销售额减让，是销货方在没有退货状况情况下给购货方的价格折让，这种情况完全可以通过开红字专用发票的方式从销售额中减除。

"之所以强调必须在同一张发票上注明，是为了保证增值税征、扣相一致。你们想，如果对销售额开一张销货发票，对折扣额开一张红字退款发票，那就可能造成销货方按折扣后的价格计算增值税销项税额，而进货方则未按折扣额的全额进项税额进行抵扣，这种便宜国家会让你占吗？"

"怎么可能！税法中的实质课税原则的意义就在于防止纳税人偷税与不合理避税。怎么可能会让你占这种便宜！"小米一激动，连税法的基本原则都搬出来了。

"灵樨姐，那要是'双十一'的优惠券和满减送呢？"朵朵不由想起商家的活动一波接一波，各种名目让你眼花缭乱。

"无论是'双十一'的领券满减送、商场里的减价大促销，还是街头的跳楼大甩卖，本质上都是折扣销售，你可以看作先有折扣再有销售。但不论商家起什么名字、用什么噱头，我们财务上就一条——定将折扣开在同一张发票的金额栏中！就拿我们这次的折扣来说吧，我们的不含税价销售金额为8万元，而林总说给了20%的优惠，我们实际只收到了6.4万元。如果我们开发票时将1.6万元写在了备注栏或者另外开了张发票，那我们就得按8万元计算缴纳增值税，是不能按折扣后的金额计算缴纳增值税的，这样我们就比较吃亏了。"

"哦，明白了。如果不是减价而是送礼品呢？比如买一送一，买音箱送耳机？"

"还是这句话。全都一个套路，万变不离其宗。假如商品价值10万元，我们送10个耳机，一共价值2万元。那么只要我们将其开在一张发票上，就可以按8万元计算缴纳增值税。"

"收入呢，收入怎么计？"

"这时收入额就不能直接按 8 万元计了,要分比例确认,也就是将总的销售金额按各项商品的公允价值的比例来分摊确认各项收入。也就是说,我们音箱的收入额是 80000×80000÷(80000+20000)=64000(元),耳机的收入额是 80000×20000÷(80000+20000)=16000(元)。"

"明白了,原来还有这么多陷阱呀,一不留神就跳进去了。"难得听到朵朵吐槽。

"这才是套路满满,就等你来。"

"这就看谁套路谁了,不管什么花样和名目,我们的财务处理都要围绕准则,看透了业务的性质,处理方法也就信手拈来了。"

"明白了!灵樨姐,谢谢你,你不仅仅教给我们知识,还教给我们方法论。"别看小米平时总嘻嘻哈哈的,心里还挺有数。

小贴士

- 《国家税务总局关于印发〈增值税若干具体问题的规定〉的通知》(国税发〔1993〕154号)第二条:纳税人采取折扣方式销售货物,如果销售额和折扣额在同一张发票上分别注明,可按折扣后的销售额征收增值税;如果将折扣额另开发票,不论其在财务上如何处理,均不得从销售额中减除折扣额。

- 《国家税务总局关于折扣额抵减增值税应税销售额问题的通知》(国税函〔2010〕56号)规定:纳税人采取折扣方式销售货物,销售额和折扣额在同一张发票上分别注明是指销售额和折扣额在同一张发票上的"金额"栏分别注明的,可按折扣后的销售额征收增值税。

未在同一张发票"金额"栏注明折扣额,而仅在发票的"备注"栏注明折扣额的,折扣额不得从销售额中减除。

- 《国家税务总局关于纳税人折扣折让行为开具红字增值税专用发票问题的通知》(国税函〔2006〕1279号)规定:纳税人销售货物并向购买方开具增值税专用发票后,由于购货方在一定时期内累计购买货物达到一定数量,或者由于市场价格下降等原因,销货方给予购货方相应的价格优惠或补偿等折扣、折让行为,销货方可按现行《增值税专用发票使用规定》的有关规定开具红字增值税专用发票。

客户要退货

"唉,你说,这都买了一个月了,现在来退货,早干吗去了!又不是我们质量有问题,林总还真给退,也就他好说话,换了我,才不给退呢!真想好好刁难他一下!"

"要不要我给你们出个主意呀?刁难人也要显出水平来。"灵樨好笑地看着这俩"小朋友"。

"求之不得,求之不得!"小米高兴坏了。

"你说这个要退货的是上个月买的是吧,那他拿着什么来退货?"

"他直接找的林总,手里有一份我们开的发票复印件。"

"那这样,你告诉他,因为我们出具的是增值税专用发票,上个月的发票我们已经记过账且报过税了,而销售退回根据国家法律的规定是要开具红字增值税专用发票的,因此我们只有在接到税务机关校验通过的带有'红字发票信息表编号'的信息表时,才能开具红字增值税专用发票,也才能做销售退回的处理。"

"高!有理有据,还挑不出刺,我这就传话去。"小米觉得这样出气才高大上。

"灵樨姐,这个信息表是怎么回事,要怎么开?销售退回必须开红字增值税专用发票吗?"

"如果此人要退回当月购买的货物,双方都没记账、没申报确认抵扣,那他只要退回发票原件,由我们进行作废处理就行了。但是,如果是次月或以后的退货,不论是否已记账,一律要通过增值税发票管理新系统开具销项负数发票,不得作废。这就需要信息表了。至于这个信息表,如果他未用于申报抵扣,能将发票联和抵扣联都退回给我们,我们在增值税发票管理新系统中填开并上传信息表,等税务机关校验通过后,那我们凭系统生成的带有'红字发票信息表编号'的信息表开具销项负数发票,凭此发票做销售退回的会计处理就行了。"

"那如果此人不退给我们发票联和抵扣联呢?"朵朵问道。

"你看他拿着复印件来的,一定是不会退给我们发票原件的,正因为如此,我才让你那样传话给他。因为此时这个信息表需要他们填开而不是我们填开。"

"原来如此。"

"真痛快,我把话有礼有节地传达了,他说回去就办理,立马走了。"回来的小米一脸得意样。

"灵楃姐,这个信息表什么样呀?"小米好奇地问道。

"喏,长这样。"灵楃递过来一张表格(见表2-3)。

"我还以为很复杂呢!"小米有些失望。

"你这脑袋瓜呀。"灵楃摇摇头笑道,"说明部分的对应蓝字信息是要分情况填写的。发票原件能退回的,销售方填信息表时,要填写相对应的蓝字专用发票信息。不能退回的,购买方填开信息表时要填写相对应的蓝字专用发票信息。"

"哦,我知道了,这是销货退回的必经步骤,跟刁难没有半毛钱关系,可我怎么就这么解气呢?"

灵楃和朵朵都笑了起来。

"对了灵楃姐,现在不是好多地方都试点数电票了嘛,那开的要是数电票怎么办呀,能作废吗,是不是跨月也要填信息表?"朵朵未雨绸缪,毕竟灵楃姐不会每次都恰巧救急的。

"因为现在数电票还在试点,根据专票电子化的事项公告,现在的数电票由各省监制,相关规定也由各省制定,但这些试点省份的文件不会各自为政,大的方向上不会有多大差异,试点也只是步骤快慢的问题。数电票不叫'红字增值税专用发票信息表',叫'红字发票信息确认单',内容上有个别差异,比信息表的说明部分更细一些。数电票只能红字冲销,可作废不了,确认单的样表在这里,你们可以看一下(见表2-4)。"灵楃先把数电票的试点特点简单介绍了下,又说了二者之间的差别,就给了她们样表让她们先熟悉一下。

表2-3 开具红字增值税专用发票信息表

销售方	名称		购买方	名称		
	纳税人识别号			纳税人识别号		
开具红字专用发票内容	货物（劳务服务）名称	数量	单价	金额	税率	税额
	合计					
说明	一、购买方 □ 　对应蓝字专用发票抵扣增值税销项税额情况： 　　1.已抵扣 □ 　　2.未抵扣 □ 　对应蓝字专用发票的代码：_____ 号码：_____ 二、销售方 □ 　对应蓝字专用发票的代码：_____ 号码：_____					
红字专用发票信息表编号						

表2-4 红字发票信息确认单

填开日期：　　年　　月　　日

销售方	纳税人名称（销方）		购买方	纳税人名称（购方）		
	统一社会信用代码/纳税人识别号（销方）			统一社会信用代码/纳税人识别号（购方）		
开具红字发票确认信息内容	项目名称	数量	单价	金额	税率/征收率	税额

续表

	项目名称	数量	单价	金额	税率/征收率	税额
开具红字发票确认信息内容						
	合计					

一、录入方身份：
　　1. 销售方 □　　2. 购买方 □
二、红冲原因：
　　1. 开票有误 □　2. 销货退回 □　3. 服务中止 □　4. 销售折让 □
三、对应蓝字发票抵扣增值税销项税额情况：
　　1. 已抵扣 □　　2. 未抵扣 □
　　对应蓝字发票的代码：＿＿＿＿＿＿　号码：＿＿＿＿＿＿
四、是否涉及数量（仅限成品油、机动车等业务填写）
　　涉及销售数量 □　　仅涉及销售金额 □

红字发票信息确认单编号	

小贴士

- 《国家税务总局关于红字增值税发票开具有关问题的公告》（国家税务总局公告 2016 年第 47 号）规定：增值税一般纳税人开具增值税专用发票（以下简称专用发票）后，发生销货退回、开票有误、应税服务中止等情形但不符合发票作废条件，或者因销货部分退回及发生销售折让，需要开具红字专用发票的，按以下方法处理。

1. 购买方取得专用发票已用于申报抵扣的，购买方可在增值税发票管理新系统（以下简称新系统）中填开并上传开具红字增值税专用发票信息表，在填开信息表时不填写相对应的蓝字专用发票信息，应暂依信息表所列增值税税额从当期进项税额中转出，待取得销售方开具的红字专用发票后，与信息表一并作为记账凭证。

2. 购买方取得专用发票未用于申报抵扣、但发票联或抵扣联无法退回的，购买方填开信息表时应填写相对应的蓝字专用发票信息。

3. 销售方开具专用发票尚未交付购买方，以及购买方未用于申报抵扣并将发票联及抵扣联退回的，销售方可在新系统中填开并上传信息表。销售方填开信息表时应填写相对应的蓝字专用发票信息。

• 《关于简化增值税发票领用和使用程序有关问题的公告》（国家税务总局公告2014年第19号）第四条：一般纳税人开具专用发票后，发生销货退回或销售折让，按照规定开具红字专用发票后，不再将该笔业务的相应记账凭证复印件报送主管税务机关备案。

• 《中华人民共和国发票管理办法实施细则》（2011年2月14日国家税务总局第25号公布）第二十七条：开具发票后，如发生销货退回需开红字发票的，必须收回原发票并注明"作废"字样或取得对方有效证明。开具发票后，如发生销售折让的，必须在收回原发票并注明"作废"字样后重新开具销售发票或取得对方有效证明后开具红字发票。

• 《国家税务总局河南省税务局关于开展全面数字化的电子发票试点工作的公告》（国家税务总局河南省税务局公告2023年第1号）第十三条：试点纳税人发生开票有误、销货退回、服务中止、销售折让等情形，需要通过电子发票服务平台开具红字数电票或红字纸质发票的，按以下规定执行。

1. 受票方未做用途确认及入账确认的，开票方填开红字发票信息确认单（以下简称确认单）后全额开具红字数电票或红字纸质发票，无须受票方确认。

2. 受票方已进行用途确认或入账确认的，开票方或受票方可以填开确认单，经对方确认后，开票方依据确认单开具红字发票。

受票方已将发票用于增值税申报抵扣的，应当暂依确认单所列增值税税额从当期进项税额中转出，待取得开票方开具的红字发票后，与确认单一并作为记账凭证。

第十四条：纳税人发生《国家税务总局关于红字增值税发票开具有关问题的公告》（国家税务总局公告2016年第47号）第一条及《国家税务总局关于在新办纳税人中实行增值税专用发票电子化有关事项的公告》（国家税务总局公告2020年第22号）第七条规定情形的，购买方为试点纳税人时，购买方可通过电子发票服务平台填开并上传开具红字增值税专用发票信息表。

• 《国家税务总局关于在新办纳税人中实行增值税专用发票电子化有关事项的公告》（国家税务总局公告2020年第22号）第七条：纳税人开具电子专票后，发生销货退回、开票有误、应税服务中止、销售折让等情形，需要开具红字电子专票的，按照以下规定执行。

1.购买方已将电子专票用于申报抵扣的，由购买方在增值税发票管理系统（以下简称发票管理系统）中填开并上传开具红字增值税专用发票信息表（以下简称信息表），填开信息表时不填写相对应的蓝字电子专票信息。

购买方未将电子专票用于申报抵扣的，由销售方在发票管理系统中填开并上传信息表，填开信息表时应填写相对应的蓝字电子专票信息。

2.税务机关通过网络接收纳税人上传的信息表，系统自动校验通过后，生成带有"红字发票信息表编号"的信息表，并将信息同步至纳税人端系统中。

3.销售方凭税务机关系统校验通过的信息表开具红字电子专票，在发票管理系统中以销项负数开具。红字电子专票应与信息表一一对应。

4.购买方已将电子专票用于申报抵扣的，应当暂依信息表所列增值税税额从当期进项税额中转出，待取得销售方开具的红字电子专票后，与信息表一并作为记账凭证。

有种销售叫视同

"灵樨姐，林总提走的这套音箱要怎么处理呀？"朵朵拿着一张单据问道。

"这个做视同销售处理。"原来是林总无偿赠送了客户一套音箱。

"视同销售？"朵朵不解地问道。

"是的，你看商品出去了，但是既没有增加现金的流入，也没有增加营业利润，在会计意义上，它并不是销售，不做销售处理。但在税法上，这种将自产的商品无偿赠送给他人的行为就被视同为销售，需要计算缴纳增值税了。具体分录可以这么做。

借：营业外支出
　　贷：库存商品
　　贷：应交税费——应交增值税（销项税额）

"那除了这种行为视同销售，还有没有其他的视同销售行为？"小米也问道。

"有的，增值税的视同销售行为还有这些情况：将货物交付其他单位或者个人代销；销售代销货物；有两个以上机构，并且这些机构实行统一核算，但是总分机构又不在同一县（市、区），将货物从一个机构移送其他机构用于销售；将自产、委托加工的货物用于非应税项目、集体福利或个人消费、投资、分配、赠送；将外购的货物用于投资、分配、赠送；单位和个体工商户向其他单位或个人无偿提供应税服务、无偿转让无形资产或不动产。但是以公益事业或以社会公众为对象的除外。"灵樨将增值税的视同销售行为一一列举出来。

"不过，这里得提一下将要颁布的《增值税法》。2022年12月27日，十三届全国人大常委会第三十八次会议对《中华人民共和国增值税法（草案）》进行了首次审议。《增值税法（草案）》中对视同销售的范围有所缩减，与现行增值税法规相比，代销、跨县市机构移送、对外投资、向股东分配及无偿提供服务均未被明确列举在《增值税法（草案）》中罗列的视同应税交易情形内。同时《增值税法（草案）》特别强调了赠予"金融商品"也视同销售——这一规定与《增值税法（征求意见稿）》中对"视同应税交易"规定的情形基本一致，但《增值税法（草案）》中删除了"用于公益事业"的排除表述。虽然这些行为没有明确列举在具体情形中，但因为存在'国务院财政、税务主管部门规定的其他情形'这样的兜底条款，所以这些条款是否就此删除还有待商榷。比如，拿无偿提供服务来说，这个'无偿'在实践中就很容易引发争议，无偿转让的行为也有可能涉及双务法律行为，这就存在可以通过改变交易形式来将其他视同销售的情形转化为无偿提供服务，以达到避免缴纳增值税的目的。再比如，股东和投资者以货物投资企业，企业又要将货物作为分红分配给股东和投资者。在这两种交易安排下，货物本身的权属是发生了变化的，如果不按照视同销售行为处理，在实践中就会产生疑问：这种非应税行为本身对应的进项并不需要进行转出，那么相应进项是在货物销售方抵扣还是需要进行非交易结转？在这种情况下又该如何开具增值税发票去满足所得税上的征管要求呢？所以这个'其他'的兜底条款就非常神奇了，也有可能在未来的实施条例中做出相应的规定。不过现在，《增值税法》还没有正式颁布，我们仍要以现行条款为依据来进行处理。"

"呼，我还在想这要怎么办呢？"小米拍拍胸脯说道。

"看似删了，又看似没删，看似没删吧，又好像删了。我真的凌乱了。"朵朵也迷茫了，这个问题超出了她现在的学识范围。

"后续的实施条例和各地方财税部门也会考虑这些问题的。"灵樨说道。

"视同销售的价格是怎么确定的啊？"小米决定先把眼前的搞定。

"一般增值税的视同销售价格是先按当月同类货物的平均销售价格确定；如果没有的话再按最近时期同类货物的平均销售价格确定；如果连这个都没有，就按组成计税价格确定。"灵樨说道。

"如果是定制的，是不是就使用组成计税价格？"

"对的，组成计税价格＝成本×（1+成本利润率）。如果定做的货物是需要缴纳消费税的，还要注意消费税，此时组成计税价格＝成本×（1+成本利润率）÷（1-消费税税率）。"

"成本一般是不是就是材料费加上加工费什么的？"朵朵问道。

"聪明。"灵樨赞许道，朵朵的会计思维能力还是很强的。

"灵樨姐，成本利润率是固定的吗？"

"一般都是10%。涉及消费税的，按消费税成本利润率确定。消费品项目不同，成本利润率也不同，不过也都在5%～10%。我们这里说了增值税处理上的视同销售，那你觉得所得税处理上和会计处理上也同样做视同销售吗？"灵樨总是喜欢发散性思维，她有时会将一笔经济业务关联到的其他业务也讲给她俩听。

"缴增值税肯定也缴所得税呀！"小米不假思索地答道。

"我觉得不一定，你看我们这笔赠送，增值税上视同销售确认了销项税，会计上却没有确认收入。"朵朵说道。

"视同销售在会计处理上、增值税处理上和所得税处理上都能遇到，它们的范围有重叠，但也有不同。比如将自产、委托加工和外购的产品用于投资和分配，就在会计处理、增值税处理和所得税处理上都确认收入。又比如朵朵刚才指出的，就有不同，这就是我们常说的税会差异、税税差异。在所得税上，主要是看资产所有权属在形式和实质上是否发生改变。"灵樨说道。

"那我们是不是可以同样去看所得税和会计核算上规定的视同销售行为呢？"朵朵试探性地问道。

灵樨赞许地看着朵朵："你可以试试。"

朵朵在灵樨的指导下列出了如下表格（见表2-5）。

"灵樨姐，会计似乎还挺有意思的。"朵朵看着制成的表格说道。

"找到规律，你就会发现其中的乐趣了。"

表2-5 视同销售收入确认一览表

序号	经营活动		项目	增值税	所得税	会计
1	自产、委托加工、外购		投资	是	是	是
2			分配	是	是	是
3			赠送	是	是	否
4	自产、委托加工		集体福利	是	否	否
	外购			否	否	否
5	自产、委托加工		个人消费	是	是	是
	外购			否	是	是
6	异地移送			是	否	否

小贴士

• 《中华人民共和国增值税暂行条例实施细则》第四条规定有8种视同销售的情形：

1. 将货物交付其他单位或者个人代销；

2. 销售代销货物；

3. 设有两个以上机构并实行统一核算的纳税人，将货物从一个机构移送其他机构用于销售，但相关机构设在同一县（市）的除外；

4. 将自产或者委托加工的货物用于非增值税应税项目；

5. 将自产、委托加工的货物用于集体福利或者个人消费；

6. 将自产、委托加工或者购进的货物作为投资，提供给其他单位或者个体工商户；

7. 将自产、委托加工或者购进的货物分配给股东或投资者；

8. 将自产、委托加工或者购进的货物无偿赠送其他单位或者个人。

• 《增值税法（征求意见稿）》略有修改，第十一条规定下列情形视同应税交易，应当依照本法规定缴纳增值税：

1. 单位和个体工商户将自产或者委托加工的货物用于集体福利或者个人消费；

2. 单位和个体工商户无偿赠送货物，但用于公益事业的除外；

3. 单位和个人无偿赠送无形资产、不动产或者金融商品，但用于公益事业的除外；

4. 国务院财政、税务主管部门规定的其他情形。

- 《关于全面推开营业税改征增值税试点的通知》（财税〔2016〕36号）附件1《营业税改征增值税试点实施办法》第十四条将下列情形视同销售：

1. 单位或者个体工商户向其他单位或者个人无偿提供服务，但用于公益事业或者以社会公众为对象的除外。

2. 单位或者个人向其他单位或者个人无偿转让无形资产或者不动产，但用于公益事业或者以社会公众为对象的除外。

3. 财政部和国家税务总局规定的其他情形。

- 《增值税暂行条例实施细则》第十六条规定，纳税人有条例第七条所称价格明显偏低并无正当理由或者有本细则第四条所列视同销售货物行为而无销售额者，按下列顺序确定销售额。

1. 按纳税人最近时期同类货物的平均销售价格确定；

2. 按其他纳税人最近时期同类货物的平均销售价格确定；

3. 按组成计税价格确定。组成计税价格的公式为：组成计税价格＝成本×（1+成本利润率）。

- 《国家税务总局关于印发〈增值税若干具体问题的规定〉的通知》（国税发〔1993〕154号）第二条：纳税人因销售价格明显偏低或无销售价格等原因，按规定需组成计税价格确定销售额的，其组价公式中的成本利润率为10%。但属于应从价定率征收消费税的货物，其组价公式中的成本利润率，为《消费税若干具体问题的规定》中规定的成本利润率。

第三条规定，应税消费品全国平均成本利润率规定如下：甲类卷烟10%；乙类卷烟5%，雪茄烟5%，烟丝5%，粮食白酒10%，薯类白酒5%，其他酒5%，酒精5%，化妆品5%，护肤护发品5%，鞭炮、焰火5%，贵重首饰及珠宝玉石6%，汽车轮胎5%，摩托车6%，小轿车8%，越野车6%，小客车5%。视同销售的目的：

> 1.保证增值税税款抵扣制度的实施，不致因发生上述行为而造成各相关环节税款抵扣链条的中断；
> 2.避免因发生上述行为而造成应税销售行为税收负担不平衡的矛盾，防止以上述行为逃避纳税；
> 3.体现增值税计算的配比原则。

付款要给现金吗？

"灵樨姐，这是刚刚你出去时业务部送过来的'付款通知单'，又补进了好多货。"小米一边把付款通知单拿给灵樨，一边说道。

"林总的意思是，开门做生意，商品得全，种类得多，满足各个消费群体的需求。"

"我们不是才开业不久吗？这样大规模地进这么多货合适吗？"小米有点担忧林总的做法。

"所以这个时候就体现出财务这个好管家的重要性了。财务新手付现金，财务高手会变着法付款。"

"怎么个变法？赊销吗？"小米说道，"我就知道买东西付款，然后我们这么做。"

借：库存商品——××商品
借：应交税费——应交增值税（进项税额）
　　贷：银行存款

"有相似之处，但不是。"灵樨说道，"赊销靠的是信用，我们这个方法虽然也靠信用，但对象却是银行。"

小米和朵朵都瞪大了眼睛。

"我们可以通过票据用银行或财务公司的钱，比如，承兑汇票。用银行承兑汇票融资也叫作承兑融资。"灵樨说道。

"我好像听说过，银行承兑汇票和商业承兑汇票，两个都可以用。"朵朵记起了以前听说过的两个名词。

"别看都是承兑汇票，但可操性强的只有银行承兑汇票。商业承兑汇票虽然也是承兑汇票，但可以不通过银行签发，也没有银行背书，因此在信用等级上就没有银行承兑汇票高。所以在市场上的认可度及流通度就低于银行承兑汇票；同样，在拿去银行贴现的难度和贴现率上也高于银行承兑汇票。而且银行承兑汇票几乎没有什么风险，而商业承兑汇票的风险极大。

"而银行承兑汇票，冠以银行的名头，由银行信用做保证，对于我们保守的中国商人来说，银行的信用度还是有一定分量的，所以银行承兑汇票更可靠。说白了就是一个高端傲娇，一个平民和蔼。"灵樨还真是受了小米的不少影响。

"那为什么叫承兑融资呢？"朵朵问道。

"承兑汇票是一种信用支持，是延期支付票据。电子银行承兑汇票的期限一般来说有3个月、6个月及1年这3种，目前在市面上常用的是6个月及1年的。而纸质的银行承兑汇票的期限则不超过6个月。汇票可以做足额承兑，也可以做敞口承兑。足额承兑就是单纯的延期支付，现在出票，拿着汇票购物，在6个月后付款。而敞口承兑则意味着，不必存入票据金额100%的保证金，比如保证金比例30%，我们存有30万元，即可以得到一张面额100万元的承兑汇票。这个敞口就是银行授信，做敞口承兑相当于向银行做了一个短期贷款。"

"给我一个支点，我就能撬动地球，这是百分之百的杠杆效益呀。"小米激动地说。

"这就是融资呀！听着不错，那还等什么？我们直接去银行申请吧！"

"急什么呀，都2023年了，还用得着跑来跑去吗，动动手指就行吧？"小米把握十足地说道。

"还真让她蒙对了，现在确实可以办理电子承兑汇票了。只要开通网上银行，就可以足不出户在网上签出电子承兑汇票了。"灵樨说道。

"那要怎么办理呀？"

"先和银行签订《电子商业汇票业务服务协议》，填写电子商业汇票业务申请表，在电子票据里签发就行了。你们是和互联网一起成长的人，对电子产品简直是无师自通。"

"灵樨姐，你不是常说，要知其然更要知其所以然嘛。只有知道了其内涵，才能更好地选择与驾驭，你多给我们讲讲吧。"小米啥时候求知欲这么强了？

灵樨笑笑说："我们通常所说的票据在法律意义上仅是汇票、本票和支票的合称。《中华人民共和国票据法》规定：'汇票是出票人签发的，委托付款人在见票时或者在指定日期无条件支付确定的金额给收款人或者持票人的票据。'所以这里就涉及了购买方、银行、销售方，我们作为购买方叫作出票人，而银行叫付款人，卖东西给我们的销售方叫收款人。因为汇票可以背书转让，所以可能最后的收款人和持票人不是最初卖给我们东西的人，这就体现了票据权利的付款请求权和追索权，最后一位持票人可以向银行请求付款。连续背书的第一背书人是在票据上记载的收款人，最后的票据持有人是最后一次背书的被背书人。"

"什么是追索权呀？"小米没等灵樨说完就问道。

"当银行拒绝了持票人的付款请求，就要给付款人出具拒绝证书，然后持票人可以向他的前手们追索，也可以向银行追索，这个权利就叫作追索权。"灵樨解释道，"所以付款请求权是第一顺序权利，而追索权是第二顺序权利。"

"还是电子的好用，也不用担心字迹潦草被退票，更不用担心被萝卜章骗了。"小米对假币、假发票那是深恶痛绝。

"嗯，倒是不用你写字了，可电子承兑汇票的骗局也更高级了。"

"啊！电子承兑汇票也有假的？"朵朵感到不可思议。

"2016年的时候，有人伪造了银行证明文件，跟另一银行的某分行签了代理接入协议，成功出具了40份共计20亿元的电子汇票，骗了转贴现资金19亿余元。"

"这么多！"小米和朵朵一副被惊呆的样子。

"还有呀，你们俩都记住了，没有正规手续，微信、QQ里谁通知转账都不要轻信，多核实、多求证，宁被批评动作慢，也别求夸瞎表现。做财务，容不得半点马虎，眼睛更要雪亮。一慢二稳三细心，知道吗？"

"今年冬天我要多存点雪了。"

"干吗，要学人家梅雪煮茶？"

"我要洗洗眼！"

> **小贴士**
>
> •《票据法》第十九条：汇票是出票人签发的，委托付款人在见票时或者在指定日期无条件支付确定的金额给收款人或者持票人的票据。
>
> 汇票分为银行汇票和商业汇票。
>
> •《支付结算办法》（银发〔1997〕393号）第七十六条规定，银行承兑汇票的出票人必须具备下列条件：
>
> 1. 在承兑银行开立存款账户的法人以及其他组织；
> 2. 与承兑银行具有真实的委托付款关系；
> 3. 资信状况良好，具有支付汇票金额的可靠资金来源。
>
> •《电子商业汇票业务管理办法》（中国人民银行〔2009〕第2号）第十三条：电子商业汇票的付款期限自出票日起至到期日止，最长不得超过一年。
>
> 第三十一条：电子商业汇票的承兑，是指付款人承诺在票据到期日支付电子商业汇票金额的票据行为。

要债要回了票据

"灵樨姐，你说这个业务员小张，真是没出息到家了，让他去要个债，竟然拿回了一堆票据。"小米看见这堆票据气就不打一处来，前两天灵樨才刚刚提醒过她，票据也有假的，让她把眼睛睁大了看，以免被假票蒙骗。

"小米，虽说这票据可能有假，但要债的人也不容易，现在不是流行资源整合嘛，这也叫资源整合，这些票据也是资金。"灵樨适时的解释让小米冷静了下来。

"那这些票据应该作为其他货币资金处理吗？"原来小米纠结的原因在这里，她不清楚这些票据都是什么性质，也就不明白对这些票据要怎么做财务处理。

"你看，这堆票据里有转账支票，有银行承兑汇票，还有一张银行本票，这里面属于其他货币资金的，只有银行本票。

"你收到的转账支票是银行存款，这跟林总去进货时，你给他填开的转账支票是一个性质；而银行承兑汇票，你要计入的是应收票据；只有这张银行本票是计入其他货币资金的。银行本票见票即付，当场抵用，付款保证程度相当高，唯一的缺点是不予挂失。

"对应我们应收的欠款来说，应按票面面值对这三种票据做如下处理。

"转账支票这么处理。

借：银行存款
　　贷：应收税款

"承兑汇票这么处理。

借：应收票据
　　贷：应收账款

"银行本票这么处理。"

借：其他货币资金——银行本票
　　贷：应收账款

"灵樨姐，你还是再给我说说银行本票吧！"小米怕灵樨以后会让她开银行本票。

"嗯，承兑汇票前几天给你们说过了，它可以作为融资手段，发挥信用功能；而转账支票和银行本票均为见票即付的类型，没有远期，也没有信用功能。

"转账支票呢，就是出票人签发的，委托办理支票存款业务的银行或者其他金融机构在见票时无条件支付确定的金额给收示人或者持票人的票据。拿到支票你首先要看的是金额、付款人名称、出票日期、出票人签章这些信息是否都已正确地填写，没填写的支票是无效的。不过有一点，转账支票上的金额是可以由出票人授权补记的。另一条可以补记的是收款人名称。补记前是不能使用的。"

"朵朵，等我有钱了，我也给你签一张支票，金额随便填哈！"小米拍拍朵朵的肩膀说道。

"那你可得悠着点，别账上没钱，害我当场被拒，我可是很尴尬的。"

"不会不会，不是说银行见票无条件支付嘛！"

"见票支付不假,可你要签发空头支票可就不同了。假如出票人在付款人处的存款金额足够支付支票金额,付款人就得付款;假如不足以支付,则付款人应当拒绝支付。明白了?"灵槐赶紧拯救"失足少女",朵朵别一不小心成"诈骗犯"了。

"而银行本票呢,是指出票人签发的,承诺自己在见票时无条件支付确定的金额给收款人或者持票人的票据。作为收票方,你要注意的是以下这几点。

1. 收款方处是不是填写了我们公司的名称;
2. 是否在提示付款期内;
3. 本票的付款期限为2个月,一般很少背书,如果你收到的是背书,要看背书是否连续,是否有签章,且签章是否规范。出票人写有"不得转让"字样的,不得再背书转让;
4. 金额、日期、出票人签章等必须记载事项是否齐全且符合规定;
5. 我国没有商业本票,没有无记名本票;
6. 出票金额、出票日期、收款人名称是否有更改,更改的其他记载事项是否由原记载人签章证明;
7. 本票只能在同一票据交换区域内使用。所谓票据交换区域,和行政区划不同,专指人民银行同城交换系统覆盖的范围,一般是地市及其下属县市。

"如果票据丢了,那就麻烦了,目前法律上只有三种形式的法律救济:挂失止付、公示催告、提起诉讼。挂失止付是一种临时性的措施,银行在收到挂失通知时,并不知道,可能也不会去审查对方是不是真正的票据权利人,只是在接到通知后,短期内不向任何持票来请求付款的人支付票据金额。这样一来,就给票据权利人争取到了宝贵的时间,票据权利人可以通过公示催告或者提起诉讼来确认票据权利,并最终行使权利。"

"哦,挂失止付就像个暂停键,即使拾到票据的人拿着票据去银行,银行也要说:'Sorry,挂失止付期间,您先一边凉快会儿。'"小米模仿着银行的工作人员,伸着手说道。

"要是你的挂失止付通知没人家跑得快,先付了款后收到通知,你也就一边凉快去了。"灵槐也被小米带偏了。

"挂失止付的期限是多久呀？"朵朵抓住了关键所在。

"12天。你在申请挂失止付之前需向法院申请公示催告或提起诉讼，如果没申请，要在通知挂失止付3日内向法院申请，否则，挂失止付失效。但是，如果自收到通知书之日起12日内还没有收到法院的止付通知书，自第十三日起，挂失止付通知书失效。"

"所以也就是说，挂失止付不是必经之路，可以直接申请公示催告？"朵朵问道。

"是的，挂失止付并不是公示催告的前提条件，公示催告是一种非讼程序，只要申请人声称自己是已丢失票据的权利人，法院就会向社会发出公告，催促那些可能存在票据利害关系的人来申报权利。如果到期没有人来申报权利，则推定是申请人的，申请人可以申请法院做出除权判决，凭除权判决书来行使票据权利。"

"那如果有人前来对同一票据申报权利呢？法院判给谁？"小米听得有些上瘾。

"谁也不判，裁定终结公示催告。"

"啊？这就完了？"小米有些不信。

"申请人如要主张票据权利，可以向对方提起普通民事诉讼。"

"哦，我明白了，这是个'钓鱼'的过程，这样就可以知道票据到底在谁手里了。"小米很为自己的聪明才智得意。

"民事诉讼也有三种形式：票据返还之诉、请求补发票据之诉、请求付款之诉。一般来说，票据返还之诉相对重要些。"

"嗯，可见丢三落四是种人类的共同行为。"小米目光肯定地说道。

"你看，小米总能为自己的粗心大意找到借口。"朵朵一听就来气。

"票据返还之诉可不仅仅与票据丢失有关，票据还有被盗的可能，这体现了民事行为能力的欠缺。"

"被盗好理解，可什么是行为能力欠缺？"小米不解地问道，这个对她来说明显有些超出常识。

"这要从票据的属性说起，票据所记载的是票据权利和票据债务，其本身虽然是一张纸，但这张纸不是普通的纸，它还有物的属性，是所有权的客体，这张票据是有价值的。作为有价证券的一种，票据权利与票据所有权原则上具有一致性，也就是说，票据的权利人通常就是票据的所有权人。因此，当票据被他人占有时，票据的权利人就可以基于其所有权，请求他人返还票据。

"而民法上对票据行为人的行为要件有两个要求，分别为有民事行为能力和意思表示真实。民事行为能力是指，能够以自己的行为依法行使权利和承担义务的能力。不过，有一点是要清楚的，那就是具有民事行为能力的人必须首先具有权利能力，但具有权利能力的人不一定都有民事行为能力。所以票据出于行为人欠缺民事行为能力等原因而失效的，此时票据权利并未转移，占有票据的人并未依法取得票据权利，因此，票据权利人可以基于其所有权而请求占有票据的人返还票据。"灵樨一一解释道。

"似乎、好像明白了，虽然有点深奥，但我可是超级无敌安小米，不过提起诉讼好麻烦的，我还是赶紧去银行把这些票据提示付款吧。"

小贴士

其他货币资金，是指企业所拥有的现金和银行存款以外的其他各种货币资金，即存放地点和用途均与现金和银行存款不同的货币资金。本科目核算企业的银行汇票存款、银行本票存款、信用卡存款、信用证保证金存款、存出投资款、外埠存款等其他货币资金。

银行支票，指出票人签发的，委托办理支票存款业务的银行或者其他金融机构在见票时无条件支付确定的金额给收示人或者持票人的票据。

• 《票据法》第八十五条：支票上的金额可以由出票人授权补记，未补记前的支票，不得使用。

第八十六条：支票上未记载收款人名称的，经出票人授权，可以补记。

第八十七条：支票的出票人所签发的支票金额不得超过其付款时在付款人处实有的存款金额。

出票人签发的支票金额超过其付款时在付款人处实有的存款金额的，为空头支票。禁止签发空头支票。

银行本票，指银行签发的，承诺自己在见票时无条件支付确定的金额给收款人或者持票人的票据。

银行本票为见票即付型票据，最长付款期限为出票之日起2个月内，2个月内的任何一天都可以去银行提示付款。

•《支付结算办法》(银发〔1997〕393号)第四十八条：已承兑的商业汇票、支票、填明"现金"字样和代理付款人的银行汇票及填明"现金"字样的银行本票丧失，可以由失票人通知付款人或者代理付款人挂失止付。

未填明"现金"字样和代理付款人的银行汇票及未填明"现金"字样的银行本票丧失，不得挂失止付。

收取银行汇票时一定要检查清楚，有下列情况的不要收取：背书人签章不清、有误、盖在背书栏外、不连续，骑缝章不清或盖重、盖错位置，汇票肮脏莫辨、字迹不清、破损、涂改、填写不全，票面金额、日期不正确，超期，粘贴单不是银行统一格式，收款人与第一背书不是同一人。

•《民事诉讼法》第二百二十五条：按照规定可以背书转让的票据持有人，因票据被盗、遗失或者灭失，可以向票据支付地的基层人民法院申请公示催告。

•《票据法》第九十六条：票据债务人的民事行为能力，适用其本国法律。票据债务人的民事行为能力，依照其本国法律为无民事行为能力或者为限制民事行为能力而依照行为地法律为完全民事行为能力的，适用行为地法律。

第六条：无民事行为能力人或者限制民事行为能力人在票据上签章的，其签章无效，但是不影响其他签章的效力。

融资靠贴现

"不好了，灵樨姐，我们的现金加银行账户存款余额加起来都不超过5万元，我们的资金链是不是要断裂了？"小米紧张兮兮地说道。

"嗯，这是个问题。你收到的票据呢？"灵樨不紧不慢地问道。

"票据都还没到期呢。"小米边说边去拿。

"对于收到的银行票据，一般有三种处理方法，最笨的一种就是等票据到期。"

"看来我就是最笨的。"小米还是很有自知之明的。

"对于收到的银行票据，有付款项目时先优先将票据背书转让。还可以将其用来抵债、质押和贷款，在紧急情况下，可以用来贴现融资。"

"背书转让我知道，就是我们在背书人签章的地方盖上我们的印鉴，然后把票付给对方就行了。"小米记得她之前办过一个背书就是这样的。

"可别小看背书，在票据背书后，如出票人到期拒付，背书人有代偿的责任。就背书人来说，这是一项可能发生的负债。你说：谁是背书人，谁是被背书人？"灵樨知道小米是依葫芦画瓢，只知其一，不知其二，因此故意问道。

"嗯，上次是银行教我盖的。"小米悻悻道。

"背书人是没有背书前的收款人。被背书人是背书后的收款人。就是说，背书人将收款的权利让给了被背书人。"灵樨解释道。

"如果供应商不收背书票据只收现金呢？"

"那就贴现，这是一个快速筹钱的方法。将我们手上没有到期的票据，贴付一定利息，将票据权利背书转让给银行或财务公司，请银行或财务公司按贴现率从票据价值中扣取从贴现日起到票据到期日止的贴息后，再将余额给到我们。这是融通资金的一种信贷形式。贴现的关键在于贴现率和贴现期，它关乎我们最终能拿到多少钱。"

"那我们这张汇票能得多少钱？"小米拿出一张票面是 10 万元的，出票日期是 10 月 10 日的，6 个月期的承兑汇票。

"贴现息 = 票面面值 × 贴现率 × 贴现期，贴现息各家银行不等，按现在平均 3.26% 的贴现率，你可以算一下看看。"

"嗯，贴现期怎么算？"小米刚拿起笔就问道。

"贴现期是从贴现日到票据到期日之间的天数。"

"今天是 11 月 18 日，那就是还有 11+31+31+29+31+10=143（天），也就是 100000 × 3.26% × 143=466180（元）。不对不对，我算错了。"小米一看算出来的数字有点离谱，连忙划掉。

"不错，还知道算错了。贴现期是 30−18+31+31+29+31+10=144（天），这样算会比较简单。此外计算贴现息要将年息换算成日息，贴现息 = 100000 × 3.26% × 144÷360=1304（元）。因此，我们的贴现净值是 100000−1304=98696（元）。"灵樨边算边说。

"11 月不是还有 11 天吗？"小米不解道。

"你把今天算丢了，贴现息的天数是算头不算尾的。另外，票据贴现期还有一些调整天数的规则：如果是异地还要再加上 3 天的在途期；如果到期日是法定节假日,这个时候银行也会根据需要再顺延调整贴现天数的。"

"哦,哈哈,这真的比去银行贷款方便多了。可是银行收那么多票据干什么,要等到期吗?"小米还操心银行有没有余粮。

"银行可以转贴现或再贴现,企业贴现后也可以回购。"

"贴给谁呀?"

"商业银行在资金临时不足时,可以将已经贴现但仍未到期的票据,交给其他的商业银行或贴现机构进行贴现,以取得资金融通,这就是转贴现。而商业银行将持有的已贴现但尚未到期的商业汇票卖给中国人民银行,由中国人民银行向商业银行提供融资支持,这就是再贴现。再贴现的利率由中国人民银行制定,但是再贴现的期限要短于贴现的期限。"

"那贴现和贷款比起来,谁费用更低?"

"一般贴现息要低于贷款所需支付的费用。做财务呀,心里要有数,不但要合理安排资金的使用方式,更要会盘活资金。再告诉你们一个小知识,我们还可以从贴现率上看出中国人民银行的货币政策。如果中国人民银行的货币政策是趋紧的,它就会提高贴现率,这时商业银行去中国人民银行贷款就要付出很高的代价,这说明中国人民银行不愿意把钱放出来。相反,如果中国人民银行给商业银行一个比较低的贴现率,商业银行去中国人民银行贷款时付出的代价就低,这就说明中国人民银行这时愿意把钱放出来,此时商业银行也会愿意找中国人民银行去借款、去贴现。从这里也可以看出当期的货币政策是紧是松了。"

"原来中国人民银行就是这样控制货币供给的呀。"小米有种恍然大悟的感觉。

小贴士

背书转让,是指以转让票据权利为目的的背书行为。背书是一种票据行为,是票据权利转移的重要方式。

• 《票据法》第三十四条:背书人在汇票上记载"不得转让"字样,其后手再背书转让的,原背书人对后手的被背书人不承担保证责任。

第六十九条:持票人为出票人的,对其前手无追索权。持票人为背书人的,对其后手无追索权。

贴现是指持票人以未到期的应收票据，通过背书手续，请银行按贴现率从票据价值中扣去从贴现日起到票据到期日止的贴息后，以余额兑付给持票人。贴现是融通资金的一种信贷形式。

- 《支付结算办法》（银发〔1997〕393号）第九十三条：贴现、转贴现、再贴现时，应作成转让背书。

第九十四条：承兑人在异地的，贴现、转贴现和再贴现的期限，以及贴现利息的计算应另加3天的划款日期。

- 《商业汇票承兑、贴现与再贴现管理暂行办法》第五条：承兑、贴现、转贴现的期限，最长不超过6个月；再贴现的期限，最长不超过4个月。

第六条：再贴现利率由中国人民银行制定、发布与调整。贴现利率采取在再贴现利率基础上加百分点的方式生成，加点幅度由中国人民银行确定。转贴现利率由交易双方自主商定。

强大的往来款

"小米，朵朵，你们要注意一个事情。我发现你们在处理其他应收款和应收账款等往来科目时经常混淆。"灵樨注意到她们经常会把该计入其他应收款的事项计入应收账款中。

"这些科目，我还真是傻傻分不清呢。"小米又扮无辜状。

"它们最大的区别在于：应收账款、应付账款和预收款项、预付款项是记录与主营业务有直接关系的事项的；而其他应收款和其他应付款是记录与主营业务无关的事项的。主次分明，各有分工。"灵樨一边耐心解释，一边拿出一份原始单据举例。

"你看，我们因卖产品而应收回的款项，都应计入应收账款，它对应的科目一般为主营业务收入。而与主营业务无关的，比如我们交纳的各种保证金、押金及借出去的款项，这些也都是最终要收回的款项，是应该计入其他应收款的。

"预收款项和预付款项是核算预先收取或支付货款、定金的科目。应收账款是资产，是我们出售货物或劳务的报酬所得；而预收款项就是负债了，是有可能会退回的款项。一般我们预收和预付事项如果少的话，我们会选择不设这两个科目，把预收款项计入应收账款的贷方，把预付款项计入应付账款的借方。"

"贷方借方的，我都晕了。"朵朵也有点傻傻分不清了。

"刚刚我说了，应收账款是资产，预收款项是负债。为什么应收账款是资产呢？因为应收账款是我们卖了产品、提供了服务，客户应该给我们的报酬，是应该收回来的。而预收款项是我们还没有卖出商品，也没有提供服务，客户先把报酬给了我们，抢占一个名额。在从收钱到交货的过程中存在各种变数，有可能客户中途改变主意不要了，也有可能我们的产品太火爆他们没排上号，那我们就需要把提前收的报酬退还回去。所以对我们来说，这就是负债了。

"而资产的增加计入借方，减少计入贷方；负债则刚好相反，增加计入贷方，减少计入借方。用应收账款和应付账款代替预收款项和预付款项，所谓代替，就是只换名称不换本质，当然要把位置调个个儿，把预收款项计入应收账款的贷方，把预付款项计入应付账款的借方了。"

"平价替代品。"朵朵脱口而出。

"我没觉得平价，特能装倒是真的。那个其他应收款，感觉好像布袋和尚那个包罗万象的大布袋。"小米的总结能力简直炉火纯青。

"'包罗万象'，这词用得好，它还真有这功能。"

"灵樨姐，你看我们关系这么好，没有什么不能说的秘密是吧？"古灵精怪的小米立马看出了这个眼神的意义，又是倒水又是捶肩的。

"其实它和它的好姐妹其他应付款都是隐藏利润的地方。"灵樨到底架不住她俩的软磨硬泡。

"有些企业非常善于使用这两个科目。比如有的企业将本该计入收入的款项挂在这里，而不通过主营业务收入、其他业务收入和营业外收入核算，从而达到一些其他的目的。再比如，这个月收入太多了，先挂这里，下个月再调，人为调整收入入账时间。特别是增设的下级科目'其他'，你可以叫它聚宝盆，也可以叫它大杂烩，甚至还可以把它叫作垃圾桶。但是，这样的'其他'科目也是审计和税务稽查的重点对象。所以重要的是，在往里入的同时，别把自己整迷糊了，到头来自己都分不清楚子丑寅卯了。更重要的是，你要掂量掂量是否碰触了警戒线、步入了雷区，别自己往钉子上撞，特别是在一些应计收入有涉税风险的时候。"

"有点发现会计的有趣之处了，就像我们小时候喜欢玩的我藏你找的捉迷藏游戏。"

"还有那个叫'杀人游戏'的桌游。"小米和朵朵在她们的会计之旅中又发现了新的趣味点。

> **小贴士**
>
> 应收款项是企业在正常的经营过程中因销售商品、提供劳务等业务或服务，应向购买单位收取的款项；应付账款是因购买材料、商品或接受服务等而发生的债务。
>
> 预收款项是企业按照合同规定或交易双方的约定，向购买单位或接受劳务的单位在未发出商品或提供劳务时预收的款项；预付款项是企业按照购货合同的规定，预先以货币资金或货币等价物支付供应单位的款项。
>
> 应收账款、应付账款和预收款项、预付款项记录是与主营业务有直接关系的事项；其他应收款和其他应付款记录是与主营业务无关的事项。
>
> 如果预收款项和预付款项业务量少，可以把预收款项计入"应收账款"的贷方，把预付款项计入"应付账款"的借方。
>
> 其他应收款和其他应付款里有可能会隐藏潜盈或潜亏。

钱要不回来了

"劲爆消息，咱的一个经销商出车祸了，据说情况比较严重。"这天，小米一进门就嚷嚷道。

"查一下他是否欠了我们的钱。"灵槊最担心的是如果有欠款，欠款能不能收回。

"不用查了，有欠款，就是因为去催收才知道的。"小米一脸沮丧。

"小米，检验你消息灵通性的时候到了，这个经销商的伤情你一定要随时了解。"灵樨分派了任务。

"朵朵，跟踪一下对方的还款能力，看其伤情的影响程度有多大。"

"灵樨姐，我们要提坏账准备吗？这个客户可是从来没有违约过的。"朵朵问道。

"嗯，新《企业会计准则》人性化了不少，不再要求计提的必须是已发生的损失，而是采用预期信用损失法。"

"是不是只要觉得有违约可能，即使过去没有违约过，也可以计提坏账准备？"朵朵对这个新说法不了解，先从字面上理解。

"过去没有违约过，不代表以后不会违约，一切皆有可能，我们现在遇到的情况不就存在着极大的违约可能吗？"

"那这算不算提早准备？"小米总对这些小心思无比感兴趣。

"还谈不上提早准备。如果我们把这笔应收账款打包给第三方用来融资，你说我们能得到100%的价款吗？"灵樨问道。

"不能吧，应收账款怎么着也存在着收不回来的风险，获得的融资款肯定低于应收账款。"小米想想回答道。

"这就是了，无论你提不提坏账准备，损失就在那里，不增不减。从这个角度来看，预期信用损失法还更好地体现了经济的现实价值呢。"

"我总觉得，这个应收账款就像我们给客户提供了一笔无息贷款一样，而且我们还要面临着收不回来钱的风险。"小米突然想明白了里面的关系。

"确实如此。我们的应收账款的初始入账价值就是交易价格，这也就意味着实际利率通常为0。在这种情况下，假设客户意外拖延还款，但只要最终仍能全额收回的话，由于实际利率为0，就不会体现出折现的交易价格，当然这部分的货币时间价值也就不可能体现在坏账准备上。"

"坏账准备要怎么做凭证呢？"朵朵问道。

"应收账款的减值可以使用直接转销或者备抵法。直接转销太过简单粗暴，不通过坏账准备科目而是直接抵减应收账款。一般使用备抵法较多，我们也采用这种方法。

"计提坏账准备时这样处理。

借：信用减值损失——计提的坏账准备
　　贷：坏账准备

"实际发生坏账时这样处理。

借：坏账准备
　　贷：应收账款

"如果计提少了需要补提要这样处理。

借：信用减值损失——计提的坏账准备
　　贷：坏账准备

"而已经计提坏账的应收账款经过努力催收又收回了，则要这样处理。"

借：应收账款
　　贷：坏账准备
借：银行存款
　　贷：应收账款

灵棪把可能遇到的情况需要如何做会计处理一一做了说明。

"但是，这也仅仅是指导而不是硬性规定，因为可能有些单位即使破产，也依然有偿还债务的能力，这就要看各企业自己的实际情况了。财务人员可根据所掌握的情况自己把握，每季度编制一份变动情况表，时刻掌握应收账款、预付款项等往来款项的情况。要将3个月未收回的款项作为关注对象，对其放任的话很可能形成长期拖欠，甚至成为呆账、死账，所以我们对这张变动情况表就要特别关注了。"灵棪接着说道。

"是不是可以随意提了？"小米觉得这也太好了。

"你想得美！"朵朵立马纠正小米的错误思想，"如果可以随意提坏账准备，那还不乱套了。"

"嗯嗯，也是啊，那要怎么提呢？"

"其实对于应收账款，我们倒可以使用简易的方法来计量其损失准备。使用过去的信用损失经验，来编制一个应收账款逾期天数与固定准备率对照表，这样就方便多了。"

"怎么编？怎么编？"小米迫不及待地想知道，以免自己再犯傻。

"如果未逾期呢，固定准备率为1%；若逾期30日以内则为2%；若逾期天数为30～90（不含）日，为3%；若逾期天数为90～180（不含）日，为20%。以此为基础计算预期信用损失。"

"这样就方便得多了。"小米很开心。

"灵樨姐，这个固定准备率是不是适用于所有的欠款？"朵朵问道。

"我只是举例，当然你使用固定准备率也不会错，因为这个固定准备率《企业会计准则——应用指南》也有提过。但如果要求精确的话，我们还是得通过计算损失率来确定我们的计提数。虽然现在我们还没有足够丰富的历史数据，但是为了给你俩'加餐'，就只能假设一下个别数据啦。"灵樨本来想让她俩按简单方法计提坏账准备的，但想了想还是进了一步，先将方法教给她俩，以后让她俩自己摸索。

"首先我们需要找出上年末的应收账款数，然后根据本年的收回情况算出实际收回率。"灵樨边说边列出了一张表格（见表2-6）。

表2-6　应收账款账龄与实际收回率

账龄	2022年末余额/万元（1）	2023年收回金额/万元（2）	2023年实际收回率（3）=（2）÷（1）
1个月以内（含）	50	45	90%
1—3个月（含）	50	42	84%
3—6个月（含）	30	22	73%
6—12个月（含）	20	13	65%
1—2年（含）	10	5	50%
2—3年（含）	5	2	40%
3年以上	3	1	33%
合计	168	130	77%

"然后我们还要考虑一些可能影响回收情况的问题，比如行业发展情况、公司的信用政策等。如果我们在2023年为了扩大销售而放宽了信用政策，那么我们下年的实际收回率就会下降，我们按下降10%算（见表2-7）。

第 3 章 财务总有来有往

表 2-7 应收账款损失率

账龄	2023 年实际收回率	2024 年预期收回率（6）	2024 年末滚动至	滚动率（7）=1-（6）	损失率	
1 个月以内（含）	90.00%	81.00%	1—2 年（含）	19.00%	（8）	3.82%	（21）=（8）×（17）
1—3 个月（含）	84.00%	75.60%	1—2 年（含）	24.40%	（9）	4.90%	（20）=（9）×（17）
3—6 个月（含）	73.00%	65.70%	1—2 年（含）	34.30%	（10）	6.89%	（19）=（10）×（17）
6—12 个月（含）	65.00%	58.50%	1—2 年（含）	41.50%	（11）	8.34%	（18）=（11）×（17）
1—2 年（含）	50.00%	50.00%	2—3 年（含）	50.00%	（12）	20.10%	（17）=（12）×（16）
2—3 年（含）	40.00%	40.00%	3 年以上	60.00%	（13）	40.20%	（16）=（13）×（15）
3 年以上	33.00%	33.00%	3 年以上	67.00%	（14）	67.00%	（15）=（14）

"2023 年账龄在 1 个月以内的应收账款实际收回率是 90%，2024 年的预期收回率下降 10% 后就是 81% 了［90%×（1-10%）］，那么未收回的 19% 就预期滚动至 2024 年年末账龄为 1 至 2 年的应收账款了，所以损失率就是 19%×20.1%，其他以此类推。2023 年形成的前 4 个账龄期应收账款由于该年度为扩大销售而放宽了信用政策，预计这些应收账款 2024 年回收率较历史收回率下降 10%（见表 2-8），而以前年度形成的应收账款收回率还和历史收回率一样。得出损失率之后，我们根据年末的应收账款就可以确定坏账准备了。

表 2-8 坏账准备

账龄	2023 年末余额／万元（22）	损失率（23）	坏账准备／万元（24）=（22）×（23）
1 个月以内（含）	90	3.82%	3.44
1—3 个月（含）	70	4.90%	3.43
3—6 个月（含）	60	6.89%	4.13
6—12 个月（含）	50	8.34%	4.17
1—2 年（含）	30	20.10%	6.03
2—3 年（含）	20	40.20%	8.04
3 年以上	10	67.00%	6.70
合计	300	11.98%	35.94

"这个是一个简单的以账龄表为基础的模型，你可以先琢磨琢磨。其实在新《企业会计准则》的要求下，应收账款减值并没有统一的方法，企业可以根据自身应收账款的特征，设计合适的模型去计量预期信用损失。"

"我觉得以我们现在的能力得多琢磨两天才能弄懂。"小米看着求一个数得用三张表格，一下子有点蒙。

"那如果，我是说如果，客户没抢救过来，欠款收不回来了怎么办？"朵朵很谨慎地问。

"嗯，也有这种可能，毕竟按合同约定日期超过了30天，就应该认为信用风险显著增加了。这要是真收不回来，我们就只能确认资产损失了，不过这个资产损失是可以在企业所得税前扣除的。"

"怎么才算收不回来？要是成心赖账，我们不也收不回来吗？"别看小米此刻正蒙着，但这问题问得还真准。

"这倒是，所以也得定个条条框框不是？这点国家已经帮你想好了。"

1. 债务人依法宣告破产、关闭、解散、被撤销，或者被依法注销、吊销营业执照，其清算财产不足清偿的。
2. 债务人死亡，或者依法被宣告死亡，其财产或者遗产不足清偿的。
3. 债务人逾期3年以上未清偿，且有确凿证据证明已无力清偿债务的。
4. 与债务人达成债务重组协议或法院批准破产重整计划后，无法追偿的。
5. 因自然灾害、战争等不可抗力导致无法收回的。

"不是死亡就是破产，肯定不还钱了。"小米潜意识里就认为在这些情况下债务人是不会还欠款的了。

"错，死亡和破产不是不还钱的理由，即使死亡或破产了，只要有清偿能力就要偿还欠款。所以关键点是'无力清偿'，而不是死亡或破产。"灵樨纠正道。

"我们做资产损失扣除是不是还需要向税务局提交资料？"朵朵问出她最关心的问题，万一她漏报什么资料，那可就闯祸了。

"不用，填报一个资产损失税前扣除及纳税调整明细表就可以了，不用再准备一堆资料报送了。不过这不是说不要资料，资料还是要准备的，是给企业自己留存备查，只是不用再报送给税务机关了。"

"也就是说随时要随时给，可能永远都不要，也可能明天就要，看你运气。"小米悠悠地说道，看她那样子就像先知老人——什么时候要，天机不可泄露。

"运气不运气的,你还是别想了,这些资料我是要求你们备齐的,不但要备齐,还要保证资料存档、随档移交。"灵樱特意交代让她俩重视这个备查资料。

"为什么呀,难道就不可以减轻一下我们的工作负担吗?"小米原本准备偷懒的。

"实际上,填这个表起到了'以表代备'或'以表代申报'的作用,不用报送损失的证明资料,也不用税务部门提前审批通过,看似减轻了企业的负担,实际却暗自增加了涉税风险。没有人提前给你把关了,这对你管理财务资料的要求就更高了。特别是一些企业在更换了财务人员的时候,财务资料是否全部移交,尤其是这些备案资料的移交就显得尤为重要了,一旦缺失,再重新取得确凿的证明资料就十分困难,在后续面对税务机关检查时就可能被判定为违规税前扣除。而且自行保管备查资料后,税收检查带来的不确定因素更多,对个人的判断能力要求更高,这无形中给到财务人员的压力更大,对资料的完整性、合规性、真实性的要求也更高。看似'放',实则是'管'的让渡。让你自己管自己,自己对自己的行为负责。这实际上也是要求企业增强对财务管理的重视。另外,这也将所有的举证责任转移给了企业。"

"我以为是一马平川,原来还有这么多坑呢!"小米不禁惊叹道。

"所以我们做会计的,不单单是会计呀。"朵朵渐渐领悟到灵樱不仅在教她们会计核算,还在培养她们的财务管理思维。

"那关于资产损失的资料我们要怎么准备才保险呀?"朵朵问道。

"首先资产损失不是你说损失多少就损失多少的,得要有具备法律效力的有效证据。这个证据可以是外部证据,也可以是企业的内部证据。先说一下外部证据,这个外部证据一般是指来自司法机关、行政机关、专业技术鉴定部门等依法出具的与企业资产损失相关的书面文件。这些书面文件是具有法律效力的。比如司法机关的判决或者裁定,公安机关的立案结案证明、回复,市场监督管理部门出具的注销、吊销、停业证明,企业的破产清算公告或清偿文件,行政机关的公文,专业技术部门的鉴定报告,具有法定资质的中介机构的经济鉴定证明,仲裁机构的仲裁文书,保险公司对投保资产出具的出险调查单、理赔计算单等保险单据……这些都可以作为有效的外部证据。而内部证据呢，实际上就是企业内部关于这些资产发生毁损、报废、盘亏、死亡、变质等的内部证明，当然前提是企业必须会计核算健全、内部控制制度完善，不然连套像样的会计核算制度都没有的企业，它拿出来的证明有可信度吗？"

"这倒是，恐怕自己都是稀里糊涂的，那损失更算不清了。"小米说道。

"这是不是意味着内部证据多是来自财务部门？"朵朵分析道。

"会计核算制度健全、内部控制制度完善，并不是财务部门一个部门的事，是需要整个公司配合的。"灵樨听出来朵朵为什么会这么说了，显然她现在还没有这个格局，也无法理解公司治理的全局观。

"当然，有关的会计核算资料和原始凭证，以及资产盘点表这些肯定是内部证据，但除此之外，还有相关经济行为的业务合同，内部技术鉴定部门的鉴定文件，内部的审批文件及相关的情况说明，对有关责任人由于经营管理责任缺失造成损失的责任认定及赔偿情况说明，还有企业的法定代表人、企业负责人、财务负责人对特定事项真实性承担法律责任的声明。"灵樨说道。

"听起来，除了我们这里可能要不回来的应收账款，资产损失还有其他项？"小米仔细听着这些证据资料，发现有些和应收账款无关，比如资产盘点表、技术文件等。

"可以将其分成两类，货币资产和非货币资产。这两大类又可以细分，所需要的证据材料是各不相同的。货币资产也就是我们熟知的现金和银行存款等，非货币资产也就是存货、固定资产等。我们一个一个说。"灵樨说道。

"首先是现金损失，能够证明现金损失的资料有现金保管人确认的现金盘点表——这个现金盘点表可以包括倒推至基准日的记录，以及现金保管人对短缺的说明及相关核准文件。如果有责任人赔偿，要有对责任人由管理责任缺失造成损失的责任认定及赔偿情况的说明。如果涉及刑事犯罪，要有司法机关出具的相关材料。如果是被银行没收了的假币，还要有金融机构出具的假币收缴证明。这是现金资产损失所要留存准备的证据资料。

"再来说银行存款等存款类资产损失需要准备的证明资料。如果是由被金融机构波及导致的存款类资产损失，就要准备这些存款类资产的原始凭据，金融机构破产、清算的法律文件，金融机构清算后剩余资产分配情况的资料。

"接下来是应收账款或者预付款项的坏账损失需要备存的相关证据材料。

需要准备的有相关事项合同、协议或说明。属于债务人破产清算的，还需要有人民法院的破产、清算公告。属于诉讼案件的，要有人民法院的判决书、裁决书，仲裁机构的仲裁书，或者被法院裁定终止执行或中止执行的法律文书。属于债务人停止营业的，要有市场监督管理部门注销或吊销营业执照的证明。属于债务人死亡、失踪的，要有公安机关等有关部门对债务人个人死亡或失踪的证明。属于债务重组的，应有债务重组协议及债务人重组收益纳税情况的说明。属于因自然灾害、战争等不可抗力而无法收回的，要有债务人受灾情况说明及放弃债权的声明。提示一点，针对企业对外进行担保，因被担保人无力偿还而造成损失的，也应按照上述的资料进行留存。当然这里的担保必须是与本企业生产经营活动有关的担保，胡乱担保可不行。

"下面就是非货币资产损失，先说存货。涉及存货的，要分清楚是由什么造成的资产损失，是盘亏损失，还是由报废、毁损、变质导致的损失。如果是存货盘亏损失，就要准备好存货计税成本确定依据、存货盘点表、存货保管人对于盘亏的情况说明，涉及内部责任认定的，还要有企业内部有关责任认定、责任人赔偿说明和内部核批文件。如果是由报废、毁损、变质导致的损失，就不需要存货盘点表了，而需要准备存货计税成本的确定依据，另外再根据具体情况准备一份企业内部关于存货报废、毁损、变质、残值情况的说明及核销资料。涉及责任人赔偿的，还要有赔偿情况说明。如果损失金额过大，占企业该类资产计税成本的10%以上，或者要减少当年应纳税所得、增加亏损10%以上，最好准备一份专业技术鉴定意见或具有法定资质的中介机构出具的专项报告，这样才更稳妥。因为举证责任在你时，你就要证明你所申报的损失金额是合理合法且有效的，而这个第三方的专业报告，就是很好的证明文件。

"另外，如果是因被盗而遭受的损失，在这种情况下一定要告知公安机关和保险公司，拿到向公安机关报案的记录，只有报案记录才是证明存货被盗的有效文件。所以除了准备存货计税成本的确定依据，还要提供报案记录，有赔偿的还要提供赔偿情况说明。"

"原来报案并不是指望找到丢失的存货，这份报案记录才更重要呀。"小米幡然醒悟，这一点对她的认知进行了暴击。

"固定资产、在建工程等相关的资产损失和存货损失需要的证明资料差不多。如果是盘亏损失，需要准备固定资产盘点表、盘亏的情况说明、企业内部有关责任认定和核销的资料、固定资产的计税基础等相关资料。损失金额较大的，还要有专业技术鉴定意见或具备法定资质的中介机构出具的专项报告等。如果是报废、毁损损失，此时就不需要固定资产盘点表了，而需要有企业内部出具的鉴定材料，涉及责任赔偿的要有赔偿情况说明，损失金额较大要有专业技术鉴定意见或具有法定资质的中介机构出具的专项报告。如果是由被盗造成的损失，一定要记得报案。"灵樨将可能遇到的资产损失及需要准备的证据资料一一告诉小米和朵朵。

"灵樨姐，如果是公司把固定资产抵押了出去，到期的时候又没有资金按期赎回，资产被低价变卖，这样造成的损失算资产损失吗？"小米突然想到什么似的问道。

"也算，抵押时并没有让渡资产的所有权，这是抵押的核心，无力赎回时把抵押资产低价变卖掉，账面净值大于变卖价值，从而形成了损失，这种情况也可以被认定为资产损失。公司需要保存好抵押合同或者协议，还有变卖的证明、变卖资产的清单，以及会计核算资料等相关证据材料。"灵樨回答完小米的问题，接着又嘱咐道。

"还有一种资产损失你们也要留意下，那就是由股权投资失败造成的资产损失。你需要把股权投资计税基础证明材料，被投资企业破产公告或破产清偿文件，市场监督管理部门注销或吊销被投资单位的营业执照文件，政府有关部门对被投资单位的行政处理决定文件，被投资企业终止经营或停止交易的法律证明文件，被投资企业资产处置方案、成交及入账材料，企业法定代表人、主要负责人和财务负责人签章证实有关投资损失的书面声明，以及相关的会计核算资料等证据材料收集并整理好。股权投资失败并不是两家企业一商量觉得当初买太高了，现在贬值了，就直接计了资产损失，一定要有资产相关的证明材料，而这个证明材料必须是由具有资质的独立第三方出具的，或者是由具有公权力的第三方出具的。"

"没想到钱要不回来都这么麻烦。"小米听着面对各种不同的损失要准备不同的证明材料，头就开始疼。

"要是我自己的钱，我就不要了。"朵朵附和道。

"教你一招，不用照着背也可以完美整理出这些证据资料。"灵樨一眼就看出了她俩的症结所在。

"是什么,是什么?就知道灵樨姐有诀窍。"

"既然是损失,就是在围绕着钱来说,那么就要想到两个点——多少钱?谁证明?实际上这些证明资料都在围绕着这两个点转。你要通过什么来证明到底损失了多少钱,又要拿什么去证明它的可信性?"

"对呀,会计核算的原始凭证、盘点表、清单、合同,法院、公安局、市场监督管理部门和鉴定机构等出具的文书,哎呀,这些资料竟然就这么脱口而出了。"小米像被打通了任督二脉,她只想到一样一样去记了,没想到这些资料之间都是有逻辑关系的。

"原来是钱呀。"朵朵似乎也明白了什么,一语双关道。

小贴士

坏账准备是企业对预计可能无法收回的应收票据、应收账款、预付款项、其他应收款等应收预付款项所提取的坏账准备金。

企业持有的未到期应收票据,如有确凿证据证明不能收回或收回的可能性不大时,应将其账面余额转入应收账款,并计提相应的坏账准备。

企业的预付款项如有确凿证据表明其不符合预付款项性质,或者因供货单位破产、撤销等原因已无望再收到所购货物的,应将原计入预付款项的金额转入其他应收款,并计提相应的坏账准备。

- 《〈企业会计准则第22号——金融工具确认和计量〉应用指南》规定,金融资产是指,企业持有的现金、其他方的权益工具,以及从其他方收取现金或其他金融资产的合同权利。

对信用风险显著增加的评估的一般原则:企业应当在资产负债表日评估金融工具信用风险自初始确认后是否显著增加。这里的信用风险,是指发生违约的概率。这里的违约概率,是指在某一时点上所确定的未来期间发生违约的概率,而不是在该时点发生违约的概率。

企业应当以此口径理解《企业会计准则第22号——金融工具确认和计量》第五十二条所说的"资产负债表日发生违约的风险"和"初始确认日发生违约的风险"。

• 《企业所得税法实施条例》第三十二条：《企业所得税法》第八条所称损失，是指企业在生产经营活动中发生的固定资产和存货的盘亏、毁损、报废损失，转让财产损失，呆账损失，坏账损失，自然灾害等不可抗力因素造成的损失及其他损失。

企业发生的损失，减除责任人赔偿和保险赔款后的余额，依照国务院财政、税务主管部门的规定扣除。

企业已经作为损失处理的资产，在以后纳税年度又全部收回或者部分收回时，应当计入当期收入。

• 《国家税务总局关于企业所得税资产损失资料留存备查有关事项的公告》（国家税务总局公告2018年第15号）规定：

1. 企业向税务机关申报扣除资产损失，仅需填报企业所得税年度纳税申报表资产损失税前扣除及纳税调整明细表，不再报送资产损失相关资料。相关资料由企业留存备查。

2. 企业应当完整保存资产损失相关资料，保证资料的真实性、合法性。

与企业资产损失相关的证据包括具有法律效力的外部证据和证明特定事项的企业内部证据。

具有法律效力的外部证据，是指司法机关、行政机关、专业技术鉴定部门等依法出具的与本企业资产损失相关的具有法律效力的书面文件，主要包括：

1. 司法机关的判决或者裁定；
2. 公安机关的立案结案证明、回复；
3. 市场监督管理部门出具的注销、吊销及停业证明；
4. 企业的破产清算公告或清偿文件；
5. 行政机关的公文；
6. 专业技术部门的鉴定报告；
7. 具有法定资质的中介机构的经济鉴定证明；
8. 仲裁机构的仲裁文书；
9. 保险公司对投保资产出具的出险调查单、理赔计算单等保险单据；
10. 符合法律规定的其他证据。

证明特定事项的企业内部证据，是指会计核算制度健全、内部控制制度完善的企业，对各项资产发生毁损、报废、盘亏、死亡、变质等的内部证明或承

担责任的声明,主要包括:

1.有关会计核算资料和原始凭证;

2.资产盘点表;

3.相关经济行为的业务合同;

4.企业内部技术鉴定部门的鉴定文件;

5.企业内部的审批文件及相关的情况说明;

6.对责任人由于经营管理责任缺失造成损失的责任认定及赔偿情况说明;

7.企业的法定代表人、企业负责人和财务负责人对特定事项真实性承担法律责任的声明。

拿公款去投资

"小米,你把我们现在的闲置资金整理一下,我看这个银行理财产品不错,利率也高,我们正好可以购买一些。"

"买理财?用公款?"小米简直不敢相信自己的耳朵。

"你没听错,买理财,而且是用公款。"灵樨又重复了一遍。

"灵樨姐,你要挪用公款?!"朵朵也惊讶地问道。

"上市公司的年报、半年报你们有没有注意?有些企业的主营业务不增反降,为什么最终却是赢利的?"灵樨看着小米的样子就想笑。

"虚假财务报表?"小米说道。

"不尽然,你们有没有注意这些报表的财务费用?"灵樨卖了个关子继续说道,"我们是用公司的款项,通过银行购买银行的理财产品,然后将所得收益计入公司的账户,款项没有归个人使用,收益也没给个人,应该够不上挪用公款罪吧?"

"那是什么?挪用资金?"朵朵想了想说道。

"我们这么做虽然利用了职务上的便利,但确实是合法经营运作呀。"灵樨看着这俩人,她俩脑子的运行轨道时不时会跑偏,"不但是银行理财产品这一种,信托、股票都有专门为企业法人设置的产品。对于有充足闲置资金的企业,这无疑会成为企业新的赢利点。但如果企业靠这个才能保住盈利,那它就应该反思自己的经营状况了。

"除此之外，民间拆借也是一种途径，利率、期限由双方协商。但有一点风险提示，这所有的一切，都必须通过企业的公司账户，而不能转入个人账户，也不能以个人名义进行操作。红线千万不能踩，不管是故意还是无意。"灵樨特意强调了风险点。

"是不是比照银行利息计入财务费用？"朵朵问道。

"不，购买银行理财产品所获取的收入虽也是银行存款产生的利息，但其更像是投资，因此应该计入交易性金融资产核算更为准确些。而且支付的相关费用有专票的话也是可以抵扣增值税进项税的，相关费用计入投资收益。比如说我们买入了某只股票，这时我们应做的账务处理方法如下。

借：交易性金融资产——××股票——成本
　　贷：其他货币资金——其他投资款
借：投资收益——××股票
　　应交税费——应交增值税（进项税额）
　　贷：其他货币资金——其他投资款

"如果我们运气好碰上人家分红，就将分红计入应收股利和投资收益；等到出售时，将收回的钱计入其他货币资金，差额就计入投资收益。"灵樨向朵朵和小米解释着怎么做账务处理。

"这就是传说中的'钱道'吧，财务还真不是记好账就行的差事呀。"小米觉得她要走的财务之路还很长很长。

小贴士

企业可以用闲置资金购买银行理财产品、信托、债券、股票等进行投资。

交易性金融资产是指，企业为了近期内出售而持有的金融资产，如以赚取差价为目的从二级市场购买的股票、债券、基金等。

收到一笔返利款

"灵樨姐,银行有一笔 5 万元的进账,是我们进货单位打过来的,我们退货了吗?"小米查看银行明细的时候发现了一笔她不清楚的进账。

"应该是工厂给我们的返利到账了。"

"返利?这个要计为收入吗?"小米问道。

"不计为收入。"

"那要怎么处理?"小米和朵朵均表示不懂。

"冲减我们当期的增值税进项税。平销返利也算是一种特殊的销售方式了,一般有现金返利和实物返利两种:现金返利更常见一些;而实物返利更复杂一些,因为销售方要做视同销售处理,那么购进方就得做进项和进项转出两种处理了。税法上关于平销返利只有一个文件,就是《国家税务总局关于商业企业向货物供应方收取的部分费用征收流转税问题的通知》,这里面第一条第二款和第二条都提到了平销返利的处理方法。第一条第二款说的是,'对商业企业向供货方收取的与商品销售量、销售额挂钩(如以一定比例、金额、数量计算)的各种返还收入,均应按照平销返利行为的有关规定冲减当期增值税进项税金,不征收营业税'。第二条说的是,'商业企业向供货方收取的各种收入,一律不得开具增值税专用发票'。"

"我们怎么冲减进项呢?"

"计算方法如下。

"当期应冲减进项税金 = 当期取得的返还资金 ÷(1+ 所购货物适用增值税税率)× 所购货物适用增值税税率 = 50000 ÷(1+13%)× 13% = 5752.21(元)。

借:银行存款——工行××支行	50000
贷:主营业务成本	44247.79
应交税费——应交增值税(进项税额转出)	5752.21

"我们根据供货方提供的红字发票一起入账。"

"红字发票?"朵朵疑惑地问道。

"对,国家税务总局 2016 年下发文件,提到销货方给予供货方返利、折扣,由销货方开具红字增值税专用发票。可以参考下《国家税务总局关于纳税人折扣折让行为开具红字增值税专用发票问题的通知》,该文件规定:'纳税人销售货物并向购买方开具增值税专用发票后,由于购货方在一定时期内累计购买货物达到一定数量,或者由于市场价格下降等原因,销货方给予购货方相应的价格优惠或补偿等折扣、折让行为,销货方可按现行《增值税专用发票使用规定》的有关规定开具红字增值税专用发票。'所以开具红字发票也可以。"灵樭解释道。

"那如果我们收到了实物返利呢?你刚才说要做进项和进项转出的,感觉好麻烦呢。"朵朵锲而不舍地问道。

"如果是实物返利的话,对方要给我们两张发票,一张是返利的红字发票,一张是视同销售的蓝字发票。"

借:库存商品——平销返利
　　应交税费——应交增值税(进项税额)
贷:主营业务成本
　　应交税费——应交增值税(进项税额转出)

灵樭说着写出了分录。

"这么麻烦!不能直接从我们给的进货款中扣除吗?"小米觉得怎么简单怎么来最好,她最怕麻烦了。

"那也得按进项转出处理。购买方直接从销售方取得货币资金、购买方直接从向销售方支付的货款中坐扣、购买方向销售方索取或坐扣有关销售费用或管理费用、购买方在销售方直接或间接列支或报销有关费用、购买方取得销售方支付的费用补偿等情况,都应按返利原则进行增值税进项税额转出的会计处理。"灵樭给小米解释着这些一步都不能少的会计处理办法。

"唉,有时候吧,别人说起来简单,我们做起来就难了。"小米嘟囔着嘴说道。

"所以才说财务是严谨的呀!"朵朵适时补充道。

> **小贴士**
>
> 平销返利，指生产企业以商业企业经销价或高于商业企业经销价的价格将货物销售给商业企业，商业企业再以进货成本或低于进货成本的价格进行销售，生产企业则以返还利润等方式弥补商业企业的进销差价损失的销售方式。
>
> • 《国家税务总局关于商业企业向货物供应方收取的部分费用征收流转税问题的通知》（国税发〔2004〕136号）第一条：对商业企业向供货方收取的与商品销售量、销售额挂钩（如以一定比例、金额、数量计算）的各种返还收入，均应按照平销返利行为的有关规定冲减当期增值税进项税金，不征收营业税。
>
> 第二条：商业企业向供货方收取的各种收入，一律不得开具增值税专用发票。
>
> 第三条规定，应冲减进项税金的计算公式调整为：
>
> 当期应冲减进项税金 = 当期取得的返还资金 ÷（1 + 所购货物适用增值税税率）× 所购货物适用增值税税率。
>
> • 《国家税务总局关于纳税人折扣折让行为开具红字增值税专用发票问题的通知》（国税函〔2006〕1279号）规定：纳税人销售货物并向购买方开具增值税专用发票后，由于购货方在一定时期内累计购买货物达到一定数量，或者由于市场价格下降等原因，销货方给予购货方相应的价格优惠或补偿等折扣、折让行为，销货方可按现行《增值税专用发票使用规定》的有关规定开具红字增值税专用发票。

算算税吧

"朵朵，这个月增值税要缴多少？税负呢？"

"灵棂姐，我觉得是不是我记账有错误，怎么算的是负数呀？"朵朵对于算出的结果非常怀疑。

"你怎么算的？"灵棂问道。

"应缴增值税 = 销项税额 – 进项税额。"朵朵把她用的公式念了下。

"理论上不错，但不完整，你忘了我们还有进项税额转出的情况吗？应该是：应缴增值税 = 销项税额 – 进项税额 + 进项税额转出 – 上期留抵税额。"

"什么是上期留抵税额呀？"朵朵对于这个新出现的词语不是很明白。

"上期留抵税额不是实际的会计科目，它只有在填增值税申报表时才能看到，它的实质是上月应该缴纳的增值税为负数，也就是说增值税的销项税额小于进项税额时二者形成的差额，你可以理解为是税务局要返还给我们的部分。"灵樨解释道。

"是不是就是退税？"朵朵问道。

"这个不形成税法意义上的退税，但你可以这样理解。这部分需要税务局返还的税金已上缴到国库，而税务局是不可能将已上缴到国库的税收再退回来的，这样手续太过烦琐，可税务局也不能多收企业的钱。为了解决这个问题，国家就想了一个折中的方法，根据企业税收活动的连贯性，将本月应退还企业的多缴税金部分转到下月，视为留抵，即留待下期抵扣的意思。在下个月计算应缴增值税时，把这部分视为进项税进行抵扣就行了。"灵樨继续说道。

"我就说嘛，从人家兜里拿钱是那么容易的事吗？"小米一脸早就知道的愤愤然的表情。

"容易不容易试试便知。不过在'批发和零售业''农、林、牧、渔业''住宿和餐饮业''居民服务、修理和其他服务业''教育''卫生和社会工作''文化、体育和娱乐业''制造业''科学研究和技术服务业''电力、热力、燃气及水生产和供应业''软件和信息技术服务业''生态保护和环境治理业''交通运输、仓储和邮政业'这几个行业里，可以按月全额退还增量留抵税额，也可以一次性退还存量留抵税额。"灵樨说道。

"也就是说，有留抵税额就可以选择直接退了？"小米惊讶地问道。

"只要满足条件，你就可以申请留抵退税。"

"就说没那么简单吧，什么条件？"

"首先是信用好，纳税信用等级为 A 级或者 B 级；其次是在一定时期内没骗过税没偷过税，申请退税前 36 个月未发生骗取留抵退税、骗取出口退税或虚开增值税专用发票情形，同期限内也未因偷税被税务机关处罚两次及以上；最后是 2019 年 4 月 1 日起未享受即征即退、先征后返（退）政策。"

"不过，一般我们都会尽量避免出现负数，因为你要考虑税负的问题。税负率过高、过低，或者变动异常，都有可能引发税务风险预警，从而给企业带来不必要的麻烦。"

"税负率又是个什么东西？"小米对这个新名词很不解。

"就是实际计缴的税款占相对应的应税销售收入的比例。有增值税税负、所得税税负等。增值税税负就是当期应纳增值税占当期应税销售收入的比例。你再看看，有没有该分期确认收入的你没分期，再和合同核对一下。"灵樨说道，顺手翻了下朵朵桌上的凭证。

"朵朵，这两张发票你怎么没有计算进项税额？"灵樨看着两个凭证，是员工出差的车票和通行费发票。

"这两张不是增值税专用发票呀。"

"这张通行费发票虽然是增值税普通发票，但你看它左上角写着'通行费'三个字，所以也是可以抵扣的。还有这张车票，只要是我们公司的员工，上面的名称、识别号（身份证号）等信息填写得准确完整，也是可以抵扣的。"灵樨解释道。

"按照票面上的税金抵扣吗？"朵朵问道。

"对，进项税额按发票上注明的税额填报。不过有些你得注意下，机票、火车票、汽车票等是没有税额栏的，这样就需要自己计算抵扣了。机票的进项税额是根据电子客票行程单上的票价加上燃油费，然后除以（1+9%）再乘以9%的税率计算而来的。火车票的也是按照票价除以（1+9%）×9%算出来的。汽车票的是票价除以（1+3%）×3%算出来的。而且开票日期都必须是2019年4月1日及以后的才可以。不过注意了呀，登机牌是不能用的，一定得是电子票行程单。另外，如果通过旅行社订票，旅行社给开了电子发票，一定要注意看服务名称那一栏是不是写着'旅客运输'，如果写的不是'旅客运输'而是'旅游服务'，或者税率栏写着6%，也是不能抵扣的。"

"它们没有抵扣联怎么办呀？"朵朵突然想起增值税专用发票都有抵扣联，她不清楚像这种没有抵扣联的要怎么处理。

"因为票据原件需要粘贴在凭证里，所以就需要复印一份，将复印件作为抵扣联和其他专票的抵扣联一起装订备查。票据较多时可以列一个清单，并注明原件的存放位置，以方便日后查询。"

"灵樨姐，这算不算专票抵扣的加强版？"小米在旁边听着，倒是听出了门道。

"既然是加强版,就再给你加几种需要了解的非专票抵扣情形。"灵楔倒是挺喜欢小米的这种联想总结的方法,"除了这些,海关进口增值税专用缴款书也是可以抵扣的,另外还有农产品的收购,以及机动车统一销售发票。"

"明白了,我再仔细检查下,应该是忘记加上进项转出的金额了。"朵朵认真回忆了一下她所做过的凭证,觉得好像是漏掉了一些数字,"但是,我应该怎么反映应交的增值税呢?"

"通过'未交增值税'科目反映。

借:应交税费——应交增值税(转出未交增值税)
　　贷:应交税费——未交增值税

"下个月缴税扣款时,再这么做。"

借:应交税费——未交增值税
　　贷:银行存款——工行××支行

小贴士

计算增值税时,如果有进项税额转出和上期留抵,一定要记得扣除。应缴增值税=销项税额-进项税额+进项税额转出-上期留抵税额。留抵税额是增值税的销项税额小于进项税额时二者形成的差额。

税负率是实际计缴的税款占相对应的应税销售收入的比例。

应交未交的增值税通过"应交税费——未交增值税"核算。

• 《国家税务总局关于国内旅客运输服务进项税抵扣等增值税征管问题的公告》(国家税务总局公告2019年第31号)第一条规定如下。

1.《财政部 税务总局 海关总署关于深化增值税改革有关政策的公告》(财政部 税务总局 海关总署公告2019年第39号)第六条所称"国内旅客运输服务",限于与本单位签订了劳动合同的员工,以及本单位作为用工单位接受的劳务派遣员工发生的国内旅客运输服务。

2.纳税人购进国内旅客运输服务,以取得的增值税电子普通发票上注明的税额为进项税额的,增值税电子普通发票上注明的购买方"名称""纳税人识别号"等信息，应当与实际抵扣税款的纳税人一致，否则不予抵扣。

3.纳税人允许抵扣的国内旅客运输服务进项税额，是指纳税人2019年4月1日及以后实际发生，并取得合法有效增值税扣税凭证注明的或依据其计算的增值税税额。以增值税专用发票或增值税电子普通发票为增值税扣税凭证的，为2019年4月1日及以后开具的增值税专用发票或增值税电子普通发票。

- 《财政部 税务总局 海关总署关于深化增值税改革有关政策的公告》（财政部 税务总局 海关总署公告2019年第39号）第一条：增值税一般纳税人（以下称纳税人）发生增值税应税销售行为或者进口货物，原适用16%税率的，税率调整为13%；原适用10%税率的，税率调整为9%。

第二条：纳税人购进农产品，原适用10%扣除率的，扣除率调整为9%。纳税人购进用于生产或者委托加工13%税率货物的农产品，按照10%的扣除率计算进项税额。

- 《关于〈国家税务总局关于扩大全额退还增值税留抵税额政策行业范围有关征管事项的公告〉的解读》第三条：制造业、批发零售业等行业企业，是指从事《国民经济行业分类》中"批发和零售业""农、林、牧、渔业""住宿和餐饮业""居民服务、修理和其他服务业""教育""卫生和社会工作""文化、体育和娱乐业""制造业""科学研究和技术服务业""电力、热力、燃气及水生产和供应业""软件和信息技术服务业""生态保护和环境治理业"和"交通运输、仓储和邮政业"业务相应发生的增值税销售额占全部增值税销售额的比重超过50%的纳税人。

第四条规定，批发零售业等行业纳税人申请留抵退税，需要满足：

1.纳税信用等级为A级或者B级；

2.申请退税前36个月未发生骗取留抵退税、骗取出口退税或虚开增值税专用发票情形；

3.申请退税前36个月未因偷税被税务机关处罚两次及以上；

4.2019年4月1日起未享受即征即退、先征后返（退）政策。

第4章
工资福利那点事

给钱才是发工资吗？

"灵樸，我昨天遇到新宸公司的销售王总，一见面他就问我有没有不用的发票，说他们公司的工资是一半给现金一半让员工找发票报销，说是这样可以少缴税。你觉得可行吗？要不我们也这样实施吧？"林正东一早就来到灵樸的办公室，和她商量他昨天的新发现。

"这个方法可行不可行，在于各家公司自己的考量，确实有一些公司是这样操作的，但有一点我可以肯定地告诉你，这个方法不可能使公司少缴税，而且这样做还可能会给公司带来一定的涉税风险。"灵樸虽然没有一口回绝林正东提出的这个方法，但说出了这个方法存在的弊端。

"有涉税风险？那为什么还有公司这样做？"林正东想不明白为什么很多公司都这样做。

"一些公司，比如说上市公司或国有企业，员工的薪酬过高会带来一些负面的声音，因此用报销发票的方式代替工资，使公司的应付职工薪酬没有那么庞大，而该给员工的钱一分不少，只是换了种方式，还让员工少缴了个人所得税，像这样自认为一举两得的行为，何乐而不为？可是这样做不是税收筹划，反而是逃税。

"首先，这种方法反而会让企业多缴税，原因在于应付职工薪酬在所得税前可以全额扣除，而部分发票却不会全额扣除，比如计入业务招待费的餐饮发票等，只能在税前按销售收入的0.5%或按发生额的60%择低扣除。其次，员工找来的发票有可能不是合法合规的，有些员工甚至去街头购买虚假发票，这样带来的涉税风险就更大了。如果开票企业被查处虚开，下游受票企业也会被立案调查，到那时可真是得不偿失了。最后，企业代发工资被查出来以后，员工不仅要补缴个税，企业还要缴纳罚款。"灵樨解释道。

"一般情况下税务局不会去每一个企业查验你报销的发票合不合格，但会有协查、比对、抽查的情况，特别是在现在大数据智能管控的环境下，各个环节都趋于打通状态，这种以票抵费的现象无疑是掩耳盗铃式的自作聪明。"灵樨补充道。

"那临时工呢，给临时工总可以吧？"

"首先，你得先清楚地知道职工的含义。职工可不仅仅指在职职工，还包括兼职和临时工。也就是说，职工是指与企业订立劳动合同的所有人员，含全职、兼职和临时职工，也包括虽未与企业订立劳动合同但由企业正式任命的人员，比如说董事会成员、监事会成员等，还包括虽未订立劳动合同也未正式任命，但向企业提供服务且该服务与职工所提供服务类似的人员，如通过企业与劳务中介公司签订用工合同而向企业提供服务的人员。这里面的区别呢，也就是按工资、薪金还是按劳务报酬算个税。有时候财务人员认为是常识的知识点，在非财务人员的眼里就是需要特别说明的知识点了。比如人们口中的工资实际上是以工资、薪金的形式体现的，其主体是略有差异的。在通常情况下，我们把直接从事生产、经营或服务的劳动者（工人）的收入称为工资，即所谓的'蓝领阶层'所得；而把从事社会公职或管理活动的劳动者（公职人员）的收入称为薪金，即所谓的'白领阶层'所得。"

"这么说给职工的都是工资了，而且还都只能发现金？"林正东有点悻悻的，他以为的好主意竟会给公司带来涉税风险，这是他没想到的。

"不尽然。"

"怎么？"林正东觉得灵樨这样说肯定有戏。

"《企业会计准则》对职工薪酬的解释是：企业为获得职工提供的服务或终止劳动合同关系而给予的各种形式的报酬。职工薪酬包括工资、奖金、津贴、补贴、福利费、保险等。而税法对工资、薪金等只要是发生的合理支出均可以税前扣除，包括现金形式或非现金形式的劳动报酬。"

"对呀，我们只是陷入了固定思维，一说发工资想到的就是发了多少现金。"林正东听灵樱这样一解释，有一种醍醐灌顶的感觉。

"你倒是可以在津贴、补贴上做文章。比如给员工每人发放通信补贴、交通补贴，这些由公司统一采购，公司可以拿到正规发票不说，还会有一定的价格折扣，而员工得到的是真正的实惠。还有股权激励、职工培训，尤其是职工培训，不超过工资薪金总额8%的部分都可以税前扣除，而且现在的员工也越来越注重公司的培训了，能力的提升机会也是吸引人才的亮点之一。"灵樱比较倾向于人才培养，而不是动不动就高薪挖人。

"这个方法不错，人才培训不但可以提升公司员工的职业水平，还能获得合法有效的发票。正好咱之前有一个客户好像就是做培训的，我去联系联系，看看能不能让他给咱公司设计一些培训。"林正东觉得这是个多赢的方法，不管是企业、员工，还是朋友，都成了赢家。

比起单纯地找发票，灵樱很赞成进行这样的业务往来，单纯的点线交易永远比不上网状交易，只有将一对一的客户关系发展成一对多的业务往来，才能使企业与客户的关系更加稳固。

小贴士

- 《国家税务总局关于认真做好2011年打击发票违法犯罪活动工作的通知》（国税发〔2011〕25号）第三条：对开具金额较大、涉嫌虚假等发票，要进行逐笔查验比对，通过对资金、货物等流向和发票信息的分析，检查其业务的真实性。

职工薪酬是指，企业为获得职工提供的服务或终止劳动合同关系而给予的各种形式的报酬。职工薪酬包括短期薪酬、离职后福利、辞退福利和其他长期职工福利。而短期薪酬主要包括职工工资、奖金、津贴和补贴，职工福利费，基本医疗保险费、工伤保险费和生育保险费，住房公积金、工会经费和职工教育经费，短期带薪分享计划，非货币性福利等。

- 《财政部 税务总局关于企业职工教育经费税前扣除政策的通知》（财税〔2018〕51号）第一条：自2018年1月1日起，企业发生的职工教育经费支出，

> 不超过工资薪金总额 8% 的部分，准予在计算企业所得税应纳税所得额时扣除；超过部分，准予在以后纳税年度结转扣除。

老板要发福利

"灵樨，马上就是圣诞和元旦了，员工也都挺辛苦的，我打算发份过节福利，或者是给一些取暖补贴，你觉得怎么样？"天气预报说这周会下雪，林正东看到迎着寒风来上班的灵樨说道。

"林总体恤大家辛苦，要给大家发一些过节福利，你们想要什么？"好消息要分享，才能让开心翻倍。

"发钱最实惠了。"朵朵是个务实主义者。

"还是出国旅游好。"小米最爱玩。

"灵樨呀，你有什么想法？"

"过节发福利很好呀，那我就从财务的角度说说这几种情况吧。"灵樨知道这是林正东想要知道哪种最为有利。

"听说过'过节税'吗？"灵樨问道。

"没有，过节还要缴税？"三人都瞪大了眼睛。

"过节不缴税，但购买过节发的粽子呀，月饼呀，汤圆呀什么的要缴税，就是把自己家产的音箱发给大家，也是要缴税的。"

"难怪富兰克林说人的一生只有两样东西无法避免，一是死亡，一是纳税。"小米悠悠地说着。

"先说福利吧，公司买一些商品发给大家，这些商品都要按价格计入每个员工的工资，需要一起计算个人所得税。而公司支付的费用作为职工薪酬中的职工福利费，可以在企业所得税前扣除，不过有个比例限制——工资基数14% 以内的部分才可以被扣除。如果发自制的音箱，那就需要做视同销售处理，确认收入。

"再说旅游，虽然是公司出钱，个人出游，但这算是公司给员工的奖励，也需要计入个人的工资总额，计算个人所得税。

"最后说下发钱，这个简单粗暴，不管是以奖金的名义还是以津贴的名义，这些钱都是要并入工资计算个人所得税的。还有以各种名义发放的生日津贴、结婚津贴，这些都是要并入工资计算个人所得税的。"灵樱对他们说的几种形式分别做了说明。

"啊？有没有不缴个税的津贴呀？"小米听着无比郁闷。

"有呀，独生子女补贴、差旅费津贴、误餐补助，这些就不缴。"灵樱说道，"啊，补充一下，以误餐补助名义发给职工的补助、津贴不包括在内。"灵樱适时补充道，以防小米自作聪明。

"灵樱姐，福利费和工资有什么区别呀？"朵朵听着灵樱一会儿说工资一会儿说福利费的，她还不清楚这两者有什么不一样。

"工资呢，包括基本工资、奖金、津贴、补贴、年终加薪、加班工资，以及与任职或受雇有关的其他支出。而职工福利费呢，则包括三个方面。第一，企业尚未分离的内设集体福利部门——包括理发室、幼儿园、医务所、食堂、澡堂、疗养院等——的设备维修保养费，以及工作人员的工资、社会保险费、住房公积金等。第二，为职工卫生保健、生活、住房、交通等所发放的各种补贴、非货币性福利等，比如说因公外地就医费、冬天的供暖补贴、夏天的高温补贴、救济费、职工食堂经费补贴、职工交通补贴等。第三，丧葬补助费、抚恤费、安家费、探亲假路费，这些都属于职工福利费，可以以工资的14%以内为基数税前扣除的。"

"我终于知道什么是公司福利好了，你看看，连探亲假路费都有，生老病死养儿养老全包了呀。"小米听完有些酸溜溜的，好像吃了颗柠檬。

小贴士

新《企业会计准则》取消了应付福利费，将其并入应付职工薪酬；同时，取消了计提的规定，可采用实报实销制。但税法上依然规定以税前工资总额的14%为福利费扣除比例。

- 《企业会计准则——第9号职工薪酬》第六条：企业发生的职工福利费，应当在实际发生时根据实际发生额计入当期损益或相关资产成本。
- 《中华人民共和国个人所得税法实施条例》（国务院令第707号）第六条第一款：工资、薪金所得，是指个人因任职或者受雇取得的工资、薪金、奖金、年终加薪、劳动分红、津贴、补贴，以及与任职或者受雇有关的其他所得。

> 第八条：个人所得的形式，包括现金、实物、有价证券和其他形式的经济利益；所得为实物的，应当按照取得的凭证上所注明的价格计算应纳税所得额，无凭证的实物或者凭证上所注明的价格明显偏低的，参照市场价格核定应纳税所得额；所得为有价证券的，根据票面价格和市场价格核定应纳税所得额；所得为其他形式的经济利益的，参照市场价格核定应纳税所得额。
>
> • 国家税务总局关于印发《征收个人所得税若干问题的规定》的通知（国税发〔1994〕89号）规定，下列不属于工资、薪金性质的补贴、津贴或者不属于纳税人本人工资、薪金所得项目的收入，不征税：
>
> 1. 独生子女补贴；
> 2. 执行公务员工资制度未纳入基本工资总额的补贴、津贴差额和家属成员的副食品补贴；
> 3. 托儿补助费；
> 4. 差旅费津贴、误餐补助。

五险一金缴多少？

"灵槚姐，我的五险一金为什么几个月都不变？"小米拿到工资单后看了又看。

"五险一金只在每年的7月份有变动，它是以企业上报的上年度员工年度工资总额为基数计算的。"

"你说是缴多好还是缴少好？"

"对呀，灵槚姐，给我们说说五险一金吧。"朵朵也说道。

"五险一金是国家通过立法强制实行，保证劳动者在年老、失业、疾病、工伤等失去劳动能力的情况下，给予基本生活保障的一种社会保险。通常我们说的五险一金包括基本养老保险、基本医疗保险、工伤保险、失业保险、生育保险和住房公积金。其中基本养老保险、基本医疗保险和失业保险，这三种险由企业和个人共同缴纳保费；工伤保险和生育保险完全由企业承担，个人不需要缴纳。"

"好多公司都只缴三险。"朵朵说道，她之前了解到许多公司都只有三险。

"还有想办法不缴的呢！"小米说她就遇到过把五险一金当成奖励只给个

别员工的。

"五险一金的计算基础与人员工资有关,所以你们说的这些情况都存在。成本负担太重,很多企业就会想办法不给员工缴纳保险,这在以前信息不对称的情况下还有可能实现,现在社会保险费转由税务机关代征后,工资信息就由不得你自己随便填了。在一切信息都透明的情况下,再这样操作就是铤而走险了。有些企业也知道其中的风险,就会想办法让一些人员离职,加大企业的人员流动性,一方面为了降低风险,另一方面也为了降低人员成本。"

"我怎么有种以后一个人当三个人用的预感。"小米忽然一阵头皮发麻。

"怎么,你还想一个人当半个人用呀?"朵朵打趣道。

"税务机关专门成立保险司,也体现了国家对社保的重视,不论是个人还是企业,都要承担起自己的责任。并且从 2019 年 5 月 1 日起,基本养老保险的单位缴纳部分的比例上限下调至 16%,但是个人部分没有变化,依然是 8%。另外,国家把生育保险也并入了基本医疗保险里,原来的五险就变成了四险,其实际险种并没有变化,还是 6 种,其中个人负担 4 种。

"五险一金的扣除比例全国不太一样,但相差无几,差别大点的也就是公积金了。就拿北京来说吧:基本养老保险——公司缴 16%,个人缴 8%;基本医疗保险——公司缴 10%,个人缴 2%;生育保险——公司缴 0.8%,个人不缴;失业保险——公司缴 0.8%,个人缴 0.2%;工伤保险——公司缴 0.2%(根据行业确定),个人不缴;住房公积金——公司缴 5%~12%,个人缴 5%~12%。

"而上海则是:基本养老保险——公司缴 16%,个人缴 8%;基本医疗保险——公司缴 9.5%,个人缴 2%;生育保险——公司缴 1.0%,个人不缴;失业保险——公司缴 0.5%,个人缴 0.5%;工伤保险——根据行业的不同,公司缴 0.16%~1.52%,个人不缴;住房公积金——公司缴 5%~7%,个人缴 5%~7%。

"从这里可以看出,公司的缴费比例为 30%~40%,这个比例不低,这也是公司为职工支付的人力成本,因此很多企业会选择不缴公积金。

"有了缴费比例就要来说一下缴费基数了,缴费基数是按照当地上一年的社会平均工资确定的,这个基数每年当地的政府网站都会公布——比如北京市人力资源和社会保障局发布的北京 2021 年全口径城镇单位就业人员平均工资为 127535 元。如果以此来核定基本养老保险、失业保险和工伤保险的缴费基数上下限，那平均每月就是 10628 元。"①② 缴费机制还有上下限之分，即最低不低于平均工资的 60%、最高不超过平均工资的 300%。公积金的缴费基数又不同于基本养老保险，是按照本人上一年度实际月平均工资来计算的。"

"是不是缴得越多越好？"朵朵问道。

"也可以这么说。社会保险费的缴纳是分账户的，个人缴纳的部分会被划入个人账户，这部分就像从你的工资里拿出一部分钱存至你的社保账户中。单位缴纳的部分要划入统筹基金账户，这与我们个人的关联就比较小了，主要是为现在需要享受退休待遇的参保人员服务的。需要注意的是，基本养老保险的缴费年限是累计计算的，可以中断。但是中断的话可能会影响到个人的一些社会项目，因为现在很多事项都会和社会保险费缴纳记录挂钩。比如说，基本养老保险连续或累计缴费 15 年，且到法定退休年龄，才可以领取养老金。如果到法定退休年龄时未缴足 15 年，可以一次性补足至 15 年。而主要影响你退休时领取的退休金金额的因素有个人账户金额、缴费年限和当地上年在岗职工月平均工资等。

"基本医疗保险也由两部分组成：个人缴纳 2%，单位缴纳 10% 左右。个人缴纳的部分全部划入个人账户，单位缴纳的部分有一部分划入个人账户。这个比例和年龄有关：一般不满 35 岁的按用人单位缴费的 20% 划入；35 岁以上不满 50 岁的，按 30% 划入；50 岁以上的，按 40% 划入；退休人员按本人上年度养老金或退休金总额的 8% 划入个人医疗账户。个人账户里的钱和住房公积金一样，在本人死亡后可以由其亲属继承。个人账户部分就是我们平时可以查到的基本医疗保险账户的存款情况，平时在药店、门诊都是可以使用的。欠缴也是可以补缴的，不过要注意 3 个月的期限：参保后欠缴基本医疗保险费在 3 个月及以内的，补缴后，欠费期间的医疗费准予报销，按规定补划个人账户；欠费超过 3 个月的，补缴后，欠费期间的医疗费是不能报销的。另外，基本医疗保险和基本养老保险也一样有时间限制，所不同的是，基本

---

① 来源：北京市人力资源和社会保障局。根据《北京统计年鉴》，平均工资指企业、事业、机关等单位的从业人员在一定时期内的人均劳动报酬。包括基础工资、职务工资、级别工资、工龄工资、计件工资、奖金、各种津贴和补贴、交通补贴、洗理费、书报费、旅游费、过节费、伙食补助、住房补贴、住房提租补贴由单位从个人工资中直接为其代扣或代缴的个人所得税、房水电费及住房公积金和社会保险基金个人缴纳部分等。

② 全口径城镇单位就业人员平均工资根据城镇非私营单位就业人员平均工资和城镇私营单位就业人员平均工资加权计算。

医疗保险的缴纳时间要比基本养老保险长,男性需缴满25年,女性需缴满20年,退休后方可享受医疗报销待遇。不过各地的时间限制也是不同的,比如广州就是15年。如果有中断,可以累计计算。如果中间有进行转移,年限也是可以累计计算的。

"另外特别说一下生育保险,参加职工基本医疗保险的在职职工同步参加生育保险。而且在2019年3月,国务院办公厅发布文件,将生育保险并入了基本医疗保险统一征缴,这也就是有人说五险变四险的原因所在。生育保险不是只有女职工才有,男职工同样享有,而且个人不用缴纳,全部由单位缴纳,缴纳比例根据基本医疗保险的比例确定,所以各地略有不同。生育保险含生育津贴、生育医疗费用、计划生育手术医疗费用和国家、本市规定的其他费用。生育津贴的计算方法是,上年本单位月平均工资÷30天×产假天数,它和工资不能同时享受,生育津贴和原工资标准两者就高不就低,两者中哪个高,在产假期间每个月拿到的钱就是哪个。要拿到生育津贴,最低也得连续缴满6个月才行,对此各地规定也是不同的,具体还得看当地的政策。

"工伤保险是只由单位承担的社会保险。缴纳比例因行业不同而不同,个人无须缴纳。特别需要提醒的是,要记住48小时生命线,员工在发生工伤时,如果出现工亡的情况,需要在48小时内进行备案。如果只是普通的工伤,则在3日内进行有效备案即可。切记,这里的3日指的是自然日而不是工作日。关于工伤认定,各地的要求不尽相同,我们以郑州为例。郑州要求进行邮箱备案,也就是需要用人单位登录郑州社会保险官网,下载工伤事故备案表,填妥后将其发送至指定邮箱。郑州同时要求伤者所住的医院必须是工伤协议医院(可在郑州社会保险官网下载郑州工伤保险协议机构名单),如果不是,则需要转院至工伤协议医院。另外,郑州还要求用人单位在发生事故的1个月内,去工伤认定部门进行工伤认定。如果单位不去的,伤者本人或近亲可以在1年内提出工伤认定申请。再以北京为例。北京就没有邮箱备案及工伤协议医院这些要求,只需在发生事故的1个月内去公司注册地的工伤认定部门提出认定申请即可。同样,上海也只需在30天内到公司注册地所在的工伤认定部门做工伤认定即可(如果有伤残的,另需申请伤残等级认定)。而对于医院,上海的规定是,只要是能进行基本医疗保险报销的医院都可以,主打一个以人为本。另外,员工上下班途中发生的交通意外也被纳入工伤保险之列了,但是伤者必须先报警,有警方的出警记录才能享受工伤保险。此外,在做工伤认定时,还需要提供事故责任判定书。"

"什么情况能被认定为工伤?我上周去医院看望的同学,她们公司就说她的伤不属于工伤,我听着都生气!"前段时间小米一个同学加班晚了,回家路上出了个小交通事故,她单位不认为这是工伤,这让小米也跟着愤愤然了好久。

"简单来说,就是出于工作原因,在工作期间或上下班途中发生伤亡。不过除了时间限制和报警,还有些小细节要注意。比如说上下班途中发生交通事故,伤者必须非事故主要责任人。那位同学或者没有第一时间报警,或者没有及时通知单位人事部门,又或者是在事故中负主要责任,这些细节都有可能导致其伤情不被认定为工伤。"灵樨解释着工伤保险的注意事项,同时也帮小米消了心里的气。

"失业保险是对职工失业后的一种保障,分别由企业和员工个人缴纳,纳入失业保险基金。失业保险是按当地上年月平均工资的百分比发放的,比例为70%~80%。各地的发放比例也不同,需要连续缴费1年才行。而领取的时间和你的工龄有关,但最长不超过24个月,也就是2年。提醒一点,失业也是有条件的,就是非因本人意愿中断就业,且已登记失业和求职。"

"什么是非因本人意愿?"朵朵问道。

"就是某天你突然听到HR(人力资源主管)对你说:'夏朵朵小姐,你被裁了。'"小米拍着朵朵的肩膀说道。

"去你的,就会拿我寻开心。"朵朵一巴掌拍掉小米的手。

"非本人意愿除了指被用人单位辞退、除名、开除,还包括依照《中华人民共和国劳动法》的某些规定解除劳动合同的情况,比如劳动合同期满、用人单位不给交社会保险费、单位破产或者是双方协商一致等情况。"灵樨解释道。

"哈哈哈,反正你现在用不着。灵樨姐,住房公积金是不是最划算的呀?"小米把她最想了解的愣是放到了最后。

"住房公积金是个人缴多少单位就补多少,而且都存入个人的公积金账户。缴纳比例是最低5%,最高12%,各地不一样,单位可以自己选择缴纳比例。这个确实比较实在,在房价一路高歌的这些年,如果公司给员工缴纳住房公积金的话，确实帮了员工不少忙。一个是它可以在购房、装修、租房、建房的时候支取，另一个是公积金的贷款利率也比商业贷款利率低。现在国家的政策都在提倡简政放权，不但公积金的支取方法越来越简化，途径也越来越多了，很多事情一部手机就可以搞定。"

"如果我不取会怎样？"

"小米你这么土豪嘛，竟然可以不用公积金！"朵朵惊讶小米竟然不想用公积金。

"嗯，可以继承，如果不继承就充公，作为公积金的增值收益。"

"不过说真的，这也就是个基本保障吧，不然怎么还有那么多人买商业保险？"小米的父母早就给她买了商业保险。

"一些效益好的企业或大型国企、央企也会给职工缴纳补充养老保险及补充医疗保险，也就是我们俗称的企业年金。这是单位福利好的象征，而且可以在缴纳企业所得税前按5%扣除。不过我建议你们呀，可以购买定投基金，也好过听信一些机构的宣传，购买分红型保险。努力提升自己，踏实挣钱才是正道。"

"嗯，就是，人生就是一个积累拼搏的过程。Keep on fighting（坚持斗争）！"小米的口号总是很响亮。

小贴士

五险一金是国家通过立法强制实行，保证劳动者在年老、失业、疾病、工伤等失去劳动能力的情况下，给予基本生活保障的一种社会保险。通常我们说的五险一金包括基本养老保险、基本医疗保险、工伤保险、失业保险、生育保险和住房公积金。

五险一金可以在个人所得税前全额扣除。

男同事同样可以享受生育保险及产假。

- 《人力资源社会保障部 财政部 税务总局 国家医保局关于贯彻落实〈降低社会保险费率综合方案〉的通知》（人社部发〔2019〕35号）第三条：

1.关于降低养老保险单位缴费比例。各地企业职工基本养老保险单位缴费比例高于16%的，可降至16%。

2.关于继续阶段性降低失业保险费率。自2019年5月1日起，实施失业保险总费率1%的省份，延长阶段性降低失业保险费率的期限至2020年4月30日。

3.核定社保个人缴费基数上下限，允许缴费人在60%至300%之间选择适当的缴费基数。

• 《人力资源社会保障部 财政部 国家税务总局关于阶段性降低失业保险、工伤保险费率有关问题的通知》（人社部发〔2023〕19号）第一条：自2023年5月1日起，继续实施阶段性降低失业保险费率至1%的政策，实施期限延长至2024年年底。在省（区、市）行政区域内，单位及个人的费率应当统一，个人费率不得超过单位费率。

• 《工伤认定办法》（人力资源和社会保障部令第8号）第四条：职工发生事故伤害或者按照职业病防治法规定被诊断、鉴定为职业病，所在单位应当自事故伤害发生之日或者被

诊断、鉴定为职业病之日起30日内，向统筹地区社会保险行政部门提出工伤认定申请。遇有特殊情况，经报社会保险行政部门同意，申请时限可以适当延长。

按照前款规定应当向省级社会保险行政部门提出工伤认定申请的，根据属地原则应当向用人单位所在地设区的市级社会保险行政部门提出。

第五条：用人单位未在规定的时限内提出工伤认定申请的，受伤害职工或者其近亲属、工会组织在事故伤害发生之日或者被诊断、鉴定为职业病之日起1年内，可以直接按照本办法第四条规定提出工伤认定申请。

第六条：提出工伤认定申请应当填写工伤认定申请表，并提交下列材料：

（一）劳动、聘用合同文本复印件或者与用人单位存在劳动关系（包括事实劳动关系）、人事关系的其他证明材料；

（二）医疗机构出具的受伤后诊断证明书或者职业病诊断证明书（或者职业病诊断鉴定书）。

• 《河南省人力资源和社会保障厅 河南省财政厅 国家税务总局 河南省税务局 河南省医疗保障局关于降低社会保险费率有关问题的通知》（豫人社〔2019〕13号）第四条第三款：统一缴费政策。参保单位以全部职工缴费工资基数之和作为单位缴费工资基数。企业职工以本人上一年度月平均工资作为

个人缴纳基本养老保险费的基数(以下简称缴费工资基数)。机关事业单位职工以本人上一年度月平均工资(按国家和省规定纳入缴费基数项目的工资)作为个人缴费工资基数。职工月平均工资低于全省全口径城镇单位就业人员平均工资60%的,按60%计算缴费工资基数;超过全省全口径城镇单位就业人员平均工资300%的部分,不计入缴费工资基数。

- 《社会保险费申报缴纳管理规定》(人力资源社会保障部令第20号)第八条:用人单位应当自用工之日起30日内为其职工申请办理社会保险登记并申报缴纳社会保险费。未办社会保险登记的,由社会保险经办机构核定其应当缴纳的社会保险费。

- 《中华人民共和国社会保险法》第十六条:参加基本养老保险的个人,达到法定退休年龄时累计缴费不足15年的,可以缴费至满15年,按月领取基本养老金;也可以转入新型农村社会养老保险或者城镇居民社会养老保险,按照国务院规定享受相应的养老保险待遇。

第二十七条:参加职工基本医疗保险的个人,达到法定退休年龄时累计缴费达到国家规定年限的,退休后不再缴纳基本医疗保险费,按照国家规定享受基本医疗保险待遇;未达到国家规定年限的,可以缴费至国家规定年限。

- 《广州市社会医疗保险条例》第十九条:在职职工应当按规定参保缴费至法定退休年龄。

本条例实施后首次参加本市职工社会医疗保险的职工,达到法定退休年龄时,累计缴纳职工社会医疗保险费满15年且在本市累计缴费满10年的,可以不再缴纳职工社会医疗保险费,享受相应的职工社会医疗保险待遇;累计缴纳职工社会医疗保险费未满15年的,继续参保缴费满15年且在本市累计缴费满10年后,可以不再缴纳职工社会医疗保险费,享受相应的职工社会医疗保险待遇。

- 《国务院办公厅关于全面推进生育保险和职工基本医疗保险合并实施的意见》(国办发〔2019〕10号)第二条:生育保险基金并入职工基本医疗保险基金,统一征缴,统筹层次一致。

非因本人意愿中断就业的包括如下情况。

1.依照《中华人民共和国劳动合同法》第四十四条第一项、第四项、第五项规定终止劳动合同的。

(《劳动合同法》规定：劳动合同期满的；用人单位被依法宣告破产的；用人单位被吊销营业执照、责令关闭、撤销或者用人单位决定提前解散的。）

2.由用人单位依照《劳动合同法》第三十九条、第四十条、第四十一条规定解除劳动合同的。

[第三十九条规定，劳动者有下列情形之一的，用人单位可以解除劳动合同：

（1）在试用期间被证明不符合录用条件的；

（2）严重违反用人单位的规章制度的；

（3）严重失职，营私舞弊，给用人单位造成重大损害的；

（4）劳动者同时与其他用人单位建立劳动关系，对完成本单位的工作任务造成严重影响，或者经用人单位提出，拒不改正的；

（5）因以欺诈、胁迫的手段或者乘人之危，使对方在违背真实意思的情况下订立或者变更劳动合同致使劳动合同无效的；

（6）被依法追究刑事责任的。

第四十条规定，有下列情形之一的，用人单位提前30日以书面形式通知劳动者本人或者额外支付劳动者1个月工资后，可以解除劳动合同：

（1）劳动者患病或者非因工负伤，在规定的医疗期满后不能从事原工作，也不能从事由用人单位另行安排的工作的；

（2）劳动者不能胜任工作，经过培训或者调整工作岗位，仍不能胜任工作的；

（3）劳动合同订立时所依据的客观情况发生重大变化，致使劳动合同无法履行，经用人单位与劳动者协商，未能就变更劳动合同内容达成协议的。

第四十一条规定，有下列情形之一，需要裁减人员20人以上或者裁减不足20人但占企业职工总数10%以上的，用人单位提前30日向工会或者全体职工说明情况，听取工会或者职工的意见后，裁减人员方案经向劳动行政部门报告，可以裁减人员：

（1）依照企业破产法规定进行重整的；

（2）生产经营发生严重困难的；

（3）企业转产、重大技术革新或者经营方式调整，经变更劳动合同后，仍需裁减人员的；

(4)其他因劳动合同订立时所依据的客观经济情况发生重大变化,致使劳动合同无法履行的。

裁减人员时,应当优先留用下列人员:

(1)与本单位订立较长期限的固定期限劳动合同的;

(2)与本单位订立无固定期限劳动合同的;

(3)家庭无其他就业人员,有需要扶养的老人或者未成年人的。

用人单位依照本条第一款规定裁减人员,在6个月内重新招用人员的,应当通知被裁减的人员,并在同等条件下优先招用被裁减的人员。]

3.用人单位依照《劳动合同法》第三十六条规定,向劳动者提出解除劳动合同并与劳动者协商一致。

(《劳动合同法》第三十六条规定,用人单位与劳动者协商一致,可以解除劳动合同。)

4.由用人单位提出解除聘用合同或者被用人单位辞退、除名、开除的。

5.劳动者本人依照《劳动合同法》第三十八条规定解除劳动合同的。

[第三十八条规定,用人单位有下列情形之一的,劳动者可以解除劳动合同:

(1)未按照劳动合同约定提供劳动保护或者劳动条件的;

(2)未及时足额支付劳动报酬的;

(3)未依法为劳动者缴纳社会保险费的;

(4)用人单位的规章制度违反法律、法规的规定,损害劳动者权益的;

(5)因以欺诈、胁迫的手段或者乘人之危,使对方在违背真实意思的情况下订立或者变更劳动合同致使劳动合同无效的;

(6)法律、行政法规规定劳动者可以解除劳动合同的其他情形。

用人单位以暴力、威胁或者非法限制人身自由的手段强迫劳动者劳动的,或者用人单位违章指挥、强令冒险作业危及劳动者人身安全的,劳动者可以立即解除劳动合同,不需事先告知用人单位。]

6.法律、法规、规章规定的其他情形。

• 《住房公积金管理条例》(国务院令2019第710号)第二十四条规定,职工有下列情形之一的,可以提取职工住房公积金账户内的存储余额:

1.购买、建造、翻建、大修自住住房的;

> 2. 离休、退休的；
> 3. 完全丧失劳动能力，并与单位终止劳动关系的；
> 4. 出境定居的；
> 5. 偿还购房贷款本息的；
> 6. 房租超出家庭工资收入的规定比例的。
>
> 依照前款第2、3、4项规定，提取职工住房公积金的，应当同时注销职工住房公积金账户。

要缴多少个税？

"朵朵，我觉得问别人工资有个更高雅的问法。"

"什么问法？"

"您缴个税吗？"

"哈哈，这样就能问出来工资了呀？"

"可不是嘛，你想呀，现在工资的个税起征点都提到5000元了，再加上还要扣除社会保险费和住房公积金，如果缴个税的话，那月工资起码得超过6000元，是吧，灵樨姐？"小米立马拉上灵樨，好使自己的话更加可信。哈哈，这个小米。

"怎么着也得超1万元吧。"

"啊，这么多，灵樨姐，个人所得税要怎么算呀？"朵朵总是见缝插针地请教问题。

"正好我们也该算个税了，现在的个人所得税计算方法是每月预缴，年终按照你的综合所得再汇算清缴。"

"工资还有综合所得？"小米很容易被吊起兴趣。

"不是工资还有综合所得，而是综合所得里包含工资。综合所得是指个人取得的工资、薪金所得，劳务报酬所得，稿酬所得和特许权使用费所得，综合所得需要先预缴再汇算清缴。除了这四项，需要缴个税的还有经营所得，利息、股息、红利所得，财产租赁所得，财产转让所得及偶然所得。只不过这几项的扣缴方法和综合所得不一样罢了。

"想知道怎么算个人所得税,就得先知道个人所得税的税率。个人所得税税率适用的是 7 级超额累进税率,因计算比较麻烦,所以我们借助速算扣除数计算,这样会简便很多。就是这张表(见表 4-1)。"灵樨说着拿给朵朵和小米一张表格。

表 4-1 综合所得个人所得税税率表

级数	全年应纳税所得额	税率/%	速算扣除数/元
1	不超过 36000 元的	3	0
2	超过 36000 元至 144000 元的部分	10	2520
3	超过 144000 元至 300000 元的部分	20	16920
4	超过 300000 元至 420000 元的部分	25	31920
5	超过 420000 元至 660000 元的部分	30	52920
6	超过 660000 元至 960000 元的部分	35	85920
7	超过 960000 元的部分	45	181920

"另外,扣除项目也是需要知道的,如果你能扣除而不扣除,那可就亏大了。"灵樨大概说了下个人所得税。

"我知道,每月可以扣除 5000 元,五险一金也可以扣除,还有房租房贷什么的。"小米说道。

"可以扣除的有减除费用、专项扣除、专项附加扣除和其他扣除。减除费用就是每月的 5000 元减除金;专项扣除是指基本养老保险、基本医疗保险、失业保险等社会保险费和住房公积金;专项附加扣除就是子女教育、继续教育、大病医疗、住房贷款利息或者住房租金、赡养老人的支出、3 岁以下婴幼儿照护支出;其他扣除是包括个人缴付符合国家规定的企业年金、职业年金,个人购买符合国家规定的商业健康保险、税收递延型商业养老保险的支出等。小米说的房租房贷就是归入专项附加扣除中的。

"除了 5000 元的减除费用,其他都是要满足条件才可以扣除的,专项扣除前面已经和你们说了,现在就说说专项附加扣除吧。子女教育是按照每个子女每月 2000 元的扣除标准定额扣除的,也就是说查人头,每人每月 2000 元,从 3 岁到博士毕业,可以由一人全扣,也可以各扣一半。不过要注意一点,一定是全日制学历教育①。要是你把自家孩子送去境外读书,那可一定要把境外学校的录取通知书、留学签证等相关教育的证明资料给保存好,这可是你税前扣除的凭据。"

"那还必须有个孩子,这个我可扣不了,我单身。"小米觉得好不公平。

"你领养一个也可以。"朵朵笑着说。

"不是吧朵朵,这也可以?!"

"还真可以,子女不仅指婚后自己生的,还包括非婚生子女、养子女、继子女,甚至担任某个未成年人的监护人的,也可以。"

"那我可以去'拐'个未成年人来当他(她)的监护人,哈哈。"

"那你可亏大了,为了扣这每月的1000元,你要多花好几十万元。"朵朵吐槽小米。

"只要满3岁,学前教育也可以扣,而且在满3岁的当月就可以扣,扣到结束教育的当月,不管中间是因为生病还是其他非主观原因休学,包括寒暑假,只要你保留了学籍,都是可以扣除的。要不小米,你考虑下自己教得了。"灵樔也加入了调侃小米的阵营。

"那3岁以下呢?"朵朵问道。

"3岁以下婴幼儿照护支出在2022年以前还是不可以扣除的,2022年3月的时候国家专门出台了可以扣除的政策,也就由此将六大专项附加扣除升级为七大专项附加扣除。扣除方法和子女教育一样:按每人每月2000元的标准定额扣除;从出生当月起到满3周岁的前一个月,正好衔接子女教育;可选择一方按扣除标准的100%扣除,也可选择双方分别按扣除标准的50%扣除,一经选择一个纳税年度内不能变更。"

"哈哈,非常6+1。"

"什么呀,叫过年7天乐。"

"记得把孩子的出生证明留存好。"灵樔提醒道。

"赡养老人我总可以扣吧?"小米赶紧转移话题,以免被喷成筛子。

"也许可以,因为它也是有条件的。被赡养者必须年满60周岁,或者是子女均已去世的年满60岁的祖父母、外祖父母。"

---

① 全日制学历教育包括义务教育(小学、初中教育)、高中阶段教育(普通高中、中等职业、技工教育)、高等教育(大学专科、大学本科、硕士研究生、博士研究生教育)。

"是不是和子女教育的情况一样,养父养母也可以吧?"朵朵问道。

"嗯,是的,还有继父母也可以,按照每月3000元的标准定额扣除。但是,赡养公公婆婆和岳父岳母的可不包括在内。"灵樨特别强调道。

"啊,那要是结婚的话,公公婆婆的我还不能扣呀。"小米不解道,这不都是父母嘛,为啥还不让扣了?

"只能扣自己父母的,你老公的得让你老公扣。"

"那在税法上,岂不是我爸妈是我爸妈,他爸妈不是我爸妈?"小米这清奇的脑回路也是没谁了。

"灵樨姐,要是独生子女的话还好说,那要是有几个兄弟姐妹的话,到底要让谁扣呀?"朵朵问道,她还有个弟弟,虽然还没毕业,但朵朵得知道到底应该怎么扣。

"这个,就需要他们自己协商了,因为3000元的标准是定额的,可以平均分也可以约定分。不过,不管怎么协商分摊,每人分摊的额度不能超过每月1500元,也就是说不能给一个人2500元,剩下500元给其他人分。如果父母指定分摊的,指定分摊要优先于约定分摊。不管是指定还是约定,都需要签订书面分摊协议,且不能变来变去的。"

"啊?一锤定音!那要是实在想变怎么办?"小米惊讶的表情总能精准地反映她当下的心情。

"在下一个纳税年度开始前重新采集信息的时候再变。"

"哦,那还是慎重点好。幸好我是独生子,不过今年还真扣不了,这个可以扣到什么时候?"

"依我们国家以孝为先的理念来说,赡养老人的这条专项附加扣除还是很有良心的,因为你可以扣到老人去世的当年年末,而不是像其他扣除项一样只扣到当月。这也是在鼓励大家谨记我们以孝为先的传统美德。"灵樨说道。

"知道了,上慈下孝,也体现在我们的税收政策中呢!"虽然小米这两项都不能享受,但她还是很赞同传统美德的。

"对呀,所以为了能更好地上慈下孝,你就应该更好地提升自己,多给自己充充电。假如你接受的是学历教育性质的继续教育,在学历教育期间每个月是可以扣400元定额标准的。同一学历最长可以扣4年,也就是48个月。如果你在考证,国家也会念你辛苦考证,给你一个奖励,就是在你拿到证书的当年可以扣除 3600 元的教育支出。"

"我们大多数考试都是今年考完,第二年才能拿到证书,这要怎么扣呀?"朵朵很关心这个问题,她刚考了个证书,而证书上写的是时间是去年。

"看证书上印的时间,即使证书发到你手里是在今年,只要证书上打印着的时间是去年,那就对不起了,今年你就不能享受这 3600 元的专项附加扣除。"

"哈哈,朵朵,要不咱考个研读个博什么的,或者再读个第二、第三专业?"你说,小米还真的很怀念校园生活。

"个人接受本科及以下学历教育的,符合条件的可以选择自己扣或者是由父母扣,扣除时间也是从入学当月到结束当月。我看你们倒是真的可以再读个学位。"

"我还租着房呢,房租要怎么扣?"朵朵在公司附近租房住。

"专项附加扣除里的住房租金和住房贷款利息都属于可以扣除的项目,需要说明的是,这两个只能选其一而不能两者同享。住房租金必须是你因在主要工作城市没有自有住房而发生的住房租金支出,城市不一样,所能扣除的标准也不一样:直辖市、省会城市及计划单列市,可以按每月 1500 元的标准定额扣除;户籍人口超百万的其他城市,可以按每月 1100 元的标准定额扣除;而户籍人口不足百万的其他城市,扣除标准为每月 800 元。前提条件必须是无房,夫妻双方只要一方有房即被视为有房。如果夫妻都在同一个城市,只能选由一方进行扣除,那么租房合同就由扣除的人签订,也是从租房当月到租赁期结束当月。不过,不管是租房还是贷款买房,合同都一定要保存好,贷款的,还要把还贷款时的支出凭证留存好。"灵樱不忘提醒道。

"那住房贷款利息呢,能扣多少?"

"住房贷款利息是每月 1000 元,最长可以扣 20 年,也就是 240 个月,扣除期限是约定还款当月到全部还完当月或合同终止当月。必须是本人或配偶购买的中国境内的房子,也必须是首套住房的贷款利息支出。可以选择由一方扣除,不能分摊。"

"只能扣一套呀,那要是婚前各自都买了房怎么办?扣谁的呀?"小米问着,暗自想着自己的房子。

"协商解决,可以选一套由购买方扣,也可以夫妻双方对各自购房分别扣

50%。"

"为什么租房和住房贷款利息不能一起扣?"这点朵朵甚为不解。

"房住不炒,都让你扣不是成了鼓励房产投资嘛。"别看小米叽叽喳喳的,倒是挺明事理。

"嗯,也是。"朵朵想了想,原来还有经济层面的原因,"灵樑姐,还有个大病医疗没说吧,它和我们扣的基本医疗保险冲突吗?"

"专项附加扣除的大病医疗和基本医疗保险没冲突,和我们自行购买的其他商业保险也是没有冲突的,其他保险的赔付不影响大病医疗的专项附加扣除。所发生的与基本医疗相关的医药费用支出,扣除医保报销后由个人支付的累计超过1.5万元的部分,可以在8万元的限额内据实扣除。"灵樑说道。

"必须自己扣自己的吗?"

"不是,可以由本人扣,也可以由配偶扣,未成年子女可以选其父母一方扣。"

"感觉这个1.5万元是个槛呀,还得自己会计算,我怎么知道哪个在医保目录范围内呀。"小米不禁吐槽道。

"这个还真不用你记,税务机关都替你想到了。在新的医疗收费电子票据上,在'其他信息'栏里,直接列示出了'个人自付'的金额,而且明确了个人自付金额为患者本次就医所发生的医疗费用中由个人负担的属于基本医疗保险目录范围内自付部分的金额,这样你直接看医疗收费电子票据就可以了,连什么是'大病'都不用操心了。而不论病情病种,也不分门诊与住院,只要属于医保范围内的就不由个人承担,'个人自付'金额就可以扣除。人性化吧?"灵樑对这种人性化的服务还是很肯定的。

"赞一个,挺人性化的,知道不愿意烧脑的人多,哈哈。"小米赞道。

"不过作为财务,该怎么算我们还是得知道吧?"朵朵时刻不忘自己的本职。

"很简单,小学加减,连乘除都用不上。对个人全年医疗收费电子票据上的'个人自付'中超过1.5万元的部分,我们可以进行扣除,配偶、未成年子女选择在一方扣除的,每人分别扣除1.5万元后,总扣除限额为8万元。举个例子,如果自己发生医疗支出自付部分5万元,配偶发生医疗支出自付部分10万元,选择均在一方扣除,那么自己可以扣的为50000-15000=35000(元),

配偶可以扣 100000-15000=85000（元），总扣除额为 35000+85000=120000（元）。超过了 8 万元，因此只能扣 8 万元。在个税 APP 中填报的时候，花多少钱填多少就行，不用自行计算，系统会为你计算的。

"平时要把医药服务收费及医疗保险相关票据，或者是由医保部门出具的年度医药费用清单保存好。打印的发票或清单时间长了就很容易看不清，你把发票复印一下留存也可以。如果是电子发票，就保存好电子版，以免到用时找不着。"灵樨说明了此项扣除项目需要留存的证据资料。

"灵樨姐，怎么没听你提及父母的医疗费呀？"小米问道。

"因为大病医疗的专项扣除只包括本人、配偶、子女，还不包括父母。"

"强烈建议国家税务总局把父母的医疗费也加上。"小米提出了抗议。

"除了大病医疗，其他几项专项附加扣除都是每月预扣预缴的，大病医疗是在第二年 3 月 1 日至 6 月 30 日汇算清缴时扣的。所以每个月个税的计算方法应该是：

"应纳个人所得税=（应发工资 -5000- 三险一金缴纳数 - 七大专项附加扣除 - 其他扣除）× 适用税率 - 速算扣除数

"第二个月就是应纳个人所得税=（应发工资×2-5000×2 - 三险一金缴纳数×2 - 七大专项附加扣除×2 - 其他扣除×2）× 适用税率 - 速算扣除数

"第三个月就是乘以 3，以此类推。

"比如说，我每月应发工资为 3 万元，每月要扣的三险一金合计为 4500 元，专项附加扣除共计 2000 元，没有其他减除费用，那我各月的预扣预缴情况和全年的预扣预缴情况就是这样的。

1 月份：（30000-5000-4500-2000）×3%=555（元）

2 月份：（30000×2-5000×2-4500×2-2000×2）
　　　　×10%-2520-555=625（元）

3 月份：（30000×3-5000×3-4500×3-2000×3）
　　　　×10%-2520-555-625=1850（元）

4 月份：（30000×4-5000×4-4500×4-2000×4）
　　　　×10%-2520-555-625-1850=1850（元）

5 月份：（30000×5-5000×5-4500×5-2000×5）
　　　　×10%-2520-555-625-1850-1850=1850（元）

6 月份：（30000×6-5000×6-4500×6-2000×6）
　　　　×10%-2520-555-625-1850-1850-1850=1850（元）
7 月份：（30000×7-5000×7-4500×7-2000×7）
　　　　×10%-2520-555-625-1850×4=1850（元）
8 月份：（30000×8-5000×8-4500×8-2000×8）
　　　　×20%-16920-555-625-1850×5=2250（元）
9 月份：（30000×9-5000×9-4500×9-2000×9）
　　　　×20%-16920-555-625-1850×5-2250=3700（元）
10 月份：（30000×10-5000×10-4500×10-2000×10）
　　　　×20%-16920-555-625-1850×5-2250-3700=3700（元）
11 月份：（30000×11-5000×11-4500×11-2000×11）
　　　　×20%-16920-555-625-1850×5-2250-3700×2=3700（元）
12 月份：（30000×12-5000×12-4500×12-2000×12）
　　　　×20%-16920-555-625-1850×5-2250-3700×3=3700（元）

"全年预扣预缴的税额为 555+625+1850×5+2250+3700×4=27480 元，实际上也可以这样算：

"（30000×12-5000×12-4500×12-2000×12）×20%-16920=27480（元）。"

"看得我整个人都不好了，感觉好复杂、好麻烦呀，这就是累计的含义吗？"小米有点头晕，幸亏一年只有 12 个月，要是再多点，还真不是一般的烦琐。

"你只要知道方法就好了，用 Excel 也很快的。"朵朵安抚着小米。

"那科目呢，要怎么做？"

"计入'应交税费——应交个人所得税'，这个科目专门用来核算应缴纳的个人所得税。"灵樶说道。

"那要再发个年终奖什么的，是不是还得继续累计呀？"小米还在耿耿于怀，"还有其他综合所得，也这么麻烦吗？"

"你想，年终奖只有一次，怎么让你累计呀？"

"这是我给你机会让你欺负我。"

瞧这两个人，日常拌嘴又上演了。

"灵棪姐,这里好几项都有选择的自由,可以选自己全扣也可以选一人扣一半,有什么特殊意义吗?"小米眼看拌嘴占不到便宜了,于是问道。

"给你选择的自由还不好呀?"

"我一般只会盲选,这有没有最佳选项呀。"

"有句话说,'适合自己的才是最好的'。这里也一样。要说最佳选项,实际上这是可以做税收筹划的地方。"

"这要怎么筹划?"小米好奇地问道。

"比如你和你老公,你们的收入各有不同,那么所适用的税率就可能会有所不同。影响税率选择的是应纳税所得额的多少,假如你的应纳税所得额离某一级的临界值很远,而你老公的却恰恰在临界值上,这时如果让你老公100%扣除,就可能会降低税率,从而少缴税,你说这是不是筹划呢?"灵棪说道。

"哎呀,还真是,那这可不能盲选,还得仔细筹划筹划才好。"

"你不是单身吗?小米,这筹划得也太早了吧。"

"我这叫未雨绸缪嘛。"拌嘴,安小米啥时候输过!

小贴士

- 《中华人民共和国个人所得税法》第六条规定,应纳税所得额的计算:居民个人的综合所得,以每一纳税年度的收入额减除费用6万元,以及专项扣除、专项附加扣除和依法确定的其他扣除后的余额,为应纳税所得额。

- 《国务院关于印发个人所得税专项附加扣除暂行办法的通知》(国发〔2018〕41号)第五条:学历教育包括义务教育(小学、初中教育)、高中阶段教育(普通高中、中等职业、技工教育)、高等教育(大学专科、大学本科、硕士研究生、博士研究生教育)。

年满3岁至小学入学前处于学前教育阶段的子女,按本条第一款规定执行。

第七条:纳税人子女在中国境外接受教育的,纳税人应当留存境外学校录取通知书、留学签证等相关教育的证明资料备查。

第八条:纳税人在中国境内接受学历(学位)继续教育的支出,在学历(学位)教育期间按照每月400元定额扣除。同一学历(学位)继续教育的扣除期限不能超过48个月。纳税人接受技能人员职业资格继续教育、专业技术人员职业资格继续教育的支出，在取得相关证书的当年，按照3600元定额扣除。

第十条：纳税人接受技能人员职业资格继续教育、专业技术人员职业资格继续教育的，应当留存相关证书等资料备查。

第十一条：在一个纳税年度内，纳税人发生的与基本医保相关的医药费用支出，扣除医保报销后个人负担（指医保目录范围内的自付部分）累计超过1.5万元的部分，由纳税人在办理年度汇算清缴时，在8万元限额内据实扣除。

第十三条：纳税人应当留存医药服务收费及医保报销相关票据原件（或者复印件）等资料备查。医疗保障部门应当向患者提供在医疗保障信息系统记录的本人年度医药费用信息查询服务。

第十四条：纳税人本人或者配偶单独或者共同使用商业银行或者住房公积金个人住房贷款为本人或者其配偶购买中国境内住房，发生的首套住房贷款利息支出，在实际发生贷款利息的年度，按照每月1000元的标准定额扣除，扣除期限最长不超过240个月。纳税人只能享受一次首套住房贷款的利息扣除。

第十六条：纳税人应当留存住房贷款合同、贷款还款支出凭证备查。

第二十一条：纳税人应当留存住房租赁合同、协议等有关资料备查。

第二十三条：本办法所称被赡养人是指年满60岁的父母，以及子女均已去世的年满60岁的祖父母、外祖父母。

只要纳税人申报扣除过一套住房贷款利息，在个人所得税专项附加扣除的信息系统里存有扣除住房贷款利息的记录，无论扣除时间长短，也无论该住房的产权归属情况，纳税人就不得再就其他房屋享受住房贷款利息扣除。

对符合在接受学历继续教育的同时取得技能人员职业资格证书或者专业技术人员职业资格证书的纳税人，该年度可叠加享受两个扣除，当年其继续教育共计可扣除8400（4800+3600=8400）元。

• 《国家税务总局关于调整个人取得全年一次性奖金等计算征收个人所得税方法问题的通知》（国税发〔2005〕9号）第五条：雇员取得除全年一次性奖金以外的其他各种名目奖金，如半年奖、季度奖、加班奖、先进奖、考勤奖等，一律与当月工资、薪金收入合并，按税法规定缴纳个人所得税。

• 《国务院关于设立3岁以下婴幼儿照护个人所得税专项附加扣除的通知》（国发〔2022〕8号）第一条：纳税人照护3岁以下婴幼儿子女的相关支出，

按照每个婴幼儿每月 1000 元的标准定额扣除。

第二条：父母可以选择由其中一方按扣除标准的 100% 扣除，也可以选择由双方分别按扣除标准的 50% 扣除，具体扣除方式在一个纳税年度内不能变更。

第四条：3 岁以下婴幼儿照护个人所得税专项附加扣除自 2022 年 1 月 1 日起实施。

- 《国务院关于提高个人所得税有关专项附加扣除标准的通知》（国发〔2023〕13 号）第一条：3 岁以下婴幼儿照护专项附加扣除标准，由每个婴幼儿每月 1000 元提高到 2000 元。

第二条：子女教育专项附加扣除标准，由每个子女每月 1000 元提高到 2000 元。

第三条：赡养老人专项附加扣除标准，由每月 2000 元提高到 3000 元。其中，独生子女按照每月 3000 元的标准定额扣除；非独生子女与兄弟姐妹分摊每月 3000 元的扣除额度，每人分摊的额度不能超过每月 1500 元。

第四条：3 岁以下婴幼儿照护、子女教育、赡养老人专项附加扣除涉及的其他事项，按照《个人所得税专项附加扣除暂行办法》有关规定执行。

第五条：上述调整后的扣除标准自 2023 年 1 月 1 日起实施。

年终奖的酸甜苦辣

"灵樨姐，如果现在辞职了，年终奖还有份吗？"

"怎么，你想辞职？"灵樨对小米的这个问题有些惊讶。

"不是我，是行政部的小王。"小米急忙解释。

"从法律上说是可以的。《劳动合同法》规定，劳动者已付出劳动的，用人单位应当向劳动者支付劳动报酬，劳动报酬的数额，参照本单位相同或相近岗位的劳动者的劳动报酬确定。不仅如此，根据其第四十六条，符合规定的，还有经济补偿金可以拿。"

"这我就放心了，她还担心会裸辞呢！不过听起来好像企业很委屈。"小米拍拍心口转而又问道，"那我们的年终奖是不是要缴个人所得税呀？要发实物的话也要缴税吗，就像过节税一样？"看来小米算是记住了以实物形式发放的奖金也要缴个人所得税这条规定。

"年终奖,顾名思义也叫全年一次性奖金,但我觉得,它更像是一个红包,在年终岁末之时给员工的一个彩头。如果企业视年终奖为企业的成本和负担,那结果很可能是'双输'。"灵樨认为,适时的员工激励会换回更多的员工回报,所谓"财聚人散,财散人聚"就是这个道理。

"可这彩头还真是几家欢喜几家愁,各个单位有发车、发钱、奖励旅游的,也有什么都不表示的。所以这网上一到逢年过节也是热闹非凡。你说我们会怎么发年终奖?"小米绕了一圈,原来是想知道自己能拿多少年终奖呢。

"我们会在两种方式中选其一:一种是根据公司效益及员工个人的表现发一笔现金,另一种是发双薪。"

"双薪?双薪也算年终奖?"小米瞬间又沉浸在了对工资个税累计预扣预缴的晕眩中。

"如果仅仅是在年底多发一个月的工资,那这个月的工资正相当于年终奖,这时要按全年一次性奖金的规定计算个人所得税。直接将当月取得的全年一次性奖金除以12个月,按其商数确定适用税率和速算扣除数即可。也可以纳入综合所得合并计算。这时你就要合计合计怎么算最为划算了,帮全体员工做一次税收筹划吧。"

"两种选择?"

"对,两种选择,不过有时间限制。原本政策时间节点为2021年,后来为2023年,现在国家干脆将政策实施时间延续到了2027年年底。"

"我最怕听见'不过''但是'了,这一转折,总让人心里惊一下。"小米拍拍被惊吓的小心脏。

"先看不并入综合所得的算法吧,这种方法在2027年12月31日前可以使用。取得全年一次性奖金时,除以12个月,然后查表确定税率,切记现在要查的是按月换算后的综合所得税率表(见表4-2)。"

表4-2 按月换算后的综合所得税率表

级数	全年应纳税所得额	税率/%	速算扣除数/元
1	不超过3000元的	3	0
2	超过3000元至12000元的部分	10	210

续表

级数	全年应纳税所得额	税率/%	速算扣除数/元
3	超过12000元至25000元的部分	20	1410
4	超过25000元至35000元的部分	25	2660
5	超过35000元至55000元的部分	30	4410
6	超过55000元至80000元的部分	35	7160
7	超过80000元的部分	45	15160

"比如我年终奖8万元,那80000÷12=6666.67(元),这个档的税率为10%,速算扣除数为210元,则个税就是:80000×10%-210=7790(元)。"

"原来除以12个月是为了确定适用哪个税率的呀,我还以为除以12个月找到税率后,就直接乘以税率,算出来之后再乘以12个月呢。"小米听完才明白她之前理解错了。

"你呀,总是自以为是。"朵朵笑了。

"我错了,那并入综合所得呢?"在有错就改这方面,小米还是很值得夸赞的。

"并入综合所得实际上是把全年的工资和全年一次性奖金加总起来再计算。"

"要用哪个税率表呢?"小米先问清楚查哪个表,免得她查表都查错,那结果就更不用说了。

"年表。"灵樨说道。

"不用除以12个月了,得把12个月的工资和全年一次性奖金加起来?"对这样的连加,真是无言以对呀,小米心里阴云密布。哈哈!

"还拿我举例,每月工资3万元,全年是36万元,加上年终奖8万元,合计就是44万元。我全年可以扣的减除费用是6万元;三险一金的专项扣除是每月4500元,全年就是5.4万元;专项附加扣除是每月2000元,全年就是2.4万元。扣除项合计为60000+54000+24000=138000(元),应纳税所得额为360000+80000-138000=302000(元),全年应纳个人所得税额为302000×25%-31920=43580(元)。你可以比较一下,是并入综合所得划算还是不并入划算。"灵樨没有理她,直接举了例子。

"并入的话要缴个税43580元,不并入的话要缴27480+7790=35270(元)。

还是不并入综合所得划算呀，可以少缴 8310 元呢。"

"所以才延期呀。"朵朵惊呼道。

"那都选择不并入就行了。"小米还记得灵樨说让她做个全体员工的个税筹划呢。

"那可不一定，也有并入综合所得反而缴得少的情况呢。"朵朵说道。

"小米，做财务首先要的就是谨慎，这一个例子并不代表全部，数字与数字的组合能有无数种情况，确实有并入反而缴得少的情况，不能一概而论的。"灵樨也忍不住说了小米，做财务爱偷懒可不行。

"不是吧，难不成还要一个一个算呀，这得算到什么时候呀！"如果单位员工少她算算也就罢了，或者谁和她关系好她帮下忙也就帮了，这无偿地为全公司员工做个税筹划，忒不划算。

"又不让你用手算，Excel 会不会呀？"

"行了，教你们怎么用 Excel 算个税。"灵樨索性把怎么用 Excel 告诉她俩，本还想让她俩熟练掌握计算方法呢。

"计算个税用到的 MAX 函数，是方便求数组最大值的，你们平时不常用；还有一个 IF 函数。不过懂得个税的计算原理，函数自然而然也就会了。"灵樨说着打开 Excel 做了起来（见表 4-3）。

表4-3 工资及年终奖个人所得税扣缴明细表

单位：元

月份	工资	减除费用	三险一金				专项附加						应纳税所得额	本纳税年度已预扣预缴	个税
			基本养老保险8%	基本医疗保险2%	失业保险0.2%	公积金12%	子女教育	赡养老人	继续教育	住房贷款	住房租赁	大病医疗	小计		
1月	30000	5000	1621.62	405.41	40.54	2432.43	4500	2000				0	2000	18500	0	555
2月	30000	5000	1621.62	405.41	40.54	2432.43	4500	2000				0	2000	27000	555	625
3月	30000	5000	1621.62	405.41	40.54	2432.43	4500	2000				0	2000	55500	1180	1850
4月	30000	5000	1621.62	405.41	40.54	2432.43	4500	2000				0	2000	74000	3030	1850
5月	30000	5000	1621.62	405.41	40.54	2432.43	4500	2000				0	2000	92500	4880	1850
6月	30000	5000	1621.62	405.41	40.54	2432.43	4500	2000				0	2000	111000	6730	1850
7月	30000	5000	1621.62	405.41	40.54	2432.43	4500	2000				0	2000	129500	8580	2250
8月	30000	5000	1621.62	405.41	40.54	2432.43	4500	2000				0	2000	148000	10430	3700
9月	30000	5000	1621.62	405.41	40.54	2432.43	4500	2000				0	2000	166500	12680	3700
10月	30000	5000	1621.62	405.41	40.54	2432.43	4500	2000				0	2000	185000	16380	3700
11月	30000	5000	1621.62	405.41	40.54	2432.43	4500	2000				0	2000	203500	20080	3700
12月	30000	5000	1621.62	405.41	40.54	2432.43	4500	2000				0	2000	222000	23780	3700
合计	360000	60000	19459.44	4864.92	486.48	29189.16	54000	24000	0	0	0	0	24000			27480
年终奖	80000															
不并入综合所得年终奖个税合计																7790
并入综合所得合计	440000	60000											24000	302000		35270
																43580

"根据前面的计算方法，大部分的公式你们都应该能对号入座的，剩下的主要也就是后面计算个税的公式，列从 A 开始到 R，因为表头占去两行，那么'1 月'这一行就是第五行。ROUND 是四舍五入的公式，那么 1 月份的个税 555 元的计算公式就是：

"=ROUND（MAX（P5×0.01×{3,10,20,25,30,35,45}-{0,2520,16920,31920,52920,85920,181920},0),2）

"P 列是应纳税所得额，所以式中的 P5 就是 18500 元，0.01×{3,10,20,25,30,35,45} 是税率，{0,2520,16920,31920,52920,85920,181920} 是速算扣除数。

"2 月份的个税 625 元的计算公式是：

"=ROUND（MAX（P6×0.01×{3,10,20,25,30,35,45}-{0,2520,16920,31920,52920,85920,181920},0),2）-Q6

"Q 列是本纳税年度已预扣预缴数，所以式中的 Q6 就是 1 月份已预缴的 555 元。

"以此类推。

"年终奖的 7790 元的计算公式是：

"=ROUND（IF（B18/12<3000，B18×0.03-0，IF（12000>B18/12>3000，B18×0.1-210，IF（25000>B18/12>12000，B18×0.2-1410，IF（35000>B18/12>25000，B18×0.25-2660，IF（55000>B18/12>35000，B18×0.3-4410，IF（80000>B18/12>55000，B18×0.35-7160，IF（B18/12>80000，B18×0.45-15160)))))))，2）

"IF 公式实际上就是把综合所得税率表用公式的形式表示了出来。B18 指的就是'年终奖'8 万元，8 万元可以被任何数代替，你只需要把每个人的月工资数和年终奖数额录入就可以了。当然这个表可以根据各自的情况增减，比如你需要计算应纳税所得额，我只是列出了需要扣除的减除费用、三险一金和专项附加扣除，因为这个例子没有涉及其他扣除项，所以我没有列出来，如果有，你可以增加列，将这些项目填入。这些其他项目只要在额度内，就可以扣除。

"本纳税年度累计企业年金、职业年金：不超过本人缴费工资计税基数的 4% 标准内的部分。

"本纳税年度累计商业健康保险：除特殊情况扣除 200 元 / 月。

"本纳税年度累计税收递延型商业养老保险的支出：当月工资薪金、连续性劳务报酬收入的 6% 和 1000 元择低扣除。"

"从 2022 年开始还多了一个，那就是个人养老金，目前有 36 个城市进入试点城市名单。本纳税年度累计个人养老金：个人向个人养老金资金账户缴费，按照 1.2 万元 / 年的限额标准，也就是在每月 1000 元的额度内，在综合所得或经营所得中据实扣除。"灵樨边列表格边讲解怎么设公式，以及公式的含义和扣除标准。Excel 是财务人员离不开的工具，她俩还得多加练习才行。

"灵樨姐，我怎么觉得做财务不但要数学好，还要会制表呀！"朵朵发现财务需要的附加技能还挺多的。

"不但要会制表，还得会画图，会做漂亮的 PPT。别以为财务就只需要做账，你们现在才刚入门，后面要掌握的技能多着呢。"灵樨先打下预防针，也让她俩明白：学习如逆水行舟，不进则退。

小贴士

全年一次性奖金是指行政机关、企事业单位等扣缴义务人根据其全年经济效益和对雇员全年工作业绩的综合考核情况，向雇员发放的一次性奖金，也包括年终加薪、实行年薪制和绩效工资办法的单位根据考核情况兑现的年薪和绩效工资。

• 《财政部 税务总局关于个人所得税法修改后有关优惠政策衔接问题的通知》（财税〔2018〕164 号）第一条规定了关于全年一次性奖金、中央企业负责人年度绩效薪金延期兑现收入和任期奖励的政策。

居民个人取得全年一次性奖金，符合《国家税务总局关于调整个人取得全年一次性奖金等计算征收个人所得税方法问题的通知》（国税发〔2005〕9 号）规定的，在 2021 年 12 月 31 日前，不并入当年综合所得，以全年一次性奖金收入除以 12 个月得到的数额，按照本通知所附按月换算后的综合所得税率表，确定适用税率和速算扣除数，单独计算纳税。计算公式为：

应纳税额＝全年一次性奖金收入 × 适用税率－速算扣除数

居民个人取得全年一次性奖金，也可以选择并入当年综合所得计算纳税。

自 2022 年 1 月 1 日起，居民个人取得全年一次性奖金，应并入当年综合所得计算纳税。

• 《关于延续实施全年一次性奖金等个人所得税优惠政策的公告》（财政部 税务总局公告2021年第42号）第一条：《财政部 税务总局关于个人所得税法修改后有关优惠政策衔接问题的通知》（财税〔2018〕164号）规定的全年一次性奖金单独计税优惠政策，执行期限延长至2023年12月31日；上市公司股权激励单独计税优惠政策，执行期限延长至2022年12月31日。

• 《关于延续实施全年一次性奖金个人所得税政策的公告》（财政部 税务总局公告2023年第30号）第一条：居民个人取得全年一次性奖金，符合《国家税务总局关于调整个人取得全年一次性奖金等计算征收个人所得税方法问题的通知》（国税发〔2005〕9号）规定的，不并入当年综合所得，以全年一次性奖金收入除以12个月得到的数额，按照本公告所附按月换算后的综合所得税率表，确定适用税率和速算扣除数，单独计算纳税。

第三条：本公告执行至2027年12月31日。

• 《财政部 人力资源社会保障部 国家税务总局关于企业年金职业年金个人所得税有关问题的通知》（财税〔2013〕103号）第一条第二款：个人根据国家有关政策规定缴付的年金个人缴费部分，在不超过本人缴费工资计税基数的4%标准内的部分，暂从个人当期的应纳税所得额中扣除。

第一条第四款：企业年金个人缴费工资计税基数为本人上一年度月平均工资。月平均工资按国家统计局规定列入工资总额统计的项目计算。月平均工资超过职工工作地所在设区城市上一年度职工月平均工资300%以上的部分，不计入个人缴费工资计税基数。

职业年金个人缴费工资计税基数为职工岗位工资和薪级工资之和。职工岗位工资和薪级工资之和超过职工工作地所在设区城市上一年度职工月平均工资300%以上的部分，不计入个人缴费工资计税基数。

• 《财政部 税务总局 保监会关于将商业健康保险个人所得税试点政策推广到全国范围实施的通知》（财税〔2017〕39号）第一条：对个人购买符合规定的商业健康保险产品的支出，允许在当年（月）计算应纳税所得额时予以税前扣除，扣除限额为2400元/年（200元/月）。单位统一为员工购买符合规定的商业健康保险产品的支出，应分别计入员工个人工资薪金，视同个人购买，按上述限额予以扣除。

2400元/年（200元/月）的限额扣除为个人所得税法规定减除费用标准之外的扣除。

• 《财政部 税务总局 人力资源社会保障部 中国银行保险监督管理委员会 证监会关于开展个人税收递延型商业养老保险试点的通知》（财税〔2018〕22号）规定：个人缴费税前扣除标准。取得工资薪金、连续性劳务报酬所得的个人，其缴纳的保费准予在申报扣除当月计算应纳税所得额时予以限额据实扣除，扣除限额按照当月工资薪金、连续性劳务报酬收入的6%和1000元孰低办法确定。

• 《关于个人养老金有关个人所得税政策的公告》（财政部 税务总局公告2022年第34号）第一条：自2022年1月1日起，对个人养老金实施递延纳税优惠政策。在缴费环节，个人向个人养老金资金账户的缴费，按照12000元/年的限额标准，在综合所得或经营所得中据实扣除；在投资环节，计入个人养老金资金账户的投资收益暂不征收个人所得税；在领取环节，个人领取的个人养老金，不并入综合所得，单独按照3%的税率计算缴纳个人所得税，其缴纳的税款计入"工资、薪金所得"项目。

个人养老金36个先行试点城市（地区）：北京市、天津市、石家庄市、雄安新区、晋城市、呼和浩特市、沈阳市、大连市、长春市、哈尔滨市、上海市、苏州市、杭州市、宁波市、合肥市、福建省、南昌市、青岛市、东营市、郑州市、武汉市、长沙市、广州市、深圳市、南宁市、海口市、重庆市、成都市、贵阳市、玉溪市、拉萨市、西安市、庆阳市、西宁市、银川市、乌鲁木齐市。基本上大部分的省会城市和计划单列市都被纳入了试点范围。

• 《劳动合同法》第四十六条规定，有下列情形之一的，用人单位应当向劳动者支付经济补偿：

1.劳动者依照本法第三十八条规定解除劳动合同的。

[第三十八条规定，用人单位有下列情形之一的，劳动者可以解除劳动合同：

（1）未按照劳动合同约定提供劳动保护或者劳动条件的；

（2）未及时足额支付劳动报酬的；

（3）未依法为劳动者缴纳社会保险费的；

（4）用人单位的规章制度违反法律、法规的规定，损害劳动者权益的；

（5）因本法第二十六条第一款（以欺诈、胁迫的手段或者乘人之危，使对方在违背真实意思的情况下订立或者变更劳动合同的）规定的情形致使劳动合同无效的；

（6）法律、行政法规规定劳动者可以解除劳动合同的其他情形。

用人单位以暴力、威胁或者非法限制人身自由的手段强迫劳动者劳动的，或者用人单位违章指挥、强令冒险作业危及劳动者人身安全的，劳动者可以立即解除劳动合同，不需事先告知用人单位。]

2.用人单位依照本法第三十六条规定向劳动者提出解除劳动合同并与劳动者协商一致解除劳动合同的。

（第三十六条规定：人单位与劳动者协商一致，可以解除劳动合同。）

3.用人单位依照本法第四十条规定解除劳动合同的。

[第四十条规定，有下列情形之一的，用人单位提前30日以书面形式通知劳动者本人或者额外支付劳动者一个月工资后，可以解除劳动合同：

（1）劳动者患病或者非因工负伤，在规定的医疗期满后不能从事原工作，也不能从事由用人单位另行安排的工作的；

（2）劳动者不能胜任工作，经过培训或者调整工作岗位，仍不能胜任工作的；

（3）劳动合同订立时所依据的客观情况发生重大变化，致使劳动合同无法履行，经用人单位与劳动者协商，未能就变更劳动合同内容达成协议的。]

4.用人单位依照本法第四十一条第一款规定解除劳动合同的。

[第四十一条规定，有下列情形之一，需要裁减人员20人以上或者裁减不足20人但占企业职工总数10%以上的，用人单位提前30日向工会或者全体职工说明情况，听取工会或者职工的意见后，裁减人员方案经向劳动行政部门报告，可以裁减人员：

（1）依照企业破产法规定进行重整的。]

5.除用人单位维持或者提高劳动合同约定条件续订劳动合同，劳动者不同意续订的情形外，依照本法第四十四条第一项规定终止固定期限劳动合同的。

[第四十四条，有下列情形之一的，劳动合同终止：（1）劳动合同期满……]

6.依照本法第四十四条第四项、第五项规定终止劳动合同的。

[第四十四条，有下列情形之一的，劳动合同终止：（4）用人单位被依法宣告破产的；（5）用人单位被吊销营业执照、责令关闭、撤销或者用人单位决定提前解散的……]

7.法律、行政法规规定的其他情形。

税后收入怎么办？

"灵樨姐，那企业万一要给员工税后奖金，我们财务上应该怎么处理呀？你看现在好些企业不都流行给税后奖金了吗？多省心呀。"小米最近不住地感慨那谁谁的工资是税后多少多少。

"省心？一听就不省心好不好，你连税前都还没算明白呢！"朵朵又忍不住吐槽了小米，她觉得现在的个税算起来好复杂。

"税后收入要先换算成税前的，公司替你负担的税款部分，也是你应得的工资的一部分，这也算是你额外又增加的收入了。"灵樨说道。

"所以这部分要计入工资了？"朵朵问道。

"是的，切记不能列为管理费或其他费用，否则是不能税前扣除的。"灵樨解释道。

"怎么换算？"小米还真不明白这要怎么倒推回去。

"税后工资一般有两种：一种是公司为员工定额负担了一部分税款，比如公司为你负担1000元税款——这种好算，加回去就行了；另一种是公司为员工按一定比例负担了税款，比如公司为你负担3%的税款——这种就稍稍麻烦了点。

"定额负担税款的计算方法是：

"应纳税所得额=员工取得的全年一次性奖金+公司替员工定额负担的税款–当月工资薪金低于减除费用的差额。

"比例负担税款的计算方法要分步计算了：

"第一步，先查找出不含税全年一次性奖金的适用税率和速算扣除数。

"不含税全年一次性奖金÷12，根据商数确定税率和速算扣除数，我们暂且称之为税率A和速算扣除数A。

"第二步,计算含税全年一次性奖金。

"应纳税所得额=(不含税全年一次性奖金收入-当月工资薪金低于费用扣除标准的差额-速算扣除数A×公司负担比例)÷(1-税率A×公司负担比例)。"

"这样就换算成税前的了?"小米问道。

"对,这就是包括公司替你负担税款的应得全年一次性奖金数,然后再计算应该缴多少税款。"

"好像很不省心。"小米有种被啪啪打脸的感觉。

"后面是一样的了,反正都是计算实际缴纳税额,将应纳税所得额除以12,根据其商数找出对应的税率和速算扣除数,计算税款就行了。为了区别,我们把这个税率和速算扣除数称为B,应纳税额=应纳税所得额×适用税率B-速算扣除数B。然后用应纳税额扣掉公司为你负担的税款就是你实际应缴纳的税额了,实际缴纳税额=应纳税额-公司为员工负担的税额。

"其实你认为复杂的也只是还原的过程,但这个还原过程也只是多了一步。"灵樨安慰着朵朵,有时候自己给自己的某些心理暗示会增加不少的阻力,灵樨做的就是将这些阻力去掉。

"嗯,好像还是全年一次性奖金的算法,就是之前两步,现在三步,多走一步而已。"朵朵很快调整了心态。

"理解了原理,把握基本思路也就不难了,你可以自己代入些数算算,满足一下好奇心。"

小贴士

• 《国家税务总局关于雇主为雇员承担全年一次性奖金部分税款有关个人所得税计算方法问题的公告》(国家税务总局公告2011年第28号)第一条:雇主为雇员负担全年一次性奖金部分个人所得税款,属于雇员又额外增加了收入,应将雇主负担的这部分税款并入雇员的全年一次性奖金,换算为应纳税所得额后,按照规定方法计征个人所得税。

第四条规定:雇主为雇员负担的个人所得税款,应属于个人工资薪金的一部分。凡单独作为企业管理费列支的,在计算企业所得税时不得税前扣除。

汇算清缴要补税

"灵楔姐，那其他综合所得都怎么算呀？"小米还挺上心，已经踏上了求索之路。

"除了工资、薪金，劳务报酬、稿酬和特许权使用费发生时，我们是按次或按月预扣预缴的。劳务报酬所得每次发生额不超过4000元的，可以减去800元后乘以预扣率；每次超过4000元的，可以扣除20%后乘以预扣率。"灵楔说道。

"怎么又出来个预扣率呀？"

"这个也就是个税改革前的扣除率，个税改革后将劳务报酬并入综合所得，需要在次年进行汇算清缴，之前的扣除率就改名叫预扣率了。劳务报酬的预扣是分级计算的（见表4-4）。

表4-4 个人所得税预扣率表（居民个人劳务报酬所得预扣预缴适用）

级数	预扣预缴应纳税所得额	预扣率/%	速算扣除数/元
1	不超过20000元的	20	0
2	超过20000元至50000元的部分	30	2000
3	超过50000元的部分	40	7000

"每次收入不超过4000元，预扣预缴税额=（收入-800）×预扣率20%。

"每次收入超过4000元，预扣预缴税额=收入×（1-20%）×预扣率（3档）。

"举个例子：比如我的劳务报酬所得为2万元，应该预扣预缴的个人所得税的收入额就是20000×（1-20%）-0=16000（元），应该预扣预缴的个人所得税就是16000×20%=3200（元）。等到汇算清缴后多退少补。"

"稿酬呢，也有预扣率吗？"朵朵问道。

"稿酬的收入额是可以减按70%的，也分4000元以下和4000元以上两种情况。每次收入不超过4000元的，减去800元后再减30%，乘以20%；超过4000元的，扣除20%后再减30%，乘以20%。即每次收入不超过4000元时，预扣预缴税额=（收入-800）×70%×20%；每次收入超过4000元时，预扣预缴税额=收入×（1-20%）×70%×20%。"

"咦，这个是不是优惠呀？"小米发现了亮点。

"对，劳务报酬所得、稿酬所得、特许权使用费所得将减除20%的费用后的余额作为收入额。稿酬所得的收入额减按70%计算。尊重知识嘛，税务总局也体谅写作人的辛苦，稿酬的优惠相对大一点。"

"那可以直接乘以14%和11.2%了？"小米还是相当聪明的。

"自己算的时候怎么简单怎么来，要是别人问，你就要说清楚了。"

"明白明白，专业性嘛。"小米抛了个"你懂的"的眼神。

"假如你取得稿酬收入5万元，收入额为50000×（1-20%）×70%=28000（元），应预扣预缴税额为28000×20%=5600（元）。"

朵朵依着灵槑说的步骤自己算了起来。

"没错，完全正确。"

"那特许权使用费是不是也有4000元的区分？"

"聪明，特许权使用费的预扣预缴税额的计算方法和稿酬一样，只是没有减按70%的优惠。即每次收入不超过4000元时，预扣预缴税额为（收入–800）×20%；每次收入超过4000元时，预扣预缴税额为收入×（1-20%）×20%。"

"这样看下来，好像它们的税率都是20%呢。"朵朵说道。

"你可以这样记忆，但是不能这样认为。税率和预扣率可不是同一个概念。"灵槑纠正了朵朵的用词，有时候财务对用词还真是较真，明明知道意思，但说出来就是两个概念，说者自己明白，听者可就是另一番情景了。

"那汇算清缴呢？预扣预缴完，是不是就得在汇算清缴时多退少补了？"小米还记得灵槑前面说个人所得税改革后要汇算清缴。

"是的。前面已经说了，汇算清缴的综合所得应纳税所得额 = 每一纳税年度的收入额 –6万元/年 – 专项扣除 – 专项附加扣除 – 其他扣除，这也就确定了收入。除了工资、薪金所得全部计入收入额，劳务报酬、稿酬、特许权使用费所得的收入额都是有一定折扣的：劳务报酬、特许权使用费所得的收入额为实际取得劳务报酬、特许权使用费收入的80%；稿酬所得的收入额在扣除20%费用的基础上，再以减按70%计算，也就是说稿酬所得的收入额为实际取得稿酬收入的56%。"

"税率也有打折呀。"小米只知道买东西有折扣，没承想税率也有。

"这是给的优惠,你可以简单地记为'劳务、特许打8折,稿酬5.6折上折'。"有时候这些顺口溜会帮助人们记忆。

"预扣预缴时的收入额和汇算清缴时的不一样了?"朵朵看着前面才计算过的预扣预缴数说道。

"那不就是需要退税了吗?"小米认为税率打了折,最后肯定要退税的。

"未必,这就是我要你把适用的税率和预扣率区分清楚的原因。年度汇算清缴时,并入综合所得,所适用的税率是7级超额累进税率;而预扣预缴时,劳务报酬适用的是预扣率表,稿酬和特许权使用费适用的是20%的比例预扣率。另外,和预扣预缴时的可扣除项目也不同。

"还拿我举例,前面算出来的我的全年工资是36万元,年终奖选择不并入综合所得,所以就不加了,我的劳务报酬所得是2万元,稿酬所得是5万元,那么我到底要缴多少个税呢?

"先算我的全年收入总额为360000+20000×80%+50000×56%=404000(元),全年减除费用为6万元,全年专项扣除为5.4万元,全年专项附加扣除为2.4万元,全年扣除项合计为60000+54000+24000=138000(元),应纳税所得额为404000-138000=266000(元),全年应纳个人所得税额为266000×20%-16920=36280(元),汇算清缴应补缴税额为36280-27480-3200-5600=0(元)。

"不用补税。"

小米看到结果竟然是不补不退,便问道:"预扣预缴这么准的吗?"

"你可以再计算一下把年终奖并入综合所得需要补多少。"灵樨给小米留了作业,"目前来说需要补税金额不超过400元的,以及需补税但综合所得收入全年不超过12万元的可免于办理综合所得的汇算清缴。如果你嫌麻烦又恰巧不差钱,也可以自行选择不退税。"

"啊?那国家不是吃亏了,这全国加起来可不少呢。"

"非也非也。你们也是财务人员啦,要学会用财务思维去考虑问题。这里面有一个税收成本问题,纳税人办理综合申报又不是靠意念的,也是要花费人力物力的,在4个月内有数亿人通过网络办理综合申报,这个成本你有计算过吗?"灵樨开始慢慢引导她俩用财务思维看待生活中的问题了。

"另外,注意询问一下公司里有没有向慈善部门捐过款的员工,比如向红十字会、宋庆龄基金会等捐过款，这些捐款金额符合条件的话是可以在个人所得税汇算清缴时扣除的。"

"还有这好事，只要捐钱就能扣？"小米暗戳戳地想，她刚好在网上看到有人在组织爱心捐赠，她的爱心早就泛滥了。

"怎么可能，灵樨姐不是说了，只有符合条件才能扣吗？"朵朵被小米气到了，气她总是听话听一半。

"要正规途径，对象合适，限额以内，有据可查，及时申报。"灵樨说道。

"啊，这么多条件呀，那我岂不是尴尬妈妈给尴尬开门，尴尬到家了。"小米这下真尴尬了。

"即通过我国境内公益性社会组织、县级以上人民政府及其部门等国家机关进行的，面向教育、扶贫、济困等公益慈善事业的捐赠，个人直接向受助对象捐赠或通过不具有合法资格机构进行的捐赠，是不能在税前扣除的。"灵樨看向小米说道，她猜到小米一定是直接捐给对方了。

"字越少信息量越大，看来捐赠也不是随便捐的。我没按捺住那颗被激起的同情心，就直接捐给了本人，这么说我这笔捐款不能税前抵扣了？"小米有点沮丧。

"即使能抵扣你也没必要抵扣，先算下自己是不是需要缴个税。"朵朵安慰着小米，让她别那么在意，不过这安慰还不如不安慰呢。

"你这是立竿见影做慈善，直接去掉了'中间商'，受惠效果直观可见。"灵樨说道。

"那限额是多少呀？"小米听到灵樨的话，立马想到了捐钱时被感谢的高光时刻，她不爽的心情也被抛到了九霄云外。

"应纳税所得额的30%以内。记得把捐款时候的发票保存好，这个是证明你捐款的有效凭证，捐款当月及时申报。"灵樨说道。

"像小米直接捐给个人这样的情况，肯定没有发票，从这个角度想，都知道这笔捐款是不能扣的。"朵朵说道。

"我去问问有没有人捐款了。"小米决定先远离朵朵一会，她现在有些生朵朵气了。

小贴士

•《中华人民共和国个人所得税法》第六条：劳务报酬所得、稿酬所得、特许权使用费所得以收入减除20%的费用后的余额为收入额。稿酬所得的收入额减按70%计算。

第十条规定，有下列情形之一的，纳税人应当依法办理纳税申报：

1. 取得综合所得需要办理汇算清缴；
2. 取得应税所得没有扣缴义务人；
3. 取得应税所得，扣缴义务人未扣缴税款；
4. 取得境外所得；
5. 因移居境外注销中国户籍；
6. 非居民个人在中国境内从两处以上取得工资、薪金所得；
7. 国务院规定的其他情形。

扣缴义务人应当按照国家规定办理全员全额扣缴申报，并向纳税人提供其个人所得和已扣缴税款等信息。

•《国家税务总局关于办理2022年度个人所得税综合所得汇算清缴事项的公告》（国家税务总局公告2023年第3号）第二条规定了无须办理汇算的情形：

纳税人在2022年已依法预缴个人所得税且符合下列情形之一的，无须办理汇算：

1. 汇算需补税但综合所得收入全年不超过12万元的；
2. 汇算需补税金额不超过400元的；
3. 已预缴税额与汇算应纳税额一致的；
4. 符合汇算退税条件但不申请退税的。

•《个人所得税法》第六条：个人将其所得对教育、扶贫、济困等公益慈善事业进行捐赠，捐赠额未超过纳税人申报的应纳税所得额30%的部分，可以从其应纳税所得额中扣除；国务院规定对公益慈善事业捐赠实行全额税前扣除的，从其规定。

•《个人所得税法实施条例》第十九条：个人所得税法第六条第三款所称个人将其所得对教育、扶贫、济困等公益慈善事业进行捐赠，是指个人将其所得通过中国境内的公益性社会组织、国家机关向教育、扶贫、济困等公益慈善事业的捐赠;所称应纳税所得额,是指计算扣除捐赠额之前的应纳税所得额。

- 《财政部 税务总局关于公益慈善事业捐赠个人所得税政策的公告》(财政部 税务总局公告2019年第99号)第四条:居民个人取得工资薪金所得的,可以选择在预扣预缴时扣除,也可以选择在年度汇算清缴时扣除。居民个人选择在预扣预缴时扣除的,应按照累计预扣法计算扣除限额,其捐赠当月的扣除限额为截至当月累计应纳税所得额的30%(全额扣除的从其规定,下同)。个人从两处以上取得工资薪金所得,选择其中一处扣除,选择后当年不得变更。

第十条:个人应留存捐赠票据,留存期限为五年。

算算离职补偿金

"头痛头痛,小王的离职补偿金是多少呀?"小米对着离职审批表发呆。

"小米,还没算出来呢?"

"为什么要我算呀,我又不是HR,灵槐姐救我呀!"小米一副无助加可怜巴巴的眼神望着灵槐,让灵槐心疼不已。

"真拿你没办法,她这个情况,实际上就是多给1个月工资不扣个税走人就行。"灵槐被小米缠得没了办法。

"这么简单?没后遗症?"小米有点不可思议,令她头疼不已的事,在灵槐面前总不是个事儿。

"对呀,法律有规定的,像她这种情况解除劳动合同的,工作每满一年对应补偿其1个月的工资就行了。"

"公司提出不再续约时,小王工作时间刚好满1年。"小米说道。

"满6个月不满1年的,支付1个月的工资做补偿;不满6个月的,支付半个月的工资做补偿。获得的一次性补偿收入在当地上年职工平均工资3倍以内的部分,是免征个人所得税的。不过要是超过3倍,就要征个税了。"灵槐说道。

"这都要缴个人所得税呀,怎么缴,按工资、薪金吗?"看来纳税还真是无处不在。

"是的,但不并入当年的综合所得,需要通过综合所得税率表计算纳税。"

"小王这才1个月,别说3倍了,1倍都超不过。"朵朵看了下她的离职表上填写的资料。

"如果小王拿的是10万元的补偿金呢?还有这个3倍到底是多少?"小米想万一下一个离职的是林总,要给很多补偿金的话,她要怎么算这个补偿金才能不出丑,还是先做做功课的好。

"上年职工平均工资每年都会在政府网站上公布,你不要有压力,假如我们市上年职工的平均工资是1万元,要缴的个税就是4480元。计算方法是这样的……

"应税部分为100000-3×10000=70000(元),应纳税额为70000×10%-2520=4480(元)。"灵樨把计算过程写了出来,她看出小米还是有些怕算错。

"另外,领取一次性补偿收入时,按照国家和地方政府规定的比例实际缴纳的住房公积金、基本医疗保险费、基本养老保险费、失业保险金可以在计征其一次性补偿收入的个人所得税时予以扣除。"

"是不是只要辞职就给离职补偿金呀?"朵朵也问道。

"不是,有些情况是没有离职补偿金的,需要给付离职补偿的情况大多是因为企业提出解聘,或者是企业造成员工的离职。《劳动法司法解释》有专门做过说明,列举了需要支付补偿金的情况。"

"其实吧,有时候我觉得企业也是弱者,也挺不容易的。"小米听完忽然心生感慨。

"灵樨姐,对支付的经济补偿金要怎么做会计处理呀?"知道了补偿金的给付情况,还得会做账务处理才行,朵朵问道。

借:管理费用——工资
　　贷:应付职工薪酬——辞退福利
借:应付职工薪酬——辞退福利
　　贷:银行存款——工行××支行

"如果需要代扣代缴个人所得税的,计入'应交税费——应交个人所得税'就可以。"

"辞退福利,好形象呀,想想离职补偿金也算职工福利哟。"朵朵细想了想,发现这个科目名称设置得还挺到位。

"其实辞退福利是被视为职工福利的单独类别的,这是因为其产生的原因是发生终止雇佣。在职工的劳动合同到期前,不管职工愿不愿意,企业只要决定终止雇佣关系,就需要提供给员工一定的辞退福利。或者是因鼓励员工离职而给的补偿,或者是虽然没有与职工解除劳动合同,但员工未来不再为企业提供服务,不能为企业带来经济流入,企业答应给员工的实质上的福利,都属于辞退福利。但是别把它跟正常的退休养老金弄混了。"灵樨又特别说明了一下辞退福利。

"帅气!灵樨姐,我越来越爱你了!"在小米看来纠结到头痛的事情,在灵樨这里就都不是事儿!

小贴士

- 《财政部 税务总局关于个人所得税法修改后有关优惠政策衔接问题的通知》(财税〔2018〕164号)第五条规定,个人与用人单位解除劳动关系取得一次性补偿收入(包括用人单位发放的经济补偿金、生活补助费和其他补助费):在当地上年职工平均工资3倍数额以内的部分,免征个人所得税;超过3倍数额的部分,不并入当年综合所得,单独适用综合所得税率表,计算纳税。

- 《财政部 国家税务总局关于个人与用人单位解除劳动关系取得的一次性补偿收入征免个人所得税问题的通知》(财税〔2001〕157号)第二条:个人领取一次性补偿收入时按照国家和地方政府规定的比例实际缴纳的住房公积金、医疗保险费、基本养老保险费、失业保险费,可以在计征其一次性补偿收入的个人所得税时予以扣除。

- 《劳动合同法》第四十七条:经济补偿按劳动者在本单位工作的年限,每满1年支付1个月工资的标准向劳动者支付。6个月以上不满1年的,按1年计算;不满6个月的,向劳动者支付半个月工资的经济补偿。

  劳动者月工资高于用人单位所在直辖市、设区的市级人民政府公布的本地区上年度职工月平均工资3倍的,向其支付经济补偿的标准按职工月平均工资3倍的数额支付,向其支付经济补偿的年限最高不超过12年。

  本条所称月工资是指劳动者在劳动合同解除或者终止前12个月的平均工资。

- 《企业会计准则第 9 号——职工薪酬》第二条：辞退福利，是指企业在职工劳动合同到期之前解除与职工的劳动关系，或者为鼓励职工自愿接受裁减而给予职工的补偿。

被员工告了

"干吗这么愁眉苦脸的？"灵槭一大早看到小米无精打采地坐在那里。

"有点蒙。"

"头晕？送你去医院看看？"

"不用不用，我没病。"

"没吃早饭？"朵朵也关心地问道。

"你还记得我总提到的那个同学吗，她把她们公司给告了。"小米算是说不清她的蒙是哪种了，索性直接说出了蒙的原因。

"莉莉吗？那个柳叶眉、大眼睛、有古典气质的女同学？为什么呀？！"朵朵惊讶道，怎么看莉莉也不像是会和公司对簿公堂的人呀。

"就是她呀，她离职了，还把公司给告了，要求公司支付离职补偿金和拖欠的工资。"

"那肯定不是自己辞的，灵槭姐不是才说过离职补偿金嘛。"朵朵说道。

"嗯，具体我也没问，就说她做的一个项目都完结好久了，约定给的提成一直都拖着不给，莉莉现在正好着急用钱，就去找老板要了两次，没想到提成的事被矢口否认不说，老板还说不让她再来上班了。"小米也想不通这是什么操作。

"这就让你蒙了？"灵槭看向小米。

"是呀，莉莉不是会去法院起诉的人呀，连公司没给她门禁卡，她都没去要过，怎么就闹到法院了呢！你说我要怎么帮助她？"小米问向灵槭，她想知道起诉的话怎么才能不让莉莉吃亏。

"公司都不给门禁卡？那她怎么上班？"灵槭也是好奇。

"说是领取门禁卡要交给物业 10 块钱押金，她还不是能省就省。"小米没好气地说。

"好像公司还没跟她签合同呢,社会保险费也没给交。"小米想起来听莉莉说过一直还没签合同的事。

"那你还真能帮到她。"灵檧听到她一直没签合同,于是说道,"可以帮她多要些钱。"

"你是说,除了离职补偿金和拖欠的工资,还有其他补偿?"小米这次听出了灵檧话里的意思。

"对,如果像你说的,莉莉所在的公司一直没有和她签合同,她就可以主张 2 倍工资赔偿的,公司还要补齐应该缴纳而没有缴纳的社会保险费。"灵檧说道。

"这个好,我这就告诉她去。"小米还真是急,一听可以要到 2 倍工资赔偿,就掏出手机准备联系莉莉。

"你先别急,肯定还有条件,先听灵檧姐说完。"朵朵忙阻止小米。

"先确定一下签订劳动合同的状态,以及她离开公司时在公司工作的时间是否满 1 年。你也可以问一下莉莉是要钱还是要回去工作。"灵檧赞许地看了下朵朵,沉稳、心细。

"肯定要钱啦,都对簿公堂了。"

"如果确定没有签订劳动合同,而劳动关系又成立的话,倒是可以要最长不超过 11 个月的 2 倍工资赔偿,说是 2 倍,其实 1 倍是应当按月发放的正常工资,另外 1 倍实际是惩罚性的赔偿,并不属于劳动报酬。"

"为什么要确定工作是否满 1 年呀?"朵朵问道。

"如果工作时间满 1 年后仍没有签订劳动合同,则视为公司与员工已订立无固定期限劳动合同,这时员工是可以选择主张确认其与公司之间是属于无固定期限劳动合同的关系。"灵檧解释道。

"莉莉的工资平时都是怎么发的,有给她工资单吗?"灵檧接着问道。

"没有吧,好像听她说都是她老板自己用微信转给她的。"小米想了想说道。

"是不是也没有员工工作证之类的?"灵檧问道。

"是呀,这你都知道?"小米惊讶灵檧连这都猜得到。

"刚为什么提到要确定劳动关系成立,就是防止莉莉的公司否认劳动关系,只说是劳务关系。这样就比较被动了。你让莉莉翻看一下她老板给她的微信转款记录，是不是按月按时转付，有没有提到工资多少，特别是收到钱时有没有回复说'收到×月工资'之类的字眼，还有就是有没有提到请假扣工资。有这些记录，也可以证明微信转账是在正常发放工资。证明劳动关系成立的举证责任并不全由莉莉承担，像工资支付凭证或记录，比如职工工资发放花名册，缴纳各项社会保险费的记录，员工入职时填写的招聘登记表、报名表等，还有考勤记录，这些相关凭证就由公司负责举证。再加上职工工作证。或者是公司里其他员工的证言也可以，这些都是认定双方存在劳动关系的参考凭证，如果不能确立劳动关系成立，2倍工资赔偿就免谈了。至于约定的提成，莉莉有录音也是可以的。"

"那要是公司给补签了劳动合同呢？"朵朵问道。

"补签的时候一定要注意补签的日期，如果补签到实际入职之日，则会被认定是双方协商一致达成的，那么再主张要2倍工资可就不行了。除非你有证据证明补签到这个日期并不是自己的真实意思表示。"

"什么意思？"朵朵一时没听明白。

"被威逼利诱了呗。"小米麻溜地接道。

"补签的日期关系到你能要多久的2倍工资。另外纠正你一下，但凡是劳动争议，一定要按协商、调解、仲裁、诉讼这样的顺序来解决，不会让你直接就跑法院起诉的。所以也要注意仲裁时效的问题。"灵樨说道。

"还有时效，多久呀？"

"1年，从你主张权利之日起往前推1年。比如工作时间是2021年9月至2022年7月，你到2023年5月提起仲裁，那么按此日期往前推1年，即2022年5月，也就意味着2021年9月至2022年4月的仲裁时效已过，只能主张2022年5月至2022年7月的2倍工资。"

"那岂不是越早越好，我得赶紧告诉莉莉去，也不知道她平时有没有及时拍下证据，看来平时什么事都喜欢拍照留念也是有好处的，说不定就成了有力证据呢！"小米一边嘀咕一边和莉莉联系，她这人还真是可爱。

"这应该很快就会有结果了吧？"小米问道。

"不一定，像莉莉这种主张对方支付离职补偿金＋拖欠工资＋2倍工资＋拖欠社会保险费的，金额不小，仲裁即使赢了，对方如果不服也是可以起诉的，这样就进入了诉讼程序。一审赢了对方，对方还可以提出上诉打二审，这样下来得几年时间。最后还有执行的问题，对方有没有钱可以给付。而且劳动关系不明确的劳动争议也不适用小额诉讼程序。"

"啊！"小米和朵朵惊呆了，显然她们没有这个心理准备。

"可以建议莉莉在诉讼之时即提出财产保全，这样可以保障最终有执行款可以赔付。"灵樨提醒道。

"就是冻结对方的银行账户？"小米问道。

"那也得保证对方公司账上有这么多钱，你没给莉莉的工资都是老板自己的微信账户转的。"朵朵觉得莉莉这维权的路可没有想象中的好走。

"还有没有其他办法呀？"小米问道。

"如果诉求的金额小，索求的劳动报酬、经济补偿等金额不超过当地月最低工资标准12个月的金额，仲裁裁决为终局裁决，即一裁终局。"

"依莉莉的性格，她能和公司对簿公堂，说明前期她们公司不愿和她做出有效沟通。那么作为弱势一方，又没有居间人调停，利用仲裁和诉讼来让对方坐下来谈也不失为一个方法。而且公司被起诉，后面有投标也会受到影响的。一般招标公司都会先查询投标公司的诚信与诉讼情况，特别会留意那些判决结果不利于投标公司的情况。为了不影响投标，公司都会试着调解或和解。实际上，整个诉讼的过程就是双方调解的过程。"灵樨说道。

"给对方发律师函不也可以吗？"朵朵说道。

"每一种手段方法都是有其适用性的，像莉莉遇到的这种情况，对方不想和你谈，你说再多次我要告你也没用。不过在证据没有搜集全前，最好不要闹僵，也不要贸然告诉对方准备起诉，这样你才有更多的机会来补充证据。"

"那怎么知道仲裁文书是不是一裁终局的文书呀，仲裁文书上会写吗？"

"会有相关表述的，一般仲裁裁决书最后一段会明确'本仲裁裁决书为终局裁决'等类似条款，并明确救济途径。不过也有的会是另一种隐晦的表达，比如'用人单位收到本仲裁裁决书不服的，可以自收到仲裁裁决书之日起30日内向劳动争议仲裁委员会所在地的中级人民法院申请撤销裁决'。"

"灵樨姐，如果公司败诉，需要支付赔偿金，那账要怎么记呀？"朵朵还是关心，如果她遇到这样的事情，她要如何记账。

"根据劳动争议仲裁委员会的仲裁书或法院的判决书确认费用，如果往法院交有诉讼费，根据法院给的票据，将其计入'管理费用——诉讼费'。像莉莉这个，如果最终法院支持了莉莉的请求，那公司应将该笔费用计入应付职工薪酬，这属于应该支付的人力成本。有一点需要注意一下，那就是时间的问题，如果当年案子没有判决，对公司来说年末就有一笔未决诉讼了，那就要根据案件是否会败诉而定了。如果败诉的可能性很大，就需要通过预计负债来核算了，根据可能赔付的金额，该计入费用就计入费用。"灵樨说道。

"还得劝莉莉要多长个心眼，别太相信人，你说她在谈提成的时候录个音不就好了？"小米又气又恼。

"没有如果，所以承诺尽量还要体现在文字上。"

"我支持莉莉起诉，自己的合法权益就应该争取。"小米说着就给莉莉发去了她刚学习到的内容，她在用实际行动来支持她的这位朋友。

小贴士

• 《关于确立劳动关系有关事项的通知》（劳社部发〔2005〕12号）第一条规定，用人单位招用劳动者未订立书面劳动合同，但同时具备下列情形的，劳动关系成立：

1. 用人单位和劳动者符合法律、法规规定的主体资格；

2. 用人单位依法制定的各项劳动规章制度适用于劳动者，劳动者受用人单位的劳动管理，从事用人单位安排的有报酬的劳动；

3. 劳动者提供的劳动是用人单位业务的组成部分。

第二条规定，用人单位未与劳动者签订劳动合同，认定双方存在劳动关系时可参照下列凭证：

1. 工资支付凭证或记录（职工工资发放花名册）、缴纳各项社会保险费的记录；

2. 用人单位向劳动者发放的"工作证""服务证"等能够证明身份的证件；

3. 劳动者填写的用人单位招工招聘"登记表""报名表"等招用记录；

4. 考勤记录；

5. 其他劳动者的证言等。

其中，第一、第三、第四项的有关凭证由用人单位负举证责任。

• 《四川省高级人民法院民一庭关于审理劳动争议案件若干疑难问题的解

答》（川高法民一〔2016〕1号）第三十一条：劳动者请求用人单位支付未订立书面劳动合同2倍工资差额的，仲裁时效期间应依照《劳动争议调解仲裁法》第二十七条第1、2、3款的规定确定，从未订立书面劳动合同满1月的次日起计算1年。上述仲裁时效期间应按月计算，从劳动者主张权利之日起向前倒推一年，对超过1年的2倍工资差额不予支持。

用人单位未与劳动者订立书面劳动合同的，用人单位实际给付的2倍工资差额不超过11个月。用人单位未与劳动者签订无固定期限劳动合同的，用人单位实际给付劳动者的2倍工资差额不超过12个月。

用人单位与劳动者虽然补签劳动合同，但未补签到实际用工之日，对于补签固定期限劳动合同的，劳动者主张实际用工之日至补签前一日扣除一个月订立书面劳动合同宽限期的2倍工资差额，应予支持。对于补签无固定期限劳动合同的，劳动者主张自应当签订无固定期限劳动合同之日至补签无固定期限劳动合同的前一日的2倍工资差额，应予支持。

- 《中华人民共和国劳动争议调解仲裁法》第二十七条：劳动争议申请仲裁的时效期间为一年。仲裁时效期间从当事人知道或者应当知道其权利被侵害之日起计算。

前款规定的仲裁时效，因当事人一方向对方当事人主张权利，或者向有关部门请求权利救济，或者对方当事人同意履行义务而中断。从中断时起，仲裁时效期间重新计算。

因不可抗力或者有其他正当理由，当事人不能在本条第一款规定的仲裁时效期间申请仲裁的，仲裁时效中止。从中止时效的原因消除之日起，仲裁时效期间继续计算。

劳动关系存续期间因拖欠劳动报酬发生争议的，劳动者申请仲裁不受本条第一款规定的仲裁时效期间的限制；但是，劳动关系终止的，应当自劳动关系终止之日起一年内提出。

- 《最高人民法院关于适用〈中华人民共和国民事诉讼法〉的解释》第二百七十一条：人民法院审理小额诉讼案件，适用民事诉讼法第一百六十五条的规定，实行一审终审。

第二百七十二条：民事诉讼法第一百六十五条规定的各省、自治区、直辖市上年度就业人员年平均工资,是指已经公布的各省、自治区、直辖市上一年度就业人员年平均工资。在上一年度就业人员年平均工资公布前,以已经公布的最近年度就业人员年平均工资为准。

• 《劳动争议调解仲裁法》第四十七条规定,下列劳动争议,除本法另有规定的外,仲裁裁决为终局裁决,裁决书自作出之日起发生法律效力:

1. 追索劳动报酬、工伤医疗费、经济补偿或者赔偿金,不超过当地月最低工资标准12个月金额的争议;

2. 因执行国家的劳动标准在工作时间、休息休假、社会保险等方面发生的争议。

• 《最高人民法院关于审理劳动争议案件适用法律若干问题的解释(三)》第十三条:劳动者依据调解仲裁法第四十七条第(一)项规定,追索劳动报酬、工伤医疗费、经济补偿或者赔偿金,如果仲裁裁决涉及数项,每项确定的数额均不超过当地月最低工资标准12个月金额的,应当按照终局裁决处理。

• 《北京市高级人民法院、北京市劳动争议仲裁委员会关于劳动争议案件法律适用问题研讨会会议纪要(二)》第二十九条:用人单位与劳动者建立劳动关系后,未依法自用工之日一个月内订立书面劳动合同,在劳动关系存续一定时间后,用人单位与劳动者在签订劳动合同时将日期补签到实际用工之日,视为用人单位与劳动者达成合意,劳动者主张2倍工资可不予支持,但劳动者有证据证明补签劳动合同并非其真实意思表示的除外。

用人单位与劳动者虽然补签劳动合同,但未补签到实际用工之日的,对实际用工之日与补签之日间相差的时间,依法扣除一个月订立书面劳动合同的宽限期,劳动者主张未订立劳动合同2倍工资的可以支持。

年会上的小礼品

"小米,马上就是年会了,听说公司已经把礼品都订好了。"这两个姑娘又开始了日常八卦。

"你没见到票据吗?都有什么礼品?我猜也就是手机、净化器、电饭煲什么的。"

"没呢,见到的话我还真不知道要怎么处理呢!是不是全都做费用比较好？要不先问问灵樨姐？"

"问我什么？"灵樨刚巧从她俩旁边走过，听了个真切。

"就是年会上的小礼品，要怎么入账？"朵朵有种被抓赃的感觉。

"礼品？那要看给谁了。如果给的是客户，那就是招待费了。如果给的是员工，那就是福利费了。如果是起产品促销作用的，那就是广告费、宣传费了。不光是礼品，发红包也一样。不过，不管是给客户还是给员工，都别忘了扣税啊。"

"啊？这也得扣税？！"

"别那么大惊小怪，你要学会与纳税和平相处，并培养正确、合理的纳税意识。"财务与税务是分不开的，更何况我们的税收知识普及还没有达到路人皆知的程度，人们的纳税意识还有待提高，而小米和朵朵作为财务人员，更不能忽视税收概念，灵樨也在潜移默化地改变她俩的认知，"如果给客户，税率还不低呢，得按偶然所得缴纳 20% 的个人所得税；如果给员工，就要作为职工福利计入职工工资、薪金计算个人所得税。"

"我听说还有抽奖环节，百分百中奖，不过抽奖资格有限制。"朵朵又透露了细节。

"什么资格？"小米的八卦心又起了。

"就是累计消费达到一定额度的客户才可以。"

"这是不是也得缴税？"小米现在知道先问下税了。

"是，获奖所得也要按偶然所得计税。"灵樨回答道。

"有没有优惠？"小米还记得 8 折、5.6 折上折的顺口溜。

"没有，直接用金额乘以 20% 的税率。不过要是平时销售商品对累计消费达到一定额度的个人按消费积分反馈礼品倒是不征个税。"

"小米，你这是白得的，即使扣过税你也是获利的，更何况这个税金也很少会让中奖者个人拿出来。"朵朵说道。

"还是朵朵想得明白，这个税金一般都会由公司负担了，计入营业外支出，而计入营业外支出的这部分税金在企业所得税前是不能扣除的。所以从整个流程来看就是先购入，再发放。

"购入时，这样处理。

借：低值易耗品
　　贷：银行存款——工行××支行

"给客户时，这样处理。"

借：管理费用——业务招待费
　　贷：低值易耗品
借：营业外支出——代扣个税
　　贷：银行存款——工行××支行

"给员工时，这样处理。"

借：管理费用——职工福利费
　　贷：应付职工薪酬——应付福利费
借：应付职工薪酬——应付福利费
　　贷：低值易耗品

灵楔顺道把财务处理的方法也说了下。
"吼吼，请赐我好运吧，我要中奖！"

小贴士

- 《财政部 税务总局关于个人取得有关收入适用个人所得税应税所得项目的公告》（财政部 税务总局公告2019年第74号）第三条：企业在业务宣传、广告等活动中，随机向本单位以外的个人赠送礼品（包括网络红包，下同），以及企业在年会、座谈会、庆典及其他活动中向本单位以外的个人赠送礼品，个人取得的礼品收入，按照"偶然所得"项目计算缴纳个人所得税，但企业赠送的具有价格折扣或折让性质的消费券、代金券、抵用券、优惠券等礼品除外。

前款所称礼品收入的应纳税所得额按照《财政部 国家税务总局关于企业促销展业赠送礼品有关个人所得税问题的通知》（财税〔2011〕50号）第三条规定计算。

- 《财政部 国家税务总局关于企业促销展业赠送礼品有关个人所得税问题的通知》（财税〔2011〕50号）第三条：企业赠送的礼品是自产产品（服务）

的，按该产品（服务）的市场销售价格确定个人的应税所得；是外购商品（服务）的，按该商品（服务）的实际购置价格确定个人的应税所得。

第一条规定，企业在销售商品（产品）和提供服务过程中向个人赠送礼品，属于下列情形之一的，不征收个人所得税：

1. 企业通过价格折扣、折让方式向个人销售商品（产品）和提供服务；
2. 企业在向个人销售商品（产品）和提供服务的同时给予赠品，如通信企业对个人购买手机赠话费、入网费，或者购话费赠手机等；
3. 企业对累计消费达到一定额度的个人按消费积分反馈礼品。

第二条第三款：企业对累计消费达到一定额度的顾客，给予额外抽奖机会，个人的获奖所得，按照"偶然所得"项目，全额适用20%的税率缴纳个人所得税。

人力成本是多少？

"灵樨姐，我们每个月的人力成本是不是就是工资表上的发放数？"朵朵看到大家都在说公司的人力成本太高，可她看工资表里的数也不是很高呀，至少她是这样认为的。

"不是，工资表上的发放数只代表着公司需要给员工支付多少现金，并不代表公司的人力成本。人力成本不仅有需要发放的工资数，还有公司为员工承担的各项福利、工会经费、职工教育经费等，包括货币和非货币的情况。而且所谓的员工不仅包含在职的人员，还有临时兼职人员；不仅有签劳动合同的，还有未签订劳动合同的。"看来有不少人陷入了这个误区呢。

"这么繁杂，那算起来岂不是很麻烦？"

"它们都通过应付职工薪酬科目核算，这样就简单明了多了。就拿工资表来说吧，你看到的是一张普通的工资表，但在财务人员眼里它就是各种成本费用的堆积体，我们要把它拆解重装，把每个零件都放在不同的科目下，然后去核算、去汇总，使之能清晰明确地反映各个不同项目的内容。这个拆解的过程，就是将普通的工资表变成财务语言的过程。"

"全都在应付职工薪酬里吗？"朵朵有些好奇。

"职工薪酬反映的就是为职工提供的各种形式的报酬、补偿及福利。不管是短期薪酬还是长期职工福利，抑或是辞退福利和离职后福利，还有为职工配偶、子女、父母、遗属等支付的福利，都属于职工薪酬。所以应付职工薪酬可是个综合性很强且很重要的科目呢。"

"那我的工资凭证肯定不合适了。"

朵朵的工资凭证是这么写的。

借：应付职工薪酬
　　贷：银行存款

"嗯，这样写太过笼统，没有体现出科目分级的有效性，你至少应该在应付职工薪酬下面分设二级、三级甚至是四级、五级科目，这样不管是分门别类还是汇总统计，你都会比别人更快一步获得数字。比如二级设'工资、奖金、补贴和津贴'，三级就可以分别设'工资''奖金''补贴和津贴'；二级设'工会经费和职工教育经费'，三级就可以分别设'工会经费'和'职工教育经费'。"

"那都要设什么明细科目？"

"新的《企业会计准则》给出的有工资、奖金、津贴和补贴，职工福利费，非货币性福利，社会保险费，住房公积金，工会经费和职工教育经费，带薪缺勤，利润分享计划，设定提存计划，设定受益计划义务，辞退福利等明细科目，我们可以根据自己的实际情况进行增设或删减。

"就拿这张工资表来说，入成本的工资不单指工资表最后面的那个实发工资数，也不单指工资表前面的应发工资数，而是通过应发工资数加减得出的。但它却是个分水岭。因此，我一般会要求，在制作工资表时，除了五险一金和个人所得税等法定扣除项目及归还欠款，将其他的一律放在应发工资这列之前反映。

"一般工资表上除了要列明岗位工资和绩效工资，还需列明独生子女费、女工费、降温取暖费、补贴、病事假扣款、五险一金和个人所得税，以及公司要求的各种代扣款项，如员工个人的借支扣款等，这些都要在不同的会计科目中如实地反映出来，要在应付职工薪酬下面再设二级、三级、四级科目去细分，而不是被一股脑儿堆放在应付职工薪酬里。"灵樨一边指着工资表，一边一列列地说明。

"你看我们的工资表，分录应该这样写。

借：应付职工薪酬——职工工资、奖金、津贴和补贴——职工工资
　　应付职工薪酬——职工工资、奖金、津贴和补贴——奖金
　　应付职工薪酬——职工工资、奖金、津贴和补贴——津贴和补贴
　　应付职工薪酬——职工福利费——独生子女费
　　应付职工薪酬——职工福利费——女工费
　　应付职工薪酬——职工福利费——降温取暖费
　　应付职工薪酬——职工福利费——误餐费
贷：应交税费——应交个人所得税
　　其他应收款——个人四金——基本养老保险
　　其他应收款——个人四金——基本医疗保险
　　其他应收款——个人四金——失业保险
　　其他应收款——个人四金——住房公积金
　　其他应收款——备用金——业务部——张一
　　其他应收款——代垫费用——技术部——李四
　　银行存款——工行××支行

"在这里要说明一下，财务人员如果从工资表中扣除员工的费用，一定要有所依据，要么是明确写入公司章程的，要么是有扣款通知、情况说明或者授权扣款书等文件作为支持的，否则没事就好，如果遇上有个别员工事后不认账，说是未经他本人允许私自扣款，那你的委屈可就大了。当然不是教你有小人之心，而是教你财务人员做事一定要有凭据，涉及钱财的问题都很敏感。"灵樨特别补充道。

"怎么感觉财务室是最能看到人性的地方。"朵朵有些不可思议。

"灵樨姐，大多数公司都是本月发上月的工资吧，那工资成本就不是本月的吧？"朵朵记得之前灵樨有说过成本费用要配比。

"大部分公司都是如此，所以工资一般是先计提再发放，计提凭证这样做。"灵樨说完拿凭证给她俩看，"也有一些企业如国企、央企和大型企业会在本月发放本月的工资。

借：销售费用——职工工资、奖金、津贴和补贴
　　　管理费用——职工工资、奖金、津贴和补贴
　　贷：应付职工薪酬——职工工资、奖金、津贴和补贴

"还有分别按规定标准根据工资总额计提工会经费和职工教育经费的情况。

借：销售费用——工会经费和职工教育经费——工会经费
　　　销售费用——工会经费和职工教育经费——职工教育经费
　　　管理费用——工会经费和职工教育经费——工会经费
　　　管理费用——工会经费和职工教育经费——职工教育经费
　　贷：应付职工薪酬——工会经费和职工教育经费——工会经费
　　　　应付职工薪酬——工会经费和职工教育经费——职工教育经费

"等上缴或使用工会经费和职工教育经费时就这么做。"

借：应付职工薪酬——工会经费和职工教育经费——工会经费
　　贷：银行存款——工行××支行
　　贷：应付职工薪酬——工会经费和职工教育经费——职工教育经费
　　贷：银行存款——工行××支行

"工资表里只有员工个人负担的社会保险费，但社会保险费里不是还有单位负担的部分吗？在哪里反映呀？"朵朵在工资表中没有找到需要单位负担的部分。

"计提时是根据国家标准一起计提。

借：销售费用——社会保险费——基本养老保险
　　　销售费用——社会保险费——基本医疗保险——医疗保险
　　　销售费用——社会保险费——基本医疗保险——生育保险
　　　销售费用——社会保险费——失业保险
　　　销售费用——社会保险费——工伤保险
　　　销售费用——住房公积金
　　　管理费用——社会保险费——基本养老保险

管理费用——社会保险费——基本医疗保险——医疗保险

　　管理费用——社会保险费——基本医疗保险——生育保险

　　管理费用——社会保险费——失业保险

　　管理费用——社会保险费——工伤保险

　　管理费用——住房公积金

　贷：应付职工薪酬——社会保险费——基本养老保险

　　　应付职工薪酬——社会保险费——基本医疗保险——医疗保险

　　　应付职工薪酬——社会保险费——基本医疗保险——生育保险

　　　应付职工薪酬——社会保险费——失业保险

　　　应付职工薪酬——社会保险费——工伤保险

　　　应付职工薪酬——住房公积金

"单位负担的部分不在工资表里显示，有专门的税票。社会保险费改由税务机关代征后，如果公司签订有银税企三方扣款协议，社会保险费在你申报时扣款，扣缴后选择打印税票。和缴纳税款的凭证一样，税票票头写着'中华人民共和国税收完税证明'，你找找看。这些完税证明就是公司缴纳的基本养老保险、基本医疗保险、失业保险等社会保险费的凭证了。'税种'栏会告诉你缴的是基本养老保险还是失业保险，'品目名称'会分别列明单位部分和个人部分，还有税款所属时期，你根据票面所列就可以做处理了。

　借：应付职工薪酬——社会保险费——基本养老保险

　　　其他应收款——个人四金——基本养老保险

　　贷：银行存款——工行××支行

　借：应付职工薪酬——社会保险费——基本医疗保险——医疗保险

　　　应付职工薪酬——社会保险费——基本医疗保险——生育保险

　　　其他应收款——个人四金——基本医疗保险

　　贷：银行存款——工行××支行

　借：应付职工薪酬——社会保险费——失业保险

　　　其他应收款——个人四金——失业保险

　　贷：银行存款——工行××支行

　借：应付职工薪酬——社会保险费——工伤保险

　　　　贷：银行存款——工行××支行
　　　借：应付职工薪酬——住房公积金
　　　　　其他应收款——个人四金——住房公积金
　　　　贷：银行存款——工行××支行

"你看，这样是不是可以很方便地获取到单位负担和个人负担的社会保险费了？如果计提数与实际数有差额的，多提的冲回，少提的补计。"灵樱说道。

"还有，如果休假的话，工资要怎么处理，就是带薪年休假？"小米看有员工提出今年不休，将休假累积到明年，于是问，"那这份工资要怎么反映呢？"

"带薪休假就是短期带薪缺勤，一般有累积带薪缺勤和非累积带薪缺勤。有些公司会规定带薪年休假不休作废，或者提倡员工放弃，但也有公司会要求员工休带薪假，毕竟有效的休息是为了更好地工作嘛。"

"对呀，林总就总是鼓励大家休带薪假，如果当年没休还让累积到次年休。"小米时刻不忘宣传他林哥哥的好。

"其实确认的原则就一个，有多少人没休，平均超正常年休天数多少天，人数×天数×每日工资就是相应的成本。

　　　借：管理费用或销售费用
　　　　贷：应付职工薪酬——累积带薪缺勤

"如果下年这些人依然没休这些带薪假，则冲回这笔费用；如果休了，则从下年确认的工资费用中扣除掉已确认的累积带薪费用。"

"如果是不累积的，也就是不能下一年接着休的，那就按正常的工资成本处理即可，就不用再额外处理了。"

"要是不发工资，给福利呢？你看有的公司还给房给车给手机的。"朵朵想起她听到的事情，羡慕得不得了。

"这不是职工福利费嘛。"小米听到朵朵说给福利，想都没想就说道。

"这可不能归到职工福利费里，这是非货币性福利。公司给员工提供住处，实际上是替员工支付了房租，那么相对应的房租就是为员工提供的非货币性福利。

借：管理费用/销售费用——租赁费
　　贷：应付职工薪酬——非货币性福利——房屋租赁
借：应付职工薪酬——非货币性福利——房屋租赁
　　贷：其他应付款

"或者是使用自有房屋提供住宿的，那对应的房屋折旧就是非货币性福利。

借：管理费用/销售费用——折旧
　　贷：应付职工薪酬——非货币性福利——宿舍
借：应付职工薪酬——非货币性福利——宿舍
　　贷：累计折旧——房屋

"同样，对提供代步车辆的情况也要做一样的处理。"灵樨从一张工资表中，对涉及的人力成本都做了介绍，相信小米和朵朵在以后遇上同样的情况也可以独自处理了。

"没想到工资凭证涉及这么多内容，看来我单纯地认为工资表就是公司的人力成本实在太幼稚了。"朵朵不禁感慨这表中的信息量竟如此之大。

"就是就是，我以前也以为，不就是发个工资嘛，哪有那么复杂，没想到里面的内容还真不少。"小米也收起了先前的大意，开始认真对待了。

"你们呀，才刚入门，正是把书读厚的过程，还不是追求简单的时候。越往后你们越会发现，财务是个很烦琐的工作，但过了这个阶段，你们就会有不同的认识了，最后要达到的，就是大道至简的阶段。"灵樨觉得，探索一门学问就是从简到繁再到简的过程，这才是掌握了真谛。

小贴士

- 《〈企业会计准则第9号——职工薪酬〉应用指南》第四条第一款：企业发生的职工工资、津贴和补贴等短期薪酬，应当根据职工提供服务情况和工资标准等计算应计入职工薪酬的工资总额，并按照受益对象计入当期损益或相关资产成本,借记"生产成本""制造费用""管理费用"等科目,贷记"应付职工薪酬"科目。发放时,借记"应付职工薪酬"科目,贷记"银行存款"等科目。

企业为职工缴纳的医疗保险费、工伤保险费、生育保险费等社会保险费和住房公积金,以及按规定提取的工会经费和职工教育经费,应当在职工为其提供服务的会计期间,根据规定的计提基础和计提比例计算确定相应的职工薪酬金额,并确认相关负债,按照受益对象计入当期损益或相关资产成本,借记"生产成本""制造费用""管理费用"等科目,贷记"应付职工薪酬"科目。

企业向职工提供非货币性福利的,应当按照公允价值计量。如企业以自产的产品作为非货币性福利提供给职工的,应当按照该产品的公允价值和相关税费确定职工薪酬金额,并计入当期损益或相关资产成本。相关收入的确认、销售成本的结转及相关税费的处理,与企业正常商品销售的会计处理相同。企业以外购的商品作为非货币性福利提供给职工的,应当按照该商品的公允价值和相关税费确定职工薪酬的金额,并计入当期损益或相关资产成本。

第 5 章
小心翼翼到月末

计提固定资产折旧

"灵樨姐，林总这个月提的新车还没有计提折旧呢！"朵朵一直惦记着上次买车说折旧的事，那个且听下回分解，像猫爪子一样时时挠着朵朵的心。

"这个月不用提折旧。"

"不提折旧？！为什么呀？"朵朵有点没整明白，"企业会计制度上不是说，企业应当对所有的固定资产计提折旧，但是已提足折旧仍继续使用的固定资产和单独计价入账的土地除外。我们买的是新车，既不是土地，也不是已经提足折旧的固定资产，怎么就不提折旧了呢？"

"不是不提，是这个月不提。企业会计制度还说了，当月增加的固定资产，当月不计提折旧，从下月起计提折旧；当月减少的固定资产，当月仍计提折旧，从下月起不计提折旧。"灵樨解释道，"简而言之就是，当月增加当月不提，当月减少当月照提。"

"'错月论'？听起来好像都是从下个月开始，不管是开始计提还是停止计提，都有点错月的感觉。你看，当月增加下月提，当月减少下月不提。"朵朵说道。

"可以这样理解。"

"可是为什么要提折旧呀？"小米不解为什么要计提折旧。

"你可以简单地把折旧理解成对使用过程中资产损耗的体现，这种损耗是由物理性的贬损和经济上的贬值所共同构成的。你也可以把折旧看成随着时间的推移而发生的维护成本。我们知道，经营活动是循环往复永不止息的，每天、每月、每年都在进行，要想知道各项业务活动和损耗对财务的影响，可不是一件简单的事情。随着时间的推移，要想对成本、费用和公允价值进行衡量，折旧是一个必不可少的环节。为公司带来营业收入的某项资产，可能会掩盖长期成本，最终甚至会吞噬利润。举个例子，我们购买了一台设备来生产产品，我们预计该设备可以使用10年，当我们按10年来计提折旧时，在这10年的期限内，折旧就进入了所生产产品的成本中，随着产品的销售，设备所产生的附加值也就实现了。当我们有意提高折旧，那么账面的收益就会远低于实际收益。

"另外，计提折旧还要记住两个特别的规定。第一，折旧提足后，无论能否继续使用，均不再计提折旧，对提前报废的也不再补提折旧。第二，对于已达到预定可使用状态但尚未办理竣工决算的固定资产，应当按照估计价值确定其成本，并计提折旧，待办理竣工决算后再按实际成本调整原来的暂估价值，但不需要调整原已计提的折旧额。"灵樨又说了两个要特别注意的点。

"什么情况才算提足折旧？"朵朵不明白这个新词组的意思。

"所谓提足折旧就是指已经提足该项固定资产的应计折旧额。也就是说，这时的累计折旧等于固定资产原值减去净残值的余额。"

"那净残值又要怎么确定？"好像一环扣一环。

"固定资产的预计净残值一般在5%以内，经批准可少留或不留。"

"灵樨姐，为什么说折旧可以操纵利润呢？"朵朵还记得之前灵樨说过一些企业会改变折旧方法。

"前面和你们说过折旧方法大概有这么几种：平均年限法、工作量法、双倍余额递减法、年数总和法。平均年限法方法简单，使用得也最为频繁。工作量法有特定的行业范围限制，比如物流企业的运输车辆就可以按总行驶里程来计算单位里程的折旧额。双倍余额递减法和年数总和法又被称为加速折旧的方法。计提折旧在会计上一般这样处理。

借：管理费用——折旧
　　贷：累计折旧

"计入费用的金额多了,利润就相应减少了,所以采用不同的折旧方法会带来不同的利润结果。

"近几年国家出台了一系列减税降费的优惠政策,特别是对固定资产的,也是大力地宣传推荐加速折旧。除了固定资产单位价值在5000元以下的可以一次性扣除,还扩大了加速折旧的适用范围,将原来试点的六个行业和四大领域扩大至所有行业,规定在2015年1月1日后新购进的、专门用于研发的仪器、设备,单位价值在100万元以下的都可以一次性税前扣除。超过100万元的,可以缩短折旧年限或加速折旧。特别要说明的是,在2018年1月1日至2020年12月31日,单位价值在500万元以内的设备、器具可以一次性税前扣除。后来,国家又将企业享受该项优惠的期限延长到2023年年底,而且企业可以自行判断是否申报享受,自己留存资料。这力度可以吧?"

"只能购进吗?自己建的固定资产不行吗?"小米总能发现不一样的点。

"可以,购进取得固定资产的含义包括外购、自行建造、融资租入、捐赠、投资、非货币性资产交换、债务重组等多种方式。这可不同于我们所理解的一般意义上的购进。另外这里的设备、器具指的也是除房屋、建筑物的固定资产。"灵槑解释道。

"一次性扣除,比加速折旧还方便。不过要是金额超500万元的,还是加速折旧吧。平均年限法还好理解,但是双倍余额递减法和年数总和法我就不太会了,其实我特想知道这两种方法对利润的影响是怎么样的。"原来朵朵的小心思在这里。

"双倍余额递减法的精髓就体现在双倍上,但是前面不需要考虑残值,留待最后两年再考虑(见表5-1)。比如说,我们这台车原价20万元,折旧期4年,残值率5%,那么年折旧率就是2÷4=50%——其中2是一个固定值,此所谓"双倍"——第一年的折旧为200000×50%=100000(元),第二年的折旧为(200000-100000)×50%=50000(元),最后两年的折旧需要扣除残值后再平均,所以年折旧率就变成了摊销率。第三年的折旧额为〔200000-100000-50000-(200000×5%)〕÷2=20000(元),第四年的折旧额为〔200000-100000-50000-(200000×5%)〕÷2=20000(元)。

表 5-1　双倍余额递减法下固定资产折旧计算表

单位：元

年数	原价	预计净残值	账面净值＝原价－累计折旧额	账面净值－预计净残值	年折旧率	年摊销率	年折旧额	累计折旧
1	200000		200000		50%		100000	100000
2	200000		100000		50%		50000	150000
3	200000	10000	50000	40000		50%	20000	170000
4	200000	10000	50000	40000		50%	20000	190000

"年数总和法则刚好相反，需要先考虑残值，然后再对年限进行乘积，你也可以称之为总和年限法（见表 5-2）。以下，我们还以刚刚提到的为例：

"年数之和 =1+2+3+4=10（年），或者年数之和 =4×（4+1）÷2=10（年）

"第一年的折旧率 =4÷10=40%，第一年的折旧 =200000×（1-5%）×40%=76000（元）

"第二年的折旧率 =3÷10=30%，第二年的折旧 =200000×（1-5%）×30%=57000（元）

"第三年的折旧率 =2÷10=20%，第三年的折旧 =200000×（1-5%）×20%=38000（元）

"第四年的折旧率 =1÷10=10%，第四年的折旧 =200000×（1-5%）×10%=19000（元）

表 5-2　年数总和法下固定资产折旧计算表

单位：元

年份	尚可使用年限	原价	预计净残值	原价－预计净残值	变动折旧率	年折旧额	累计折旧
1	4	200000	10000	190000	40%	76000	76000
2	3	200000	10000	190000	30%	57000	133000
3	2	200000	10000	190000	20%	38000	171000
4	1	200000	10000	190000	10%	19000	190000

"你看，"灵樨顺便拉出表格来方便对比，"即使是加速折旧，方法不同，每年的折旧额也不同，你可以比较一下。所以在折旧方法的选择上就要多方面考虑了，不是怎么简单怎么来，而是根据自己公司的情况及未来发展的方向进行选择，多和老板沟通，以确定对公司最有利的方法。"灵樨时不时会穿

插进一些工作技巧,以帮助她俩快速成长。

"哦,我明白了,这是坑呀。当老板说'财务上的事我不懂,你看着办,怎么简单怎么来'时,实际上可不是让你选择简单方法的。你看平均年限法最简单,每年的折旧额是相等的,也就是200000×(1-5%)÷4=47500(元),但是每年对利润的影响和加速折旧法相比可是天差地别的。"朵朵又发现了一种财务的魔法。

"可有的公司中途变更折旧方法,外人也不会知道啊,他们还能去算下不成?再说了,就是去算也没基数啊。"小米的想法总是很独特。

"确实不太会去算,但《企业会计准则》有规定,企业折旧方法的变更属于企业应当披露的重要会计估计。除了折旧方法,还有固定资产的预计使用寿命与净残值也是应当披露的重要会计估计。所以企业如果变更了折旧的方法,是会告诉大众的,当然故意隐瞒和非上市公司两种情况除外。"

"还有,那个折旧年限是固定的吗?"小米接着问道。

"税法上规定了折旧最低年限,但会计上可以自己确定年限,两者年限不相等时就会形成税会差异,这时在年度所得税汇算时做纳税调整就行了。"

1. 房屋、建筑物,为20年;
2. 飞机、火车、轮船、机器、机械和其他生产设备,为10年;
3. 与生产经营活动有关的器具、工具、家具等,为5年;
4. 飞机、火车、轮船以外的运输工具,为4年;
5. 电子设备,为3年。

"原来一个折旧还有这么多门道呀。"小米和朵朵听到这里才发现,原来选择不同的财务处理办法对公司的影响这么大呢。

小贴士

- 《企业所得税法实施条例》第五十九条:企业应当自固定资产投入使用月份的次月起计算折旧;停止使用的固定资产,应当自停止使用月份的次月起停止计算折旧。

企业应当根据固定资产的性质和使用情况，合理确定固定资产的预计净残值。固定资产的预计净残值一经确定，不得变更。

第六十条规定，除国务院财政、税务主管部门另有规定外，固定资产计算折旧的最低年限如下：

1. 房屋、建筑物，为20年；
2. 飞机、火车、轮船、机器、机械和其他生产设备，为10年；
3. 与生产经营活动有关的器具、工具、家具等，为5年；
4. 飞机、火车、轮船以外的运输工具，为4年；
5. 电子设备，为3年。

- 《关于〈国家税务总局关于设备 器具扣除有关企业所得税政策执行问题的公告〉的解读》第一条规定，固定资产加速折旧政策，主要包括：一是六大行业和四个领域重点行业企业新购进的固定资产允许加速折旧；二是上述行业小型微利企业新购进的研发和生产经营共用的仪器、设备，单位价值不超过100万元的，可一次性税前扣除；三是所有行业企业新购进的专门用于研发的仪器、设备，单位价值不超过100万元的，可一次性税前扣除，超过100万元，允许加速折旧；四是所有行业企业持有的单位价值不超过5000元的固定资产，可一次性税前扣除。

自2018年1月1日至2020年12月31日，将固定资产一次性税前扣除优惠政策范围由企业新购进的单位价值不超过100万元的研发仪器、设备扩大至企业新购进的单位价值500万元以下设备、器具。

- 《财政部 税务总局关于扩大固定资产加速折旧优惠政策适用范围的公告》（财政部 税务总局公告2019年第66号）第一条：自2019年1月1日起，适用《财政部 国家税务总局关于完善固定资产加速折旧企业所得税政策的通知》（财税〔2014〕75号）和《财政部 国家税务总局关于进一步完善固定资产加速折旧企业所得税政策的通知》（财税〔2015〕106号）规定固定资产加速折旧优惠的行业范围，扩大至全部制造业领域。

- 《关于延长部分税收优惠政策执行期限的公告》（财政部 税务总局公告2021年第6号）第一条：《财政部 税务总局关于设备 器具扣除有关企业所得税政策的通知》（财税〔2018〕54号）等16个文件规定的税收优惠政策凡已经到期的，执行期限延长至2023年12月31日。

记错账怎么办？

"朵朵，朵朵。"小米偷偷地叫着朵朵，"我发现之前有一笔账记错了，怎么办？灵樨姐知道又该骂我粗心大意了。"

"那你就假装问问题，之后再改改。"朵朵出了个不是主意的主意。

"那你和我一起去，这样更像是问问题。"小米一定要拉了朵朵一起。

"灵樨姐，假如我要记错一笔账该怎么办？"小米还是采用了朵朵的办法。

"账记错了？"

"不是不是，是假如。万一记错了，怎么办？"小米从没觉得自己说话这么笨过。

"哦，假如呀……那要看是什么时候，要看是审核过、记过账了还是没有记账，还要看有没有结账。"灵樨忍着笑，说着各种可能会出现的情况。

"要不，你把各种情况的解决方法都说说？"小米急得满头大汗。

"要是本月发生的，在结账之前，你可以直接修改，反过账反审核后，将错误凭证修改成正确的就行；要是隔月发现的，可用红字更正法或补充登记法。"说到这，灵樨故意停下不说了。

"怎么个红字更正法和补充登记法？"小米有些着急，那神情就像一个口渴得要命的人好不容易找到水井，却发现没有水桶打水一样。

"红字更正法是用红字做一张与原来做错的凭证一模一样的记账凭证，用来冲销原有的错误记录，再用蓝字填写一张正确的记账凭证，并在摘要上注明'更正某年某月某日某号凭证'。这样做主要是为了正确反映账簿中的发生额和科目的对应关系，它一般适用于以下情况：记账以后，发现科目和记账方向有错误；或是金额大于应计金额，而科目却没有错的情况。如果只是单单多计了金额，可用红字冲销掉多计的那部分金额。

"更正时摘要也要区别开来。红字冲销时要写'注销某月某日某号凭证'，补写正确的凭证时要写'订正某月某日某号凭证'。红字的作用就是冲销。

"补充登记法是在金额少计而科目及方向都没有错时常常使用的一种方法，可以用蓝字再做一份少计金额且借贷方向及科目与原凭证一样的凭证，并注明'补充某年某月某日的某号凭证少计金额'。"灵樨将常用的两种方法说了下。

"红字那么扎眼,是不是可以用蓝字做相反方向的凭证?"朵朵有点完美主义,她觉得在账簿中出现红字很突兀,就像特别提醒一样。

"有些科目是可以的,比如往来类科目;但有些科目最好还是用红字,比如成本、费用类科目。它们的借贷方反映的性质是不一样的,借方登记发生额,贷方登记结转额。特别是财务费用,收取利息一定要用借方红字来表示,以免结账时出错。不过财务上负数也代表红字,所以有些账套会设计为用负数表示,这样你看着也就没那么突兀了。"

"现在不都电子记账吗,不能倒退到当月去修改原凭证吗?"朵朵的完美主义犯起来,都没处女座什么事儿了。

"不提倡这样的做法!反结账到当月,你看起来只修改了一个凭证,但随之而来的可能是结转凭证的变动并最终导致报表的变动。企业每月出了财务数据之后,会相应向市场监督管理、税务等各个口径进行报送,你私自修改了一个凭证,会造成很多部门的数据对不上,特别是现在在大数据联动的情况下,各个部门间都有比对。所以这样的方法是不可取的,在相应的错误中该使用红字更正法就使用红字更正法,该补充登记就补充登记,不能由着自己的性子来。"灵樨严厉地批评了朵朵的做法,规则并不是摆设,是要去遵守的。

"对呀,那要是去年少计一笔折旧,再返回到去年进行修改也不合适呀。"朵朵仔细想想,发现还真不能这样鲁莽地修改。

"如果是这种错误,那就不适合采用这两种方法了。"灵樨补充道。

"啊,这些方法还搞不定?!"小米暗暗擦汗。

"这两种只是最常见、使用最频繁的方法,弥补账目上当年产生的错误也足够了。但如果是会计差错的话,就要进行调账了。像这种既跨年又涉及损益的,是要通过以前年度损益调整来修改的,如果你将去年少提的折旧补充在发现的当期,那影响的就是当期的利润了,而真正需要修改的去年的利润依然是错误的。"

"以前年度损益调整?"朵朵还从没有用过这个科目。

"对,通过它来调整去年的未分配利润,而不影响本年的利润。也就是用以前年度损益调整科目来替代费用科目。补提当年的折旧时,应当这么处理。

借：管理费用
　　贷：累计折旧

"补提去年的就是将管理费用换成以前年度损益调整。"

借：以前年度损益调整
　　贷：累计折旧
借：利润分配——未分配利润
　　贷：以前年度损益调整

"知道了？"

"不同情况区分对待，像医生要对症下药一样。"朵朵觉得确实应该按规则来，否则只会越错越多。

"嗯，我们知道了。"小米现在迫不及待地想回去改凭证。

"你呀，要么工作不认真，要么认真不工作。"灵樨笑着拍了下小米的头说。

"灵樨姐，我觉得吧，别人看我是荒谬，我看自己是绝伦。"

"再贫，罚你明天去盘点。"

小贴士

- 财政部《会计基础工作规范》第五十一条第五款：已经登记入账的记账凭证，在当年内发现填写错误时，可以用红字填写一张与原内容相同的记账凭证，在摘要栏注明"注销某月某日某号凭证"字样，同时再用蓝字重新填制一张正确的记账凭证，注明"订正某月某日某号凭证"字样。如果会计科目没有错误，只是金额错误，也可以将正确数字与错误数字之间的差额，另编一张调整的记账凭证，调增金额用蓝字，调减金额用红字。发现以前年度记账凭证有错误的，应当用蓝字填制一张更正的记账凭证。

红字更正法适用范围：

1.记账以后，发现账簿记录的错误是由记账凭证中的会计科目或记账方向有错误引起的，应用红字记账法进行更正。

2.记账以后，发现记账凭证和账簿记录金额大于应计的正确金额，而会计科目没有错误,应用红字更正法进行更正。

补充登记法:将少计的金额用蓝字或黑字填一张与原错误记账凭证所记的借贷方向一致的记账凭证,在摘要栏注明"补充某年某月某日某号凭证少计金额",并据以登记入账,以补记少计金额。

补充登记法适用范围:记账以后,如果发现记账凭证中应借、应贷的会计科目与记账方向都没有错误,记账凭证和账簿记录的金额相吻合,只是所计金额小于应计的正确金额,应采用补充登记法。

今日盘点,暂停营业

小米一大早就被拎到了仓库,进行月末盘点。

"灵樨姐,为什么要盘点,这是谁发明的呀?!"小米发泄着不满,"我们要怎么盘呀,一个一个点吗?"

"有人告诉我说,心情不好的时候可以去超市捏方便面,你就把这些音箱看成方便面,每个都捏一下。"灵樨打趣道。

"这得是多么昂贵的方便面呀。"

"我们来盘点,是为了掌握库存的实际情况。"

"可我还是觉得在办公室里吹空调比较舒服。"

"那你就别来打酱油了。"

"在这里盘点也不错呀,深入一线,你忘了财务要账实相符吗?"朵朵赶紧一面拉着灵樨请教,一面安抚小米。别看灵樨平时没脾气,生起气来还是很可怕的,"灵樨姐,我们每个月都要来盘点吗?都要怎么盘呀?"

"盘点有定期盘和不定期盘之分,也有全面盘和局部盘之分,还有内部盘和外部盘之分。我们现在来做的盘点是每个月月末的定期盘点,一般由管理人员和财务人员共同来进行。"

"也就是一个管实物的,一个管账的,两个人月底来互相对对看有没有出入。"朵朵这总结神了。

"还挺形象。定期盘点一般在月末、季末、年末进行,而不定期盘点就不会规定时间了。一般在更换库存管理人员时和日常抽查,以及受到损失时,会进行不定期盘点。如果单位领导更换了，或者公司合并、分立了，也会进行全面盘点。

"我们今天主要进行实物的库存盘点，一个是固定资产的盘点，一个是存货的盘点。我让你打印的清单打了吗？"灵樨问道。

"打了，拿着呢。"朵朵拿出她打印好的固定资产清单和存货清单。

"盘点一般分两种：一种是实地盘存法，也叫定期盘存法，是在期末盘点实物、确定存货数量，并据以计算期末存货和本期耗用或销售成本的一种方法；另一种是永续盘存法，又叫账面盘存法，它是设置存货明细账、平时逐笔或逐日登记存货的收发数，并随时结算其账面结存数的一种方法。"

"我们现在采用的是实地盘存法吧？可我记得朵朵有在记账呀？"小米小声嘀咕道。

"采用永续盘存法能反映存货现状，一本会计的库存商品明细账就能代替仓库保管员的账了，但这种方法的劳动强度大，每笔每项都要登账，费时费力，但其内控效果较好，非常有利于存货的管理（见表5-3）。如果采用实地盘存法，那用仓库账就OK，省时省力，但因为平时只登记增加数，不登记减少数，期末根据盘点情况倒推减少数，准确性存疑，内控很难做好，所以企业一般很少采用（见表5-4）。"

表5-3　盘存单

单位名称：　　　　　　　盘点时间：　　　　　编号：1/N

序号	名称	类别	型号	存放地点	计量单位	数量	单价	金额	保管人	备注
1										
2										
3										
4										
5										
6										

单位负责人：　　　　　盘点人：　　　　　复核人：　　　　　制表人：

表 5-4　实存账存对比表

单位名称：　　　　　　　　　　　　　年　月　日

序号	类别及名称	计量单位	单价	实存		账存		盘盈		盘亏		备注
				数量	金额	数量	金额	数量	金额	数量	金额	
1												
2												
3												
4												
5												

单位负责人：　　　　　　　会计：　　　　　　　制表人：

"可我们现在在仓库。"小米搞不懂为什么自己的公司采用永续盘存法，而自己现在却在仓库。

"不管采用哪种方法，都要定期或不定期对实物进行一次盘点：一方面要核对实物的数量，看其是否与相关记录相符，是否账实相符；另一方面也要关注实物的质量，看其是否有明显的损坏。一会儿你和行政再把固定资产盘点一下，检查下固定资产标签填写是否清楚，粘贴是否正确，看看物资实体和账面记录是否一致，把盘点结果记录在盘点表上，内容要有：固定资产名称、入账时间、类别、编号、存放地点、目前使用状况、使用人等，签上和跟你一起盘点的人的大名（见表5-5）。"灵樨不紧不慢地说道。

表 5-5　固定资产盘点表

盘点日期：　　　　　单位名称：　　　　　盘点基准日：

序号	固定资产名称	入账时间	类别	编号	存放地点	目前使用状况	使用人/保管人	盘盈	盘亏	备注
1										
2										
3										
4										
5										

单位负责人：　　　会计：　　　盘点人：　　　复核人：　　　制表人：

"啊，真的太麻烦了！"小米惊讶地张开嘴，嘴里仿佛能塞进一个鸡蛋。

"这样吧,我问你个问题,如果你能回答上来,我就派别人去盘点。"

"好的好的,别说一个,10个都行。"小米仿佛看到了前方一片阳光灿烂。

"有一个池塘,里面养着甲鱼,在不抽干水的情况下,你怎么盘点甲鱼?"

"能不能换一题?"

"你呀,就老老实实地跟着去盘点吧。"朵朵将手里的盘点表分给小米。

"别忘了做盘点前的准备工作(见表5-6)。"

表5-6 盘点准备工作确认表

序号	项目	是/否
1	存货是否已停止流动	
2	废品、毁损物品是否已分开堆放	
3	货到单未到是否已暂估入账	
4	发票未开,客户已提,是否已单独记录	
5	发票已开,客户未提,是否已单独记录/堆放	
6	是否按规格型号堆放	
7	有无寄存代管且已单独堆放	
8	有无对计量用具进行校对	

"盘点完之后还要做出比较,确定盘盈盘亏情况,制作出实存账存对比表,还要做出相应的盘点报告分析说明。如果需要调账,这个对比表就是必不可少的原始单据。"

"盘点这么复杂呀。"小米以为就是去点点数,没想到这么复杂。

"你以为盘点就是点数喝茶侃大山,签字画圈交报表这么简单?!"

小贴士

永续盘存制也称账面盘存制,是通过设置存货明细账,对日常发生的存货增加或减少在账簿中进行连续登记,并随时在账面上结算各项存货的结存数的方法。

实地盘存制又称定期盘存制,是通过对期末库存的实物进行盘点,确定期末存货和当期销货成本的方法。

> 企业应定期（视财产的性质不同而不同，通常至少每年一次）组织盘点固定资产实存情况。盘点工作应由负责保管、记账等不同职能的人员及其他人员共同承担。盘点应填写盘点清单，每次盘点的清单应归档保存。

对账日到了

"救命呀，总算盘点完了。"小米累得惨兮兮地走了进来。

"小米，你把盘点表交给朵朵，让朵朵和固定资产卡片对下，看有无差异。"灵樨看到小米回来就吩咐道。

"总算可以喘口气了，朵朵，该你了。"小米把盘点清单递给朵朵，就像在传递4×100米接力棒一样。

"喘气还得等一会儿，你得先盘点下你的现金，还有银行存款。"灵樨等小米坐下又说道。

"灵樨姐，你最近安排的工作好多呀。"小米不满地嘟着嘴。

"小米，你忘记今天是几号了吗？"朵朵忙提醒道。

"今天？我都快累晕了，管它几号？"

"今天是30号呀，是月底结账的时间。我都已经又过了一遍记账凭证了，查看记账凭证和所附的原始凭证有没有差错，有没有漏写和错记，你怎么没一点月末结账的样子？"朵朵望着小米觉得好笑。

"哦，哦，不要搞得那么紧张嘛，我这里现金和银行存款平时在灵樨姐英明的领导下都是日清月结的，所以本人毫无紧迫感。"开玩笑归开玩笑，小米还是乖乖地打开了她的保险柜。

"灵樨姐，固定资产盘点表和库存商品盘点表也都核对过了，没有差错。"朵朵忙岔开小米的话头。

"好的，你盘点一下现金，还有银行存款余额，把这张表填下。"灵樨把手中的库存现金盘点表（见表5-7）和银行存款余额调节表（见表5-8）交给朵朵。

表 5-7　库存现金盘点表

单位名称：林氏商贸有限公司　　　盘点日期：　　年　月　日

	清点现金情况		
	票面额	张数	金额
一	壹佰元（100元）		
	伍拾元（50元）		
	贰拾元（20元）		
	拾元（10元）		
	伍元（5元）		
	贰元（2元）		
	壹元（1元）		
	伍角（0.5元）		
	贰角（0.2元）		
	壹角（0.1元）		
	伍分（0.05元）		
	贰分（0.02元）		
	壹分（0.01元）		
	盘点日库存现金实有金额合计：		
二	盘点日库存现金账面金额		
	盘点日库存现金账面金额：		
	＋至盘点日未入账现金收入：		
	－至盘点日未入账现金支出：		
	＝盘点日库存现金账面金额：		
三	账面与实有金额差异：		
四	差异原因说明：		
五	处理意见：		

盘点参加人员签字：

单位负责人：	出纳人员：
财务负责人：	监盘人员：

表5-8　银行存款余额调节表

单位名称：林氏商贸有限公司　　　　　　年　月　日　　　　　　单位：元

项目	金额	项目	金额
企业银行存款日记账余额：		银行对账单余额：	
加：银行已收、企业未收款		加：企业已收、银行未收款	
减：银行已付、企业未付款		减：企业已付、银行未付款	
调节后的存款余额：		调节后的存款余额：	

财务负责人：　　　　复核：　　　　出纳：　　　　填表人：

"这张表怎么填呀？库存现金盘点表还好点，这个银行存款余额调节表就完全看不懂了。"

"你先拿出银行存款日记账和银行存款对账单，把企业银行存款日记账余额和银行对账单余额抄到对应的地方。"灵樆说道。

"如果当月的银行存款日记账余额和银行对账单余额完全相等，那么调节后的存款余额和调整前的存款余额就是相等的。如果银行存款日记账余额和银行对账单余额不同，则需要调整到相等。如果银行已收到凭证并已做收款入账而企业尚未收到凭证未登记入账，就填写在'银收企未收'那栏；如果企业已收到凭证并做收款入账而银行尚未收到凭证还未登记入账，就填写在'企收银未收'这栏。有关付款凭证也一样；如果银行已做付款处理而企业未做，就填写在'银付企未付'这栏；如果企业已做付款处理而银行未做，就填写在'企付银未付'这栏。这样加减之后，调整后的存款余额就是相等的。"

"这是不是由票据传递的滞后性导致的?"朵朵思索着。

"是的。说明一下,即使调节平了,也不要去调整银行存款日记账。因为银行存款余额调节表只是对账用的,并不能作为调节银行账面的依据。当然,由未达账项导致的银行存款日记账与银行对账单不相符是不需要专门进行调账的。"灵棋特别强调了一下,以免她俩跑去调账。

"不用调账呀,吓得我一哆嗦。"小米听到账项不符就紧张。

"还有银行票据也要盘点下,这是票据盘点表(见表5-9)和承兑汇票盘点表(见表5-10)。"灵棋一项一项地安排工作,没办法,对账日前后总是最忙的。

表5-9 票据盘点表

单位名称:林氏商贸有限公司　　　　盘点日期:　年　月　日

序号	票据种类	起止号码	领购日期	使用情况				备注
				填用/份	作废/份	空白/份	遗失/份	
1								
2								
3								
4								
5								
6								
7								
8								
9								
10								

财务负责人:　　　　监盘:　　　　出纳:　　　　填表人:

表 5-10　承兑汇票盘点表

单位名称：林氏商贸有限公司　　　　盘点日期：　　年　月　日

序号	票据号	票面金额	出票人名称	出票日期	票据到期日	前手背书人	是否关联方	收取日期	经办人	承兑银行	是否贴现	备注		
												已托收款未入账	已收取未入账	其他
1														
2														
3														
4														
5														
6														
7														
8														
9														
10														

财务负责人：　　　　　监盘：　　　　　出纳：　　　　　填表人：

"啊！"朵朵也不禁发现这月末真不是舒心的日子。

"别急，还有个往来款项也要核对清查。要根据每个欠款单位寄送的往来款询证函进行核对。不过这个倒是不用月月寄送核对，但半年的时候和年底的时候一定要寄送。如果平时勤于核对，这些一般的核对盘点都不费什么力气的，也只是看着多而已。"灵樱不免要安慰一下她俩了。

"看来功夫在平时，真不能扎堆搞攻坚战。"朵朵深吸一口气，准备撸起袖子加油干了。

"完了之后你和小米再核对一遍各个账簿上的数字，看看总分类账各账户本期借方发生额合计与贷方余额合计是否相符，总分类账各账户借方余额合计与贷方发生额合计是否相符，核对各种明细账及库存现金、银行存款日记账的本期发生额及期末余额同总分类账中有关账户的余额是否相等。"

"电子记账，一般不会有错。"小米深信高科技。

"还是对一下比较好。"朵朵确实比小米严谨很多。

"有简单的方法吗？一键搞定的那种。"小米一听对账就头晕。

"可以编一份总分类账户发生额及余额表,再编一份明细账户发生额及余额表,这样对起来方便点。"小米什么时候才能稳重点,灵樨想着。

"灵樨姐,我们现在做的是不是就是传说中的对账呀?"朵朵是个爱思考的孩子。

"对,就是我们平时所说的月末对账,账证、账账、账实核对。这一步至关重要,接下来的工作顺利与否全在它了。"

"有那么重要吗?我们要是跳过这一步会怎样?"小米的原则是,能省就省,能跳过就跳过。

"顶多报表数据出现错误时让你一个人再重复一遍这些工作而已。"灵樨说得轻描淡写。

"为了以后的安宁,我还是现在认真辛苦点吧。"小米说罢乖乖地对账去了。

> **小贴士**
>
> 账证核对是指账簿记录与记账凭证及其所附的原始凭证的核对。
> 账账核对是指各种账簿之间的相关数字的核对。
> 账实核对是指将账面结存数同财产物资、款项等的实际结存数进行核对。这种核对是通过财产清查进行的。
> 银行存款余额调节表只供对账使用,并不能作为调节银行账面的依据。

月末得这么结账

"请你拿了我的给我送回来,吃了我的给我吐出来,闪闪红星里面的记载,变成此时对白……"小米边走边唱,那心情好得无以言表。

"什么事这样开心?说出来让大家都乐乐。"朵朵问。

"没事没事,穷开心,哈哈……朵朵你忙什么呢?"小米探头看着朵朵。

"做凭证呀。"朵朵头也不抬地说道。

"不是都对过账了吗,还有凭证没做?"

"是结转凭证,对过账后方便结转,要是等结转后才发现错误,还得返回去修改之后再重新结转。这样走一步对一步，能减少推倒重做的风险呀！灵樨姐刚刚教我的。"朵朵边说边填写着凭证。

"哦，那我能帮你吗？你给我说说都要结转什么吧。"朵朵刚偷完师，小米就决定再偷回来。

"你别打扰朵朵了，我来告诉你。"灵樨一看就知道小米脑子里又在转什么弯。

"月末结账一般的顺序是摊销、计提、结转。比如每月的房租摊销；根据应缴税金计提税金及附加，结转收入、成本、费用、税金；最后确定要缴的所得税，结转所得税。这些流程都可以在账套里设置成模式凭证，以后往里套数就行。例如，计提税金及附加的凭证应该这么做。"灵樨在纸上列举道。

借：税金及附加
　　贷：应交税费——应交城市维护建设税
　　　　应交税费——应交教育费附加
　　　　应交税费——应交地方教育附加

"它们的计算方法是，用本期应缴的增值税和消费税之和乘以适用税率。城市维护建设税根据公司所在地的不同位置，适用不同的比例税率：公司所在地在市区的，税率7%；在县城、建制镇的，税率5%；非市区、县城、镇的，税率1%；要是在海上，比如开采石油的油气田，税率为1%。教育费附加的税率是3%。地方教育附加，税率是2%。有一点必须强调一下，要是由受托方代扣代缴、代收代缴增值税、消费税的，在代扣代缴、代收代缴的同时要代征附加税，此时的税率适用受托方的所在地税率，而不是委托方的所在地税率。城市维护建设税跟着增值税和消费税走，主税减免的话，城市维护建设税也不征。在教育费附加和地方教育费附加方面，对月销售额或营业额不超过10万元的缴纳义务人，免征教育费附加和地方教育附加。同时，教育费附加和地方教育附加也随主税走，主税不征时，教育费附加和地方教育附加也不征。另外，增值税小规模纳税人和小型微利企业的教育费附加和地方教育附加在2022年1月1日至2024年12月31日期间减半征收，并且可以和其他优惠叠加享受。"灵樨说道。

"这些税种好像附属品，没有一点地位呀。"小米觉得这城市维护建设税和教育费附加好没有尊严。

"人家名称就叫附加税，本身就是一个附加的存在呀。"朵朵突然回过头来说道。

"另外，还有印花税，按照新的《企业会计准则》的要求，印花税不用计提，直接在发生时计入应交税费核算。但在实际工作中，为了准确核算本月的实际费用，也为了在下月申报时避免遗忘而造成没有申报的后果，还是会先将其计提的，下个月缴纳时再转入应交税费。但是计提的科目由原来的管理费用变成了税金及附加。不仅是印花税，而且还有房产税、城镇土地使用税、车船税——也就是我们俗称的四小税——一起同步变更为税金及附加。

"月末计提时这样做

借：税金及附加——印花税
　　贷：应交税费——应交印花税

"到下个月缴税申报扣款后再这样做。

借：应交税费——应交印花税
　　贷：银行存款——工行××支行

"还有，对水电费、房租等需要平均摊入各月的项目可别忘了分期摊入，从待摊费用转入相应的成本费用科目。

"然后就是结转本年利润了，具体有表结法和账结法之分。我们一般常用的是账结法，这种方法需要在每月月末编制结转凭证，将本期损益类科目余额结转入本年利润，本月余额就是本月实现的利润或亏损情况，同理本年余额就是本年实现的利润或亏损情况。具体就是将收入类转入本年利润的贷方，将成本、费用类转入本年利润的借方。

借：主营业务收入
　　其他业务收入
　　营业外收入
　　其他收益

　　　　投资收益
　　　　贷：本年利润
　　借：本年利润
　　　　贷：主营业务成本
　　　　　　其他业务成本
　　　　　　税金及附加
　　　　　　销售费用
　　　　　　管理费用
　　　　　　财务费用
　　　　　　资产减值损失
　　　　　　营业外支出
　　　　　　投资收益

"结转完之后，看下是借方余额还是贷方余额：如果是借方余额，则为亏损，这时你不必计提企业所得税；但如果是贷方余额，则是赢利，你则需要计提企业所得税。

"计提企业所得税时，可以参考下面的写法。

　　借：所得税费用
　　　　贷：应交税费——应交所得税

"同样将所得税费用结转到本年利润中，记录方法如下。

　　借：本年利润
　　　　贷：所得税费用

"至此，才算把凭证做完。"灵樨一口气把月末关于结转的事项说完。

"为什么有两个投资收益？"小米看到不管是结转收入类还结转成本、费用类都有一个投资收益。

"投资收益的净收益转入本年利润的贷方，净损失转入本年利润的借方。为了防止你忘记，就都给你写上了。"马大哈的记忆力还是不敢指望的。

"我想起了一个武林神功。"小米神秘地说。

"什么？"

"吸星大法！感觉本年利润就有这个功能，把这个月所有的业务都吸到了自己身上，好的坏的，多的少的，然后自己一消化，就知道是赚了还是赔了。"你别说，马大哈式的小米倒还是很擅长自己总结的，而且总结得还总是很贴切。

"要不你发扬一下革命情谊，替朵朵做一做结转成本、费用、税金的凭证吧。"

"不好吧，我就不打扰朵朵了吧，容易打乱她的思路，导致出错。朵朵，你一定要加倍认真，千万不要出错。"小米边说边给朵朵倒了杯水，用实际行动展示着她的关怀。

朵朵和灵樨面面相觑，然后不约而同地笑了起来。

小贴士

本年利润的结转方法有表结法和账结法两种。表结法下，各损益类科目每月月末只需结出本月发生额和月末累计余额，无须将其结转到本年利润科目，只有在年末时才将全年累计余额结转至本年利润科目。账结法下，每月月末都需编制结转凭证，将账上的各损益类科目的余额结转至本年利润科目。

虽然采用账结法时工作量比采用表结法时大，但账结法却是最为常用的一种结转方法。

- 《财政部关于印发〈增值税会计处理规定〉的通知》（财会〔2016〕22号）第二条第二款：全面试行营业税改征增值税后，"营业税金及附加"科目名称调整为"税金及附加"科目，该科目核算企业经营活动发生的消费税、城市维护建设税、资源税、教育费附加及房产税、城镇土地使用税、车船税、印花税等相关税费；利润表中的"营业税金及附加"科目调整为"税金及附加"科目。

- 《财政部 国家税务总局关于扩大有关政府性基金免征范围的通知》（财税〔2016〕12号）第一条：将免征教育费附加、地方教育附加、水利建设基金的范围，由现行按月纳税的月销售额或营业额不超过3万元（按季度纳税的季度销售额或营业额不超过9万元）的缴纳义务人，扩大到按月纳税的月销售额或营业额不超过10万元（按季度纳税的季度销售额或营业额不超过30万元）

的缴纳义务人。

• 《关于进一步实施小微企业"六税两费"减免政策的公告》（财政部 税务总局公告 2022 年第 10 号）第一条：由省、自治区、直辖市人民政府根据本地区实际情况，以及宏观调控需要确定，对增值税小规模纳税人、小型微利企业和个体工商户可以在 50% 的税额幅度内减征资源税、城市维护建设税、房产税、城镇土地使用税、印花税（不含证券交易印花税）、耕地占用税和教育费附加、地方教育附加。

第二条：增值税小规模纳税人、小型微利企业和个体工商户已依法享受资源税、城市维护建设税、房产税、城镇土地使用税、印花税、耕地占用税、教育费附加、地方教育附加其他优惠政策的，可叠加享受本公告第一条规定的优惠政策。

第四条：本公告执行期限为 2022 年 1 月 1 日至 2024 年 12 月 31 日。

珍惜平衡的美

"灵樨姐，损益类科目都结转完了，新做的凭证也都登过账了，你要不要检查下？"朵朵在小米幸灾乐祸的"关怀"中做完了最后的凭证并记了账。

"不用了，开始编试算平衡表吧。小米，朵朵作为你生死相依的小伙伴，你们是不是要有福同享，有难同当呀？"灵樨转过来问向小米。

"必须呀，一定有福同享，有难同当。说吧，什么事？"小米还是一贯仗义。

"你也编一份试算平衡表吧。"

"小事一桩。我手拿菜刀砍电线，一路火花带闪电，保证及时准确地完成任务。"小米挥一挥衣袖，开始编表。

"试算平衡表是最能体现'有借必有贷，借贷必相等'这句会计名言的。表上的期初余额、本期发生额、期末余额这三项的借方合计和贷方合计一定是相等的。也就是说：全部账户的借方期初余额合计等于全部账户的贷方期初余额合计，全部账户的借方发生额合计等于全部账户的贷方发生额合计，全部账户的借方期末余额合计等于全部账户的贷方期末余额合计。"灵樨说道。

"反正就是平衡呗。"

"这是试算平衡表的基本平衡关系。"

"灵樨姐,我们账套可以自动生成试算平衡表,你为什么让我们手工编呀?"小米搞不懂。

"计算机可以帮你完成很多事,但首先,作为会计,你要先掌握自己领域的基础知识,练好自己的基本功,试算平衡表就是这样的存在。"

"灵樨姐,我编完了,但是好像不平。"朵朵把编好的表递给了灵樨,有点沮丧。

那边小米还在摩拳擦掌,朵朵已经编好表递给了灵樨。

"朵朵,你太快了,不过我怎么也编不平呢?"看来小米的"火花闪电"劈焦了"电线"。

"之前让你对账时,你是不是都对了?"灵樨问道。

"嗯,我对得很认真。"

"合计数加错了没?"

"没有,我加了三遍,每次加的数都一样。"

"看看损益类科目有没有余额。计算一下差额是多少,看是不是漏填了一个数。没有的话,就用差额除以2,看有没有这个数,可能是把借贷方向记反了。如果还是没有,就拿这个差额除以9,如果是整数的话,就说明有个数的小数点弄错了。再找不出来,就一张一张翻凭证,看是不是把数全部抄上且抄正确了,或者是看凭证有没有做错。"

"唉,不平可真麻烦,要是出现错误会预警就好了。"小米一边算一边遥想着。

"其实平了也不能肯定完全没有错误。因为有些错误并不影响借贷双方的平衡关系。比如在有些账户中重记或漏记了一项经济业务,将经济业务的借贷方向记反了,抑或是记账错误恰恰使数额相互抵消,这样一来,我们就不一定能通过试算平衡表发现错误。"灵樨安慰着有些烦躁的小米。

"找到了,抄颠倒了一个数,看来以后真得认真点了。"朵朵和小米都深有体会地说,"找错的过程太痛苦了。"

小贴士

试算平衡是通过对当月的分类账各账户借贷方发生额及余额的合计，检查借贷方是否平衡和账户记录有无错误的一种方式。

检查平衡的方式一般有：

1. 是否加计正确；

2. 是否全部抄写完毕；

3. 损益类科目是否有余额；

4. 计算下差额是多少，看是不是漏填了一个数；

5. 用差额除以2，看是否记错了方向；

6. 用差额除以9，看是否写错了小数点位置。

即使是平衡也不能表示完全没有错误，因为有些错误并不影响借贷双方的平衡关系。

比如在有些账户中重记或漏记了一项经济业务，将经济业务的借贷方向记反了，记账错误恰恰使数额相互抵消……在这样的情况下，我们就不一定能通过试算平衡表来发现错误。

试算平衡的平衡关系：

1. 全部账户的借方期初余额合计等于全部账户的贷方期初余额合计；

2. 全部账户的借方发生额合计等于全部账户的贷方发生额合计；

3. 全部账户的借方期末余额合计等于全部账户的贷方期末余额合计。

第6章
一切为了报表

要做报表，先做什么？

"灵樨姐，你明显偏心！"小米嘟着个嘴像是受了多大的委屈似的。

"此话怎讲？"灵樨有点丈二和尚摸不着头脑。

"你教了朵朵好多法宝和秘籍。"

"嘿，还武林秘籍呢！"灵樨心里想着，嘴上却说道，"那现在也教你一个。"

"教什么？"小米急忙问道。

"如果有一张100元的面钞让你换零，你怎么换？"

"有什么找什么呗。"

"看，进入普通人的思维了吧，要用会计思维去考虑。要给人家1张50元，1张20元，3张10元。50元和10元的流通量大，容易换到。但你若给2张50元，等于没换；而给的10元太多，又会显得太零。50元、20元、10元的搭配，才更易使人接受。

"又比如有时发放现金，准备零钞的方法是：将十位数相加之和的85%准备成10元零钞，外加20%的20元和50元的；把个位数相加之和的85%准备成1元的零钞，外加20%的2元和5元的。同理准备角钱，如果有需要的话。"

"怎么多5%？"

"多出的5%起到机动的作用,留有余地,才能临变而不乱。"灵樶说道,"不但找零或准备零钞可以这样做,这个思维方法可以被运用到生活中的很多场景。"

"如果说找零是小米的气,那么报表就是朵朵的势。"

"那我的势要怎么造?"朵朵也听上瘾了,真的像是在华山论剑一样。

"还记得这两天你的工作吗?"灵樶问道。

"记得,对账、结账、登账、编试算平衡表。"朵朵把这两天的工作说了下,"这么说我的势在于账本和试算平衡表?"

"对,工欲善其事,必先利其器。从核实资产、清理债务、复核成本、内部调账到试算平衡及结账,都是你的'器',这一切都是为编制报表做准备的。总账和明细账,是你报表数据的主要来源。试算平衡表就是你财务报表的工作底稿。另外,你可以准备一份科目汇总表,它和总账是对应的,如果你嫌翻总账太麻烦,使用科目汇总表会方便很多——但仅限于有当期发生额的科目,如果当期没有发生额,还得使用总账。"

"哦,明白了,原来都是一环套一环的。把账做平,才是根本。"朵朵边说边调出账簿。接下来,就到将这些数据绘制到报表上的时候了。

小贴士

找零的最佳方案是将面额合理地搭配。

试算平衡表可以被看作财务人员编制财务报表时的工作底稿。

搞定资产负债表

"还记得前面说的达·芬奇画作体现的'平衡之美'吗?报表就始终体现着平衡的原则。资产负债表是财务报表的老大,它的地位是No.1,你可以在这张表上看到资产,也可以看到利润,还可以看到现金等价物的净增长额。"灵樶在看到朵朵已做好了准备工作后说道。

"这么强大!快说说,快说说。"小米也来了兴趣,不停地催灵樶快点说。

"你看资产负债表(见表6-1)。"灵樶拿出了一张表,指着说,"资产负债表有报告式和账户式两种，国际上通用的是报告式。报告式是上下结构的，上面是资产，下面是负债和所有者权益。我国通常使用的是账户式，也叫水平式，像一个天平一样左右相等。左边是资产，右边是负债和所有者权益。不管用什么格式，'资产＝负债＋所有者权益'的等式是不变的，这一点在账户式格式上体现得更为明显。所以通常人家问你资产有多少时，你就找到资产负债表，看最下面的资产总额就行了。但是，在这之前，你必须知道资产负债表是时点表，它记录的是截至某一天的数据。"

"还真是呀。"小米指着表上的 ××年×月×日 说。

"小米你别打岔。"朵朵叫道。

"资产负债表就好比你的一个包，包里分左右两半，左边一个口袋，右边上下各一个口袋，你把全部身家都放在右边下面的那个口袋里，然后拿钱出去各种买买买，因为是你买的，物品所有权当然归你，你就把这些物品都放在左边口袋。有一天你忽然觉得，不行，老本就这么多，花完了怎么办？我最好是借钱去买买买。于是你去借钱，为了和自己的钱有一个区分，你把借来的钱放在右边口袋的上面，这就是负债。你把自己的钱和借来的钱都换成了物品，两边还是等值的。

"左边的资产分为流动资产和非流动资产，它是按资产的流动性划分的，一般以1年为限。右边分为负债和所有者权益，负债也是按流动性划分的，上边是流动负债，下面是非流动负债，最后是所有者权益。资产就是我有多少钱，负债就是我欠了多少钱，所有者权益就是我投了多少钱。其实这个表就是以资产的流动性的强弱自上而下排列的。最上面的流动性也最强的货币资金指的就是现金＋银行存款＋其他货币资金。

"资产负债表可以被看成科目的汇总，它的大多数据都是根据总账科目的余额填列的，将总账上相应账户的数字抄誊过来即可，如短期借款、实收资本、资本公积等。剩下的就要加减填列，如那些计提了坏账和减值准备的科目，就需要填扣除坏账和减值准备后的数据。总之要坚持一个原则，能用一级科目说明问题的就不用明细。

"2019年财政部发布了新的财务报表格式，对个别账户名称做出了调整。比如将刚刚合并到一起的'应收票据和应收账款'又分成了原来的'应收票据'和'应收账款'。对这些内容，有个了解就行了。"灵樨专门说了一下最近频繁变更的财务报表格式,因为《企业会计准则》有调整,财务报表格式也要相应地做出调整。

"还有个别根据行业来增设的科目,比如高危行业的企业,如煤炭、交通运输等行业的企业会根据国家规定提取安全生产费,所以在所有者权益项下增设了专项储备科目,用来反映企业提取的安全生产费。还有,如果企业有衍生金融工具且具有重要性的,可以增设衍生金融资产科目。你们俩可以在这张资产负债表中找找看。

"除了单独使用总账可以直接填列的,其他的就需要借助明细账来分析填列或者是和总账科目结合起来分析填列了,有的还需要几个科目一起分析填列。比如说存货,就需要用材料采购、原材料、发出商品、库存商品、周转材料、委托加工物资、生产成本、受托代销商品等科目的期末余额及合同履约成本科目的明细科目中初始确认时摊销期限不超过一年或一个正常营业周期的期末余额合计,减去受托代销商品款、存货跌价准备科目期末余额及合同履约成本减值准备科目中相应的期末余额后的金额填列。如果有企业的材料采用计划成本核算,库存商品采用计划成本核算或售价核算的,还应按加上或减去材料成本差异、商品进销差价后的金额填列。"

"我说怎么没找到材料采购和委托加工呢,原来合并到存货里了。"小米说道。

"听你这么一说,我好像明白了,资产负债表就是填一级科目余额数,如果想要知道得更详细,就需要用各个科目的明细表了。资产负债表主要反映的就是公司的资产状况,我买了多少东西,还有多少钱没收回,欠多少钱,投入的钱还剩多少。可是你为什么说还可以看到利润和现金净增减呢?"朵朵一点即透。

"表中的未分配利润期末和期初的差额就是本年利润。货币资金的期末与期初的差额就是现金净增减额。"灵樨解释道。

"这么看来,一张资产负债表就很能说明问题了,其他表还有意义吗?"小米又想偷懒。

"其他表是你更详细地了解财务状况的途径。毕竟想了解最真实的资产负债情况,还得从细处着手。"灵樨决定纠正一下小米的思维,会计是急不来的,也偷不得懒的。

表 6-1　资产负债表

编制单位：林氏商贸有限公司　　　　　　2023 年 5 月 31 日　　　　　　单位：元

资产	期末余额	上年年末余额	负债和所有者权益	期末余额	上年年末余额
流动资产：			流动负债：		
货币资金			短期借款		
交易性金融资产			交易性金融负债		
衍生金融资产			衍生金融负债		
应收票据			应付票据		
应收账款			应付账款		
应收款项融资			预收款项		
预付款项			合同负债		
其他应收款			应付职工薪酬		
存货			应交税费		
合同资产			其他应付款		
持有待售资产			持有待售负债		
一年内到期的非流动资产			一年内到期的非流动负债		
其他流动资产			其他流动负债		
流动资产合计			流动负债合计		
非流动资产：			非流动负债：		
债权投资			长期借款		
其他债权投资			应付债券		
长期应收款			其中：优先股		
长期股权投资			永续债		
其他权益工具投资			租赁负债		
其他非流动金融资产			长期应付款		
投资性房地产			预计负债		
固定资产			递延收益		
在建工程			递延所得税负债		
生产性生物资产			其他非流动负债		
油气资产			非流动负债合计		
使用权资产			负债合计		

续表

资产	期末余额	上年年末余额	负债和所有者权益	期末余额	上年年末余额
无形资产			所有者权益:		
开发支出			实收资本		
商誉			其他权益工具		
长期待摊费用			其中：优先股		
递延所得税资产			永续债		
其他非流动资产			资本公积		
非流动资产合计			减：库存股		
			其他综合收益		
			专项储备		
			盈余公积		
			未分配利润		
			所有者权益合计		
资产总计			负债和所有者权益总计		

小贴士

资产负债表是时点表，是反映企业在某一特定日期的财务状况的报表。分为报告式和账户式两种。报告式是上下结构，上面是资产，下面是负债和所有者权益。账户式是左右结构，左边是资产，右边是负债和所有者权益。可不管用什么格式，"资产＝负债＋所有者权益"的等式是不变的。

资产负债表分年初余额和期末余额，年初余额是指上一年年末的期末余额数，期末余额是指截止到报表日的余额数。

个别企业可以根据行业来增设科目，高危行业的企业，如煤炭、交通运输等行业的企业会根据国家规定提取安全生产费，所以在所有者权益项下增设了专项储备科目，用来反映企业提取的安全生产费。如果企业有衍生金融工具且具有重要性的，可以增设衍生金融资产科目。

由利润表看利润几何

"如果说资产负债表是看资产的,那利润表是不是看我赚了多少钱的?"小米问道。

"错,是看赚了多少利润的。"灵樨一下就否决了。

"不是一个意思吗?"小米嘟着嘴,有点不满。

"你看到的利润并不代表钱,也有可能是债。"灵樨说道。

"此话怎讲?"小米和朵朵同时惊奇地问道。

"先看表头(见表6-2),××年×月,说明它是核算一定会计期间的表,也就是动态的时期表。再看利润表的结构,利润表遵循的是'收入-成本费用=利润'的会计平衡公式,营业收入减去营业成本、税金及附加、销售费用、管理费用、研发费用、财务费用,加上投资收益等其他收益等于营业利润,再加营业外收入减去营业外支出等于利润总额,再减去所得税费用等于净利润,再加上其他综合净收益等于综合收益总额。所以你看到的利润表实际上展示了分步计算的过程,起点是营业收入,一步步得出综合收益总额。这也是财务报表常见的格式。

"营业收入对应的可能是货币资金,也可能是应收账款或应收票据,这就存在着欠款收不回来的可能,反映到最后的净利润,就不可能是真金白银,如果经营不善亏了钱,就成了欠股东的债了。"

"应收账款怎么会收不回来,欠账还钱不是天经地义的事吗?"朵朵有点想不明白。

"灵樨姐的意思是,不能被表象欺骗了。"小米一言以蔽之。

"对,利润有可能不是真的利润。通过虚增收入增加的利润,一定会通过资产体现出来,所以有些客户不一定是真的欠款。先将原理弄懂,才能看出数字背后的故事。

"另外,利润表也体现了收入与成本的配比原则,只有用当期的收入减去当期的成本费用才是当期的利润,所以对收入或成本费用的提前、延迟记账,对依照合同该分期的不分期处理,都会影响当期的利润。"灵樨点到为止,还是侧重于让她俩掌握原理。

"利润表里的项目,是不是也要根据总账科目余额填列?"朵朵听后若有所思,决定先把实操方法掌握了再说。

"利润表里的科目你要用发生额填列。营业收入是需要根据主营业务收入+其他业务收入的发生额计算填列的。同样营业成本也是根据主营业务成本和其他业务成本的发生额计算填列的。还有税金及附加,只有消费税、城市维护建设税和教育费附加、资源税、土地增值税、房产税、车船税、城镇土地使用税和印花税是计入的,其他税金可不计入这里。"灵樨专门解释了下税金及附加。

"那其他税金反映在哪里?"

"有计入相关资产成本的,比如耕地占用税、车辆购置税、契税、关税、不得抵扣的增值税;有通过损失扣除的,比如购进货物发生非正常损失的增值税进项税额转出。这些税金就不计入税金及附加。"

"那可以抵扣的增值税是不是要体现在税金及附加里?"小米问道。

"No,增值税不影响利润,在利润表中是看不到增值税的。"

"什么?"小米和朵朵都表示不懂。

"这也是很多人都想不明白的地方,大家不知道增值税去哪里了。付了钱出去,却不影响利润。卖了产品出去,也不影响利润。其实理解起来并不复杂。比如我花了113元买了个商品,其中有13元是增值税,那进货成本只是100元,剩余的13元是在'应交税费——应交增值税(进项税额)'里反映的。如果我卖了113元的产品,有13元计入'应交税费——应交增值税(销项税额)'里,而计入收入的只是100元。所以计入收入的数字不是花出去的113元,而是100元;而计入成本的数字也不是113元,同样是100元。增值税就像体外循环一样,它既不计入收入,也不计入成本。收入、成本、税金、费用都不反映增值税,它就是想影响也影响不了呀。"灵樨解释道。

"但是,增值税真的和利润一点关系都没有吗?"小米问道。

"也不是,还是有关系的,因为根据增值税计算出来的增值税附加是影响利润的,就是计入税金及附加的城市维护建设税和教育费附加,以及地方教育附加。"

"同样是花了113元,增值税总给人一种错觉。"朵朵说道。

"闷骚的错觉吧,哈哈!"小米的话还真是雷人。

"净利润前面的项目都是可以影响利润的事项,因此要客观地分析利润表,不能看净利润是正数就想当然地认为公司赢利,还要看其他综合收益。对利润表要结合每一项的明细进行分析,同时,也要和资产负债表一起分析,才能看出准确的'利润'。"灵楔反倒觉得小米的"雷语"很幽默。

表6-2 利润表

编制单位:林氏商贸有限公司　　　2023年5月　　　　　　　　　　单位:元

项目	本期金额	上期金额
一、营业收入		
减：营业成本		
税金及附加		
销售费用		
管理费用		
研发费用		
财务费用		
其中：利息费用		
利息收入		
加：其他收益		
投资收益（损失以"-"号填列）		
其中：对联营企业和合营企业的投资收益		
以摊余成本计量的金融资产终止确认收益（损失以"-"号填列）		
净敞口套期收益（损失以"-"号填列）		
公允价值变动收益（损失以"-"号填列）		
信用减值损失（损失以"-"号填列）		
资产减值损失（损失以"-"号填列）		
资产处置收益（损失以"-"号填列）		
二、营业利润（亏损以"-"号填列）		
加：营业外收入		
减：营业外支出		
三、利润总额（亏损总额以"-"号填列）		
减：所得税费用		
四、净利润（净亏损以"-"号填列）		
（一）持续经营净利润（净亏损以"-"号填列）		

续表

项目	本期金额	上期金额
（二）终止经营净利润（净亏损以"-"号填列）		
五、其他综合收益税后净额		
（一）不能重分类进损益的其他综合收益		
1.重新计算设定受益计划变动额		
2.权益法下不能转损益的其他综合收益		
3.其他权益工具投资公允价值变动		
4.企业自身信用风险公允价值变动		
……		
（二）将重分类进损益的其他综合收益		
1.权益法下可转损益的其他综合收益		
2.其他债权投资公允价值变动		
3.金融资产重分类计入其他综合收益的金额		
4.其他债权投资信用减值准备		
5.现金流量套期储备		
6.外币财务报表折算差额		
……		
六、综合收益总额		
七、每股收益		
（一）基本每股收益		
（二）稀释每股收益		

小贴士

利润表是时期表，是反映企业一定会计期间的经营成果的报表。

利润表的编制原理是收入－成本费用＝利润。在表中列示从上往下分步计算的过程。

正的净利润数据并不表示企业赢利，要综合资产负债表及相关明细进行分析，不要被美好的表象所蒙骗。

计入税金及附加的有消费税、城市维护建设税和教育费附加、资源税、土地增值税、房产税、车船税、城镇土地使用税和印花税；计入相关资产成本的

> 有耕地占用税、车辆购置税、契税、关税、不得抵扣的增值税；通过损失扣除的有购进货物发生非正常损失的增值税进项税额转出。

报表"皇后"：现金流量表

"国际象棋里有一个皇后，会计的报表里也有一个皇后，那就是现金流量表。"灵樨看小米和朵朵在下国际象棋，顺口说道。

"现金流量表？主表不是资产负债表吗？怎么现金流量表这么厉害？"小米可是知道皇后在国际象棋里的地位的。

"资产负债表和利润表可以粉饰，但对反映现金流的现金流量表来说，粉饰起来太过困难，因为所有的收入和支出都会引起现金及现金等价物的增减变动。"灵樨说道。

"还真是。"小米想想她经手的业务，好像是这么回事。

"要填现金流量表，就要先明白现金流量的意思。现金流量就是现金和现金等价物的流入和流出。现金是可以随时用来支付的存款，现金等价物是可以在3个月内到期的债券投资，但是不包括权益性投资，因为权益性投资的变现额通常很难确定。

"现金流量表（见表6-3）分主表和附表。主表共六项，分为经营活动、筹资活动和投资活动产生的现金流量，以及汇率变动对现金的影响、现金及现金等价物净增加额、期末现金及现金等价物余额。附表即补充资料，由三部分组成（见表6-4）。第一项是以净利润为基数，将其调节为经营活动的现金净流量。它和主表里的经营活动现金净流量相等，起对照作用。主表采用直接法填列，将收入和费用的收现与付现分别列出，以直接反映最终的现金净流量；而附表则采用间接法，从净利润出发，将净利润调节为经营活动现金流量的过程。你也可以理解为用两种不同的方法去表现同一个事项。第二项是不涉及现金收支的投资和筹资活动，第三项是现金及现金等价物净增加情况。

表 6-3　现金流量表

编制单位：林氏商贸有限公司　　　　　2023 年 5 月　　　　　　　　　单位：元

项目	本期金额	上期金额
一、经营活动产生的现金流量		
销售商品、提供劳务收到的现金		
收到的税费返还		
收到其他与经营活动有关的现金		
经营活动现金流入小计		
购买商品、接受劳务支付的现金		
支付给职工以及为职工支付的现金		
支付的各项税费		
支付其他与经营活动有关的现金		
经营活动现金流出小计		
经营活动产生的现金流量净额		
二、投资活动产生的现金流量		
收回投资收到的现金		
取得投资收益收到的现金		
处置固定资产、无形资产和其他长期资产收回的现金净额		
处置子公司及其他营业单位收到的现金净额		
收到其他与投资活动有关的现金		
投资活动现金流入小计		
购建固定资产、无形资产和其他长期资产支付的现金		
投资支付的现金		
取得子公司及其他营业单位支付的现金净额		
支付其他与投资活动有关的现金		
投资活动现金流出小计		
投资活动产生的现金流量净额		
三、筹资活动产生的现金流量：		
吸收投资收到的现金		
取得借款收到的现金		
收到其他与筹资活动有关的现金		
筹资活动现金流入小计		

续表

项目	本期金额	上期金额
偿还债务支付的现金		
分配股利、利润或偿付利息支付的现金		
支付其他与筹资活动有关的现金		
筹资活动现金流出小计		
筹资活动产生的现金流量净额		
四、汇率变动对现金及现金等价物的影响		
五、现金及现金等价物净增加额		
加：期初现金及现金等价物余额		
六、期末现金及现金等价物余额		

表6-4 现金流量表附注

补充资料	本期金额	上期金额
一、将净利润调节为经营活动现金流量		
净利润		
加：资产减值准备		
信用损失准备		
固定资产折旧、油气资产折耗、生产性生物资产折旧		
无形资产摊销		
长期待摊费用摊销		
处置固定资产、无形资产和其他长期资产的损失（收益以"–"号填列）		
固定资产报废损失（收益以"–"号填列）		
净敞口套期损失（收益以"–"号填列）		
公允价值变动损失（收益以"–"号填列）		
财务费用（收益以"–"号填列）		
投资损失（收益以"–"号填列）		
递延所得税资产减少（增加以"–"号填列）		
递延所得税负债增加（减少以"–"号填列）		
存货的减少（增加以"–"号填列）		
经营性应收项目的减少（增加以"–"号填列）		
经营性应付项目的增加（减少以"–"号填列）		
其他		

续表

补充资料	本期金额	上期金额
经营活动产生的现金流量净额		
二、不涉及现金收支的重大投资和筹资活动		
债务转为资本		
一年内到期的可转换公司债券		
融资租入固定资产		
三、现金及现金等价物净变动情况		
现金的期末余额		
减：现金的期初余额		
加：现金等价物的期末余额		
减：现金等价物的期初余额		
现金及现金等价物净增加额		

"填现金流量表时，我们通常有一个简单的方法，先填附表的第三项，即用现金及现金等价物的期末余额减期初余额，先确定净增加额，附表的第三项其实就是主表的第五项和第六项。现金及现金等价物净变动情况是根据资产负债表中的货币资金填列的，现金及现金等价物期初余额等于资产负债表中货币资金的期初数，现金及现金等价物期末余额等于资产负债表中货币资金的期末数。这个基调定住后，再去分析哪个是经营活动，哪个是投资活动，哪个是筹资活动。当然这种简单的方法仅限于在没有债券投资时使用，如果有，还需将3个月内到期的债券投资填入现金等价物期初/末余额里。"

"这个要怎么区分？特别是投资和筹资，好像很类似。"朵朵问道，她觉得都一样。

"关于投资和筹资，你们只要把握一点：投资是往外花钱要效益，筹资是往里筹钱促增长。具体点说，投资主要是债券、股票、固定资产、无形资产的买进和卖出的过程；筹资主要是发行债券、股票，银行借款，支付股利、利息，还有融资租赁的过程。除此之外都是经营活动。那些从概念上分不清的也一律计入经营活动，如罚款、捐赠、原材料的丢失。需要特别指出下面几点。"

1. 经营活动涉及的现金额都是含增值税的，也就是你实际收到或支付的现金。

2. 分期付款构建固定资产时，第一次付款是投资活动，以后付款是筹资活动。

3. 投资中的本金和利息不在一起反映，本金通过收回投资所收到的现金反映，而利息通过取得投资收益收到的现金反映。

"拿销售商品、提供劳务收到的现金来说，它实际上就等于：利润表上的营业收入×（1+税率）+资产负债表里应收账款、应收票据、预收款项期末－预收款项期初的合计数。也就是，本期销售收到的现金加上前期销售本期收回的货款，加上本期预收的货款，减去本期销售本期退回的现金，减去前期销售本期退回的现金。除工资、税金、坏账摊销等需要用明细账分析填列的个别项目，你完全可以用资产负债表和利润表来计算出现金流量表上的数字。可见这三张表的钩稽关系非同一般。因此，如果资产负债表和利润表有虚假之处，那么通过现金流量表，也能很明显地看出来。"

"怪不得你总说现金流是检验企业真实赢利与否的神器。那购进商品、接受劳务支付的现金是不是就可以被理解为本期购进商品支付的现金加上上期购进商品本期支付的现金，加上预付的现金，减去购货退回收到的现金，减去上期购货本期退回收到的现金？"朵朵根据经营流入试着去套了下经营流出。

"没错，其实现金流量表就是拆解现金的收和支，把现金的收与支填入相应的项目分类里，除了注意一下个别的特别项，它并没有那么难懂，别自己吓自己。"灵樨帮她俩树立正确的认知，不能道听途说还自己给自己设置障碍。

> **小贴士**
>
> 现金流量表是反映企业在一定会计期间现金和现金等价物流入和流出的报表。
>
> • 《〈企业会计准则第31号——现金流量表〉应用指南》第一条：现金，

> 是指企业库存现金,以及可以随时用于支付的存款。不能随时用于支付的存款不属于现金。现金等价物,是指企业持有的期限短、流动性强、易于转换为已知金额现金、价值变动风险很小的投资。期限短,一般是指从购买日起3个月内到期。现金等价物通常包括3个月内到期的债券投资等。权益性投资变现的金额通常不确定,因而不属于现金等价物。企业应当根据具体情况,确定现金等价物的范围,一经确定不得随意变更。

要填所有者权益变动表

"所有者权益变动表也是飞入寻常百姓家的一张表。它不像资产负债表和利润表一样常被人提起,但它现在已经是官宣的财务报告里需提供的第四张财务报表了。"

"可我怎么觉得这张表最难懂了,你看,连哪个是头都不知道。"小米瞅了半天,还是没看明白。

"所有者权益变动表(见表6-5),顾名思义就是反映所有者权益的各组成部分增减变动情况的表,它也是时期表。通过这张表可以知道所有者权益的总量变动情况及其结构信息。这张表分左右两部分,与资产负债表的左右结构不同的是,所有者权益变动表的左右结构是矩阵式的,也就是说,左边和右边是两个相同的独立结构,区别只在于,左边是本年的数据情况,右边是上年的数据情况。这张表也可以分上下两部分,它的矩阵特点也可以体现在上下结构中,所以你能看到两个上年数据。这可能就是你蒙的原因所在了。"

"就是就是,看得我人都蒙了。"

"我们应该是从上往下填还是从左往右填?"朵朵也没看明白。

"不从上也不从左,而是先看看去年、前年的项目在今年有没有变动,如果项目名称略有不同,就将其调成今年的名称,这样才能反映所有者权益数据的变动情况。然后从右上填起,先填上年金额与上年年末余额交叉的部分。实收资本、其他权益工具、资本公积、库存股、其他综合收益、专项储备、盈余公积、未分配利润,这些根据相应科目的发生额填列。

表6-5 所有者权益变动表

编制单位：林氏商贸有限公司　　　　2023年　　　　金额单位：元

项目	本年金额									上年金额								
	实收资本（或股本）	其他权益工具			资本公积	减：库存股	其他综合收益	专项储备	盈余公积	未分配利润	所有者权益合计	实收资本（或股本）	其他权益工具			资本公积	减：库存股	其他综合收益	专项储备	盈余公积	未分配利润	所有者权益合计
		优先股	永续股	其他									优先股	永续股	其他							
一、上年年末余额																						
加：会计政策变更																						
前期差错更正																						
其他																						
二、本年年初余额																						
三、本年增减变动金额（减少以"-"号填列）																						
（一）综合收益总额																						
（二）所有者投入和减少的普通股																						
1. 所有者投入的普通股																						
2. 其他权益工具持有者投入资本																						
3. 股份支付计入所有者权益的金额																						
4. 其他																						

表6-5 所有者权益变动表（续）

项目	本年金额									上年金额								
	实收资本（或股本）	其他权益工具			资本公积	减：库存股	其他综合收益	专项储备	盈余公积	未分配利润	所有者权益合计	实收资本（或股本）	其他权益工具			资本公积	减：库存股	其他综合收益	专项储备	盈余公积	未分配利润	所有者权益合计
		优先股	永续股	其他									优先股	永续股	其他							
（三）利润分配																						
1. 提取盈余公积																						
2. 对所有者（或股东）的分配																						
3. 其他																						
（四）所有者权益内部结转																						
1. 资本公积转增资本（或股本）																						
2. 盈余公积转增资本（或股本）																						
3. 盈余公积弥补亏损																						
4. 设定受益计划变动额结转留存收益																						
5. 其他综合收益结转留存收益																						
6. 其他																						
四、本年年末余额																						

"从上到下也是一步步计算的过程。上年年末余额加上会计政策变更和前期差错更正,以及上年变动的所有者权益类的其他项,就是调整后的本年年初余额。然后再加减本年所有者权益的增减变动情况就是本年的年末余额。本年的所有者权益变动情况又是以下四项的合计数,分别是综合收益总额、所有者减少和投入资本、利润分配和所有者权益内部结转。这四项下面又细分了若干小项,也都是实收资本、资本公积、盈余公积、未分配利润科目核算的内容,同时对应着横向项目的上年部分和本年部分。

"如综合收益总额是净利润和其他综合收益扣除所得税影响后的净额相加后的合计数,和资产负债表上所有者权益部分未分配利润的期末数减期初数的差是相等的,反映的是一段时期里的收益情况。而所有者减少和投入资本就是企业股东当期减少的资本和投入的资本。投入包括所有者投入的普通股——也就是企业接受投入形成的实收资本和资本溢价,以及其他权益工具持有者投入资本和股份支付计入所有者权益的金额——也就是处于等待期中的权益结算的股份支付当年计入资本公积的金额。利润分配项和所有者权益内部结转项则是根据盈余公积和资本公积分析填列的。"灵樨把整张表的结构说了一下,以帮助她俩理解。

"通过这样一步步的计算,得出右半边的上年金额部分的本年年末余额,也就是表中第 24 行的第 12—22 列的数据,这也就是左半部分上年年末余额。然后再从上往下分步填写,得出本年的所有者权益年末余额。由此可以看出这张表是资产负债表所有者权益部分的放大丰满版,我们可通过此表来验证表间的钩稽关系。"

"还真是呀,所有者权益合计数的年初年末数一样。"朵朵比较了下两张表后说道。

"这张表恰恰是我们现在最好填的一张表。你们看,我们是新成立的企业,没有上年数,这就省去了一半以上的工夫。"灵樨安慰着她俩,"修改后的新表更能体现企业经营中所有者权益的变动情况了,既能评估企业管理层的受托责任的履行,又能将近年的全面收益在所有者权益的本期增减变动下列示出来。比只反映当期情况的利润表更具有动态性和连续性。"

"嗯,乍一看还真能唬住人,第一眼看着太复杂就不想往下看了,可了解后也没那么复杂了,你说一张表而已,整这么复杂干吗!"小米想不明白财务何苦为难财务呢。

"等你以后给它改进改进。"朵朵难得"安慰"小米,不过这安慰听着有点……

> **小贴士**
>
> 　　所有者权益变动表,是指反映构成所有者权益的各部分当期增减变动情况的报表。
>
> 　　所有者权益变动表解释在某一特定时间内,所有者权益如何因企业经营的盈亏及现金股利的发放而发生变化。它是说明管理阶层是否公平对待股东的最重要的信息。
>
> 　　所有者权益变动表单独列示综合收益总额,会计政策变更和前期差错更正的影响,所有者投入资本和向所有者分配利润,提取的盈余公积,实收资本、其他权益工具、资本公积、盈余公积、未分配利润的期初和期末余额及其调节情况。

我有多少钱可以用?

"是不是填完这四张表就大功告成了?"小米兴冲冲地问道,她仿佛看到了曙光。

"如果你是财务新手,那填完这四张表就收工也无可厚非,但财务高手一定还留有一手。"灵樨说道。

"还有一手,是什么是什么?"小米两眼放光,她怎么可能错过成为高手的机会。

"这只是主表,主表是必须填报的报表,官方要求的只有这四张表。不过从企业管理的角度来说,只有这四张表是远远不够的。在这之外还有附表、明细表之类的,这些表相当于对一些科目的详细说明,比如应收账款明细表、管理费用明细表等。"灵樨说道。

"比如我们的货币资金,前面我们在资产负债表中就说到货币资金是由现金、银行存款、其他货币资金组成的,那我们的货币资金是可以直接拿来用的吗？"灵樨问道。

"当然了，不都在银行里存着的嘛，随用随取呀。"朵朵说道。

"在银行里也不代表你可以随用随取呀，没看新闻上总有自己取不出来自己账户里钱的报道吗？而且我们哪次用钱不用跟银行提前预约。"对此，天天跑银行的小米最有发言权了。

"货币资金直接反映着我们有多少的资金可以使用，但这里要有一个概念，就是我们的货币资金是否存在资金受限的情况。比如存储的项目保证金，这些保证金是有一定的使用限制的。比如被法院冻结的资金，这也是不能随意使用的。这些存储在你银行存款里的资金，虽然在你的银行存款中反映，但却是不能让你拿来就用的，所以公司真实的资金状况如何，你一定要让老板清楚。"灵樨说道。

"明白了，我们需要一张银行存款明细表。"朵朵说道。

"不是银行存款明细表，而是货币资金明细表。"灵樨纠正道。

"要怎么填呀，什么格式的？"小米问道。

"格式可以根据需要自己设定，但至少要包括账号、金额、资金状态。数据需要根据银行存款日记账、现金日记账来填。"灵樨说着递上张图表（见表6-6）。

表6-6 货币资金明细表

编制单位：林氏商贸有限公司　　　　　　　　　　　　　　　　2023年5月31日

项目	开户行	账号	金额/元	是否冻结		是否理财		是否保证金		备注
				是/否	冻结金额/元	是/否	理财金额/元	是/否	金额/元	
现金										
银行存款	工行××支行									
	建行××支行									
	农行××支行									
	中行××支付									
其他货币资金	支付宝									
	微信									
合计										

单位负责人：　　　　　　　　财务负责人：　　　　　　　　制表人：

"哇，这样一来果然清楚明了。"小米一看这张明细表立马夸道，她怎么就没想到呢？

"我记得灵樨姐前面和我们说过银行账户的性质，是不是也可以加上？"朵朵问道。

"可以，不过要尽量使表格将有用的信息展现出来，也就是尽量展现对企业管理有帮助的信息，冗余的信息尽量不要展现。如果公司的账户比较集中且单一，并不涉及资金受限的情况，就不必制作这样的明细表。"灵樨提醒道。

"知道了，原来我一直小看了货币资金。"

"我一直都以为有多少钱可以用看银行存款就行了，没想到银行存款还有假象。"

> **小贴士**
>
> 从公司财务管理角度来讲，货币资金并不等同于银行存款。我们需要对真实的货币状态进行陈列，是否有使用受限的资金、是否有各种保证金或被冻结的资金，这些资金的金额、期限等都应被一一列明。

谁欠谁钱？

"应收账款明细表是不是看我们还有多少欠款没有收回的明细表？"朵朵问道，她已经渐渐摸到了门道。

"对，应收账款明细表（见表6-7）、其他应收款明细表（见表6-8）和预付款项明细表（见表6-9）都是反映谁欠了我们多少钱的明细表。同时，这些表里的合计数又与资产负债表的相应科目本期期末数相对应。

"除了表头、时间等常规项，这些表的格式大致分为——欠款单位名称、业务内容、发生日期、账龄、年初数、年末数、备注，需要根据应收账款、其他应收款、预付款项的明细账填列。欠款单位名称就不用解释了；业务内容就是欠的什么款，如货款、保证金、押金、业务借支等，根据自己的实际情况填写；发生日期一般明细到月，即入账的月份；账龄就是欠了几年了，这个要统一明确下，账龄的算法一般是当年的欠款账龄为1年，从第二年1月1

日开始即为2年,以此类推;年初数即上年年末数;年末数即报表所属期的期末数;备注一般填列对该笔事项需要说明的内容。"灵樨接着把这几张表的填列方法也说了下。

表6-7 应收账款明细表

编制单位:林氏商贸有限公司　　　　　　　　　　　　　　　2023年5月31日

序号	欠款单位名称	业务内容	发生日期	账龄/年	年初数/元	年末数/元	欠款提示期			备注
							正常(6个月以内)	应关注(6至12个月)	应重点清理(超过12个月)	
1										
2										
3										
4										
5										
6										
7										
合计										

单位负责人:　　　　　　财务负责人:　　　　　　制表人:

表6-8 其他应收款明细表

编制单位:林氏商贸有限公司　　　　　　　　　　　　　　　2023年5月31日

序号	欠款单位名称	业务内容	发生日期	账龄/年	年初数/元	年末数/元	欠款提示期			备注
							正常(6个月以内)	应关注(6至12个月)	应重点清理(超过12个月)	
1										
2										
3										
4										
5										
6										
7										
合计										

单位负责人:　　　　　　财务负责人:　　　　　　制表人:

表 6-9 预付款项明细表

编制单位：林氏商贸有限公司　　　　　　　　　　　　　　　2023 年 5 月 31 日

序号	欠款单位名称（结算对象）	业务内容	发生日期	账龄/年	年初数/元	年末数/元	备注
1							
2							
3							
4							
5							
6							
	合计						

单位负责人：　　　　　　　财务负责人：　　　　　　　制表人：

"这些都是常见的填法，你可以根据自身情况设计这些明细表，也可以加上应收账款周转率、欠款提示期等内容。特别是欠款提示期，随着互联网金融的普及，我们对欠款越来越缺乏耐心了，账期在 3 个月以内的还算正常，超过 3 个月的就要重点关注了。不过对此我们要分行业看，有些行业的账期本身就偏长。一般将 6 个月以内的欠款划分为'正常'，将 6 个月至 1 年的划分为'应关注'，将 1 年以上的划分为'应重点清理'。毕竟对于超过 3 年未收回且债务人无力偿还的应收账款就可以申报资产损失了，所以加上这个欠款提示期是非常有必要的。最简单的做法是在年末数后面添加列，分别列示'正常''应关注''应重点清理'项，这样一目了然。"灵樨将应收账款的设计技巧和填制方法都一一做了说明。

"那对于应付账款，是不是也这样出具明细表呢？"朵朵问道。

"从前面说的三张表可以看出谁欠了我们的钱，从应付账款明细表（见表 6-10）、其他应付款明细表（见表 6-11）、预收款项明细表（见表 6-12）则可以看出我们欠了谁的钱。特别是对于借款、贷款等，超期即预示着罚息，所以必须掌握应付账款实时的动态，以免忘记某些重要的付款期。"灵樨说道。

"编制方法和应收账款明细表一样吧？"小米试探性地问道。

"可以参照，它们的格式是一样的，编制方法也一样。你大可以放心地举一反三。但对于应付票据类，你需要加上票号等项目，DIY（do it yourself，自己动手）。"

"我喜欢 DIY，无限发挥，自由自在。"小米喜欢无拘无束的状态。

表 6-10　应付账款明细表

编制单位：林氏商贸有限公司　　　　　　　　　　　　　　　　　　2023 年 5 月 31 日

序号	欠款单位名称（结算对象）	业务内容	发生日期	账龄/年	年初数/元	年末数/元	备注
1							
2							
3							
4							
5							
6							
	合计						

单位负责人：　　　　　　　　财务负责人：　　　　　　　　制表人：

表 6-11　其他应付款明细表

编制单位：林氏商贸有限公司　　　　　　　　　　　　　　　　　　2023 年 5 月 31 日

序号	欠款单位名称（结算对象）	业务内容	发生日期	账龄/年	年初数/元	年末数/元	备注
1							
2							
3							
4							
5							
6							
	合计						

单位负责人：　　　　　　　　财务负责人：　　　　　　　　制表人：

表 6-12　预收款项明细表

编制单位：林氏商贸有限公司　　　　　　　　　　　　　　　　　　2023 年 5 月 31 日

序号	欠款单位名称（结算对象）	业务内容	发生日期	账龄/年	年初数/元	年末数/元	备注
1							
2							
3							

续表

序号	欠款单位名称（结算对象）	业务内容	发生日期	账龄/年	年初数/元	年末数/元	备注
4							
5							
6							
合计							

单位负责人：　　　　　　　财务负责人：　　　　　　　制表人：

> **小贴士**
>
> 可以根据公司的实际情况自行编制往来款项明细表。
>
> 制作应收账款明细表、应付账款明细表等往来款项明细表时，需要特别关注账龄情况，对逾期状况应重点关注。

道不尽的营业费

"如果说往来款项明细表是帮助我们分析谁欠谁钱的报表，那么期间费用明细表就是看我们的钱花在哪儿了的报表。"灵樨说道。

"期间费用？就是营业费用、管理费用、财务费用吗？"朵朵问道。

"是的。这三张表都对应利润表中的相应科目。"

"有固定格式没？"小米来了兴趣。

"正合你意，这也是要DIY的表，表格没有固定格式，可根据公司情况自己编制。公司发生了什么费用都列示出来就行，大部分公司的费用情况都差不多。"

"何必那么麻烦，直接把往来款项明细表拷贝过来不就行了？"对于朵朵来说，费时间去设计新表，不如拷贝已有格式来得轻松快捷。

"那能一样吗？费用和往来款都不是一个性质的，必须重新DIY，是吧灵樨姐？"小米开始拉盟友了。

"这次倒是小米说对了，填报期间费用明细表确实不能照搬往来款项明细表。这两个表的差别相当大。"

"快说说,快说说。"小米催促道。

"期间费用明细表主要是针对费用的情况设定的。费用可不是随心所欲产生的,一般公司都会有预算,或者是计划,所以这个明细表可以增设'计划数'以与实际发生情况相比较,这样后面就不可避免地要有'完成计划率',因为你要告诉老板我们实际发生的费用与计划的差别,顺道也检验了公司预算制订与执行的水平。又鉴于我们的生产经营是连续的,那么'上年数'就不能省略,'同比增减'能让你更直观地看出今年同期与去年同期的变化。当然,'累计数'也是必不可少的,它能帮助你清楚地知道本年累计费用发生情况。"灵樨说道。

"这么说,我们得有'本期数',还得有'上年同期数',接着还得有'同比增减率'与'完成计划率'。"小米边说边绘制表格。

"对,不过你可别忘了,还有累计数呢。"灵樨在"本期数"和"上年同期"下面又分别列出了两列,边填入"本期数"和"累计数"边说,"这个表可以左右各分两半设计,一边一半横着看,也可以从上往下竖着看。如果左右设计,把左边的复制粘贴到右边就行。"

"咦,是不是少了点什么?"一旁一直沉默着的朵朵突然说道。

"呀,少项目,分析的对象呀!没有这个,不是瞎忙吗?"小米说着忙把"项目"添上。

"期间费用明细表的项目就是公司发生的费用情况,按照销售费用、管理费用分设的下级科目来进行设定,大体上分为反映公司日常经营情况的公司经费,如办公费、水电费、物业费、交通费、修理费、折旧费、差旅费、会议费、保险费等日常费用,另外对公司承担的社会保险费、业务招待费、广告费、宣传费等也都要一一列明,还有一些公司承担的资产损失等,最后再加上一个'其他'。"灵樨把项目内容也大致列举了。

"这个'其他'具体填什么?"朵朵问道,她最怕的就是"其他",像是网络名词"隔壁老王",到底是哪个"老王"还真分不清楚。

"'其他'项就是兜底项。"

"就是你不知道是什么费用,但它又是实实在在发生的费用,就把它放'其他'项里。"小米没等灵樨说完就抢着说道。

"你也可以这样理解,但最好是用不到'其他'项,不想去认真询问分析费用的性质就放'其他'项里，但这可不是一个好习惯。也别把它当成百宝箱，放多了你自己都不知道到底填了什么数进去。"

"灵樨姐，这个只抄有数字的就行吧？"

"全部抄上。铁打的表格流水的数字，不解释，自己理解。"灵樨丢下她俩去忙自己的事了。

这边两个人在相互配合着制作销售费用明细表和管理费用明细表。别说，两个人的配合默契度还真不赖，一会工夫就完成了（见表6-13）。

表6-13 销售费用/管理费用明细表

编制单位：林氏商贸有限公司　　　　　　　　　　　　　　2023年5月31日

序号	项目	本期数		上年同期		同比增减/%	计划数	
		本期数/元	累计数/元	本期数/元	累计数/元		计划数/元	完成计划率/%
1	一、公司经费							
2	1.工资							
3	2.职工福利费							
4	3.折旧费							
5	4.修理费							
6	5.办公费							
7	6.水费							
8	7.电费							
9	8.取暖费							
10	9.业务费							
11	10.租赁费							
12	11.差旅费							
13	12.会议费							
14	13.劳动保护费							
15	14.保险费							
16	15.交通费							
17	16.车辆使用费							
18	17.警卫消防费							

续表

序号	项目	本期数		上年同期		同比增减/%	计划数	
		本期数/元	累计数/元	本期数/元	累计数/元		计划数/元	完成计划率/%
19	18.低值易耗品摊销							
20	19.递延资产摊销							
21	二、工会经费							
22	三、职工教育经费							
23	四、劳动保险费							
24	五、失业保险费							
25	六、住房公积金							
26	七、咨询费							
27	八、审计费							
28	九、诉讼费							
29	十、绿化费							
30	十一、土地使用费							
31	十二、土地损失补偿费							
32	十三、技术转让费用							
33	十四、技术开发费							
34	十五、无形资产摊销							
35	十六、开办费摊销							
36	十七、业务招待费							
37	十八、广告费							
38	十九、业务宣传费							
39	二十、坏账损失							
40	二十一、存货盘亏（减：盘盈）							
41	二十二、存货毁损和报废							
42	二十三、其他							

单位负责人： 财务负责人： 制表人：

"还有个财务费用明细表，怎么设计？"小米问朵朵。刚刚灵樨只说了销售费用和管理费用明细表，还没说财务费用明细表呢。

"要不再去问问？"朵朵说道。

"可灵樨姐现在正在忙，我们过去会不会打扰她？"小米看着忙得抬不起头的灵樨。

"要不我们先想想怎么做？"朵朵想了想说道。

"好吧。要有本年数，还要有上年同期数，还要有项目。"小米根据销售费用明细表依葫芦画瓢设计着。

"小米，本年数还得分'本期数'和'累计数'。"朵朵看着小米啪啪打上的字说道。

"哦哦，对。"小米赶紧补上，"朵朵，这个项目下面都填什么？"

"财务费用下面核算的有利息收入和利息费用，还有银行手续费。"朵朵想着账套里的科目说道。

"这么少？那这个表看着也太简约了吧。"小米看着只有三行内容的财务费用明细表，怎么看怎么觉得袖珍。

"还有什么？你再想想。"

"别催别催，正想着呢。也没啥了呀，我们就发生了这几样业务呀。"朵朵翻看着账套说道。

"财务费用明细表一般有五项内容（见表6-14）。"灵樨看着她们列了三行的内容说道，"利息支出、汇兑净损失、调剂外汇手续费、金融机构手续费，还有兜底的其他财务费用。其中利息支出里要将短期借款利息和长期借款利息分开列示，并且加上非金融机构利息，而且要单独列示利息收入。另外，汇兑净损失里也要单独列出汇兑收益。"灵樨听到小米和朵朵的对话，走过来对她们说。

"这几项我们没有发生过。"朵朵说道。

"报表不但要详细全面地反映数据，还要有前瞻性，这期没有发生不代表下期不会发生，如果下期发生了再增加，没有发生就删除，这样的报表看起来就没有章法可言了。每期的格式都不一样，你以为是搞艺术创作，追求特立独行呢！"灵樨说道。

"虽然报表格式是DIY的，但也要有固定性和一致性。"小米想了想说道。她终于明白了为什么刚刚灵樨让她们将费用科目全抄上了。

表6-14　财务费用明细表

编制单位：林氏商贸有限公司　　　　　　　　　　　　　　　　　2023年5月31日

序号	项　　目	本年实际数		上年同期实际数
		本期数	累计数	
1	一、利息支出			
2	1. 支付银行利息			
3	其中：短期借款利息			
4	长期借款利息			
5	2. 支付非金融机构利息			
6	3. 减：利息收入			
7	二、汇兑净损失			
8	1. 汇兑损失			
9	2. 减：汇兑收益			
10	三、调剂外汇手续费			
11	四、金融机构手续费			
12	五、其他财务费用			
	财务费用合计			

单位负责人：　　　　　　财务负责人：　　　　　　制表人：

小贴士

期间费用明细表分销售费用明细表（也叫营业费用明细表）、管理费用明细表、财务费用明细表。

期间费用明细表的编制依据是费用明细账。

如果没有预算及计划，可以只设本月实际发生数和累计发生数。

千万不要对本期表格中没有数字的空格进行删减，最好将费用明细表格式固定，频繁变换不利于表格格式的一致性，也不利于报表使用者的连续阅读。

做个明白的纳税人

"灵樨姐,往来账款有明细表,期间费用也有明细表,那税金应该也有明细表吧?"小米寻思着税金的种类也不少,是不是也应该有个明细表。

"我们每个月报税的时候不是有申报表吗?你看增值税有增值税申报表,消费税有消费税申报表,所得税有所得税申报表,这些申报表就相当于税金明细表了吧?"朵朵说道。

"不错,是有这些申报表,但是你有没有从管理的角度去思考过?当领导问你这个月的纳税情况时,你要把一张张税金申报表全都扔给领导吗?"

"哈哈哈哈,朵朵肯定不敢。"小米立马笑道。

"我知道你还想说通用申报的时候能汇总申报。不错,通用申报是税务机关为了方便纳税人办理纳税业务,综合了流转税、所得税、财产税、行为税及相关规费申报的基本元素而设计的一张申报表,我们可以通过一张通用申报表完成多项税(费)种的申报。但它目前主要也包含附加税、未经过税(费)种核定的印花税、工会经费的申报,且其打印会按税种分开进行,故而从公司管理的角度来说,还是汇算编制一份应交税费明细表来得更全面一些,更能使我们清楚明白地汇总整理公司每月有关于税金、规费等各种税费的情况(见表6-15),领导看起来也方便,能快速获取统计数据。"站在不同的角度,对数据的需求是不同的,灵樨现在要消除掉她俩脑中的懒惰因子,这样她们在日后的职场中才能游刃有余。

"这张表是以税种为项目填报的,依次分别有增值税、消费税、城市维护建设维护税、资源税、土地增值税、房产税、车船税、城镇土地使用税、企业所得税、个人所得税、印花税、教育费附加、地方教育附加、文化事业建设费、税收滞纳金、税收罚款等。你看,这是将企业要缴的所有税种及规费都放在了一张表上,当然,你可以根据自己的需求另行删减或添加。明细表方便你统计、管理、分析,说白了就是为你服务的。"

"这个表的数据要怎么填?"小米问道。

"这个表的数据分四部分,分别是年初欠缴数、本期应缴数、本年已缴数和期末欠缴数。其中,本期应缴数和本年已缴数又分本月数和累计数,年初欠缴数即上年年末的期末欠缴数。本表的逻辑关系是这样的:期末欠缴数 =

年初欠缴数＋本期应缴数的累计数－本年已缴数的累计数，同时等于本期应缴数的本月数；本年已缴数的本月数＝上月期末欠缴数，本期应缴数的累计数＝上月本期应缴数的累计数＋本期应缴数的本月数，本年已缴数的累计数＝上月本年已缴数的累计数＋本年已缴数的本月数；同时，期末欠缴数的总计数又等于资产负债表的应交税费数。各个数据来源是应交税费各个科目的明细分类账，如期末欠缴数就是应交税费各个明细科目的贷方余额，本期已缴数的本月数就是借方发生额。"

"这样既清楚又方便，有了这张表，你就能做个明明白白的纳税人。"朵朵算是明白了这张表格的意义。

表6-15　应交税费明细表

编制单位：林氏商贸有限公司　　　　2023年5月　　　　　　　　　　单位：元

序号	税种	年初欠缴数	本期应缴数		本年已缴数		期末欠缴数
			本月数	累计数	本月数	累计数	
1	增值税						
2	消费税						
3	城市维护建设税						
4	房产税						
5	车船税						
6	城镇土地使用税						
7	土地增值税						
8	企业所得税						
9	个人所得税						
10	印花税						
11	教育费附加						
12	地方教育附加						
13	文化事业建设费						
14	税收滞纳金						
15	税收罚款						
	总计						

单位负责人：　　　　　　财务负责人：　　　　　　制表人：

> **小贴士**
>
> 应交税费明细表是按税种填报的明细表。
>
> 在一定情况下，应交税费明细表和资产负债表存在表间逻辑关系。

给员工花了多少钱？

"货比货得扔，人比人得死，还真是这么个理儿。"小米愤愤地丢开了手机。

"小米，怎么了？"

"周围的朋友天天晒朋友圈，今天发了什么，明天发了什么，他们真无聊！"

"你这是典型的酸葡萄心理，灵樨姐不是和我们说了，看工资并不只看发了多少现金吗？"朵朵安慰着小米。

"对，其实你们觉得自己没拿到多少钱，但站在企业的角度，为员工负担的部分可是一笔不容小觑的开支呀。"灵樨显然听到了小米和朵朵的对话。

"最有发言权的就是应付职工薪酬明细表了，它能让你准确地看出企业为员工支付了多少，都支付了些什么。"灵樨接着说道。

小米和朵朵停止了拌嘴。

"这张表的数据来源是应付职工薪酬明细分类账，我们一般根据明细账项目设计这张表，还记得前面和你们说过的应付职工薪酬的账务处理吗？"灵樨问道。

"记得，'应付职工薪酬——职工工资、奖金、津贴和补贴'，还有'应付职工薪酬——社会保险费——基本养老保险'。应付职工薪酬的明细科目很多，你当时还说工资表只是应付职工薪酬的一小部分。"朵朵记得很清楚，她曾经以为工资表里的就是工资的全部，没想到只是一小部分，就像看到的露出海面的冰山一角一样。

"应付职工薪酬明细表（见表6-16）就是对应付职工薪酬科目下的分级科目进行分类汇总的表格。你可以把它分为应付工资、应付福利费、社会保险费、住房公积金、工会经费、职工教育经费、非货币性福利、辞退福利等几项，别忘了加上个'其他'备用，但是最好用不到这个项目。"

表 6-16　应付职工薪酬明细表

编制单位：林氏商贸有限公司　　　　　　　　　　　　　　　　　　　2023 年 5 月 31 日

项目	年初账面余额/元	支付额/元		增加额/元		期末账面余额/元	补充资料	
		本月	累计	本月	累计		项目	数量/人
一、应付工资							一、期末职工人数	
1.标准工资							1.在岗职工	
2.奖金							其中：销售人员	
3.津贴							管理人员	
4.补贴							二、期末平均职人数	
5.加班加点工资							1.在岗职工	
6.其他							其中：销售人员	
二、应付福利费							管理人员	
1.医药费								
2.职工困难补助								
3.独子托费、学费								
4.取暖费								
5.其他								
三、社会保险费								
1.基本医疗保险费								
2.基本养老保险费								
3.失业保险费								
4.工伤保险费								
5.生育保险费								
四、住房公积金								
五、工会经费								
六、职工教育经费								
七、非货币性福利								
八、辞退福利								
九、其他								

单位负责人：　　　　　　　　财务负责人：　　　　　　　　制表人：

"哈哈，就像买保险一样，最好不出险。"小米记这些倒是记忆力超群。

"应付工资项下可以按标准工资、奖金、津贴、补贴、加班加点工资等细分，应付福利费下可以按医药费、职工困难补助、取暖费等分项，社会保险费可以按基本养老保险费、基本医疗保险费、失业保险费、工伤保险费、生育保险费等分项，接下来就是住房公积金、工会经费、职工教育经费、非货币性福利、辞退福利等分项了。要填的数据有年初账面余额、本月发生数、本年累计数，还有与上年同期相比的增减情况，方便与去年同期相比较，这样分析数据的时候会方便很多。"

"感觉财务就是账呀，数字呀，表格呀。我感觉现在头顶绕着的都是阿拉伯数字。"小米的幽默细胞还真是随时随地都能来。

"所以账、表数据最好是一次过，明细表里设去年同期数就是这个道理。反复找数和多次返工都是浪费时间的表现。对了，职工人数别忘了加上，这样方便了解平均工资还有人数变动状况。"灵樨接着说道，并特别嘱咐了自己的一点心得，也好让她俩少走些弯路。

"哇，千金难买一经验，我们今天算是赚到了。"小米听得有些兴奋，以至于金句频出。

"这张表还关联着销售费用明细表和管理费用明细表，以及现金流量表，这几张表中关于工资的项目都是相互关联的，也可以视为互相验证的关系。实际上，报表就是账簿的转移。"灵樨说道。

"分散在各处看不出来，这样汇总在一张表上才震撼，原来公司也不容易。"小米倒起了恻隐之心。

"这也就是为什么以前有些老板一说压缩成本就朝人工上想了。不过现在的老板换了个思路，他们开始优化人工，充分激发员工的潜能，让其更好地服务公司。"

"让我说呀，优化就是把女人当男人使，把男人当牲口使。"小米又语不惊人死不休了。

> **小贴士**
>
> 应付职工薪酬明细表是根据应付职工薪酬科目明细分类账填列的报表，可以帮助企业清楚地了解人力成本的情况。
>
> 在应付职工薪酬明细表上附列职工人数，可以使我们更方便地得知人员增减变动及分布情况，以及平均工资状况。还可以加上与去年同期相比的增减数，以方便进行动态比较。

我有没有财运？

"灵槃姐，你说，那些中了彩票大奖的人的财运怎么这么旺呢？"最近新闻里一个中了大奖的人着实让小米羡慕嫉妒了半天。

"那是他们命里带的，不是说一命二运三风水嘛，命中注定再加上时运旺盛，想不中奖都难。"朵朵倒说起了命理。

"人的财运看八字，那公司的财运呢？"小米问道。

"八字我不会看，不过有一张表却可以稍稍满足你这个愿望。"灵槃说道。

"什么表？"小米来了精神。

"营业外收支明细表。"

"对呀，财运就好比营业外收入，偶尔为之，不是常态。"小米恍然大悟。

"顾名思义，营业外收支明细表（见表6-17）是根据营业外收入和营业外支出的明细分类科目填报的，那它表内的项目内容也是营业外收入和营业外支出的二级科目名称，表中营业外收入的数据来自明细分类账的各科目贷方发生额，而营业外支出是借方发生额。表内关系就是单纯的小计汇总关系，表间关系是营业外收入合计数等于利润表中的营业外收入数，营业外支出合计数等于利润表中的营业外支出数。你可以将收入和支出左右分列，也可以上下分列，全凭喜好，让人看着顺眼，觉得明晰就行。除了本期数和累计数这样的必填数，还应该填列上年数和增减变动数，这样做的目的前面已经说过了。"灵槃说道。

表 6-17 营业外收支明细表

编制单位：林氏商贸有限公司　　　　　　2023 年 5 月　　　　　　　　　单位：元

项目	行次	营业外收入		项目	行次	营业外支出	
		本期数	本年累计数			本期数	本年累计数
非流动资产毁损报废利得	1			非流动资产毁损报废损失	19		
债务重组利得	2			债务重组损失	20		
政府补助：	3			捐赠支出：	21		
直接计入损益的政府补助	4			公益性捐赠支出	22		
递延转入的政府补助	5			盘亏损失	23		
捐赠利得	6			诉讼损失	24		
盘盈利得	7			罚款支出	25		
罚款收入	8			非常损失	26		
	9			违约金	27		
	10				28		
	11				29		
	12				30		
其他营业外收入	13			其他营业外支出	31		
其中：1.	14			其中：1.	32		
2.	15			2.	33		
	16				34		
	17				35		
营业外收入合计	18			营业外支出合计	36		

单位负责人：　　　　　　财务负责人：　　　　　　制表人：

"呀，什么目的？我忘了！朵朵，朵朵，脑补一下。"小米拉着朵朵小声地嘀咕着。

"你忘记很正常。这样做的目的是使报表使用者能更清晰地看出今年与去年的经营变化，同时能为我们撰写财务分析提供数据。"灵樨替朵朵回答道，同时敲了下小米的脑袋帮其记忆。

"计入营业外收入的有：盘盈利得、非流动资产毁损报废利得、政府补助、捐赠利得、罚款收入等。计入营业外支出的有：非流动资产毁损报废损失、捐赠支出、盘亏损失、诉讼损失、罚款支出、非常损失、违约金等。"灵樱把营业外收入和营业外支出通常包括的内容说了下。

"政府补助看着好高大上，一般企业不会有什么政府补助吧？"小米觉得这是个高大上的项目，除非央企国企什么的，小企业怎么会有政府补助。

"看来我得先给你科普下政府补助了。"灵樱听到小米的问题，发现小米还不了解政府补助，这偏见太明显了。

"政府补助虽然是企业无偿从政府取得的，但它包括无偿取得的货币性资产和非货币性资产，你理解的重点在货币性资产上，也就是通常所指的财政拨款。而财政拨款也不是高高在上、高不可攀的，只要做那些政府鼓励的项目就有可能会获得政府补助，比如财政部门拨付给企业用于购建固定资产或进行技术改造的专项资金、鼓励企业安置职工就业而给予的奖励款项、拨付企业的粮食定额补贴、拨付企业开展研发活动的研发经费等，这些都属于财政拨款。

"另外，你也忽视了政府补助还有非货币性资产，也就是财政贴息和税收返还。特别是税收返还，它是以税收优惠形式给予企业的一种政府补助。包括政府按照国家有关规定采取先征后返、先征后退、即征即退等办法向企业返还的税款。这些本来要征，但征过后又退回给企业的，是不是相当于政府直接向企业无偿提供的资产？"

"嗯，好像是有点像。"小米歪着头想了想说道。

"虽然政府补助是政府向企业提供的经济支持，但对企业而言，也不是全部来源于政府的都是政府补助，也有可能是政府的资本性投入或者是购买服务的对价呢。"灵樱补充道。

"哈哈，也是哦。"小米一想，还真是有这种可能，"不管是哪种资产，反正都是资产。"

"是资产不假，但也要看是哪种形式。政府补助是要按与资产相关还是与收益相关来划分的。因为这两类政府补助，一个是能给企业带来经济利益的，而另一个则是弥补相关成本费用的。因此具体的会计处理就不相同。"

"是不是计入当期损益的那些政府补助就全计到营业外收入里了？"朵朵想了想问道。

"并不全是。与企业日常活动相关的政府补助，要按照经济业务实质，计入其他收益或者是冲减相关的成本费用。与企业日常活动无关的政府补助，才计入营业外收支。"

"我咋知道哪些是与日常相关的政府补助，哪些是无关的呀！"小米觉得给钱就给钱，还要区别对待，她的小脑袋瓜又不带自动识别仪。

"你呀！一个是看政府补助补偿的成本费用是不是营业利润之中的项目，如果属于，就可以认为这个政府补助是与日常活动相关的。你比如说，软件企业收到的即征即退增值税，就与企业日常销售密切相关，所以计入其他收益。

"另一个就是看这个补助与日常销售等经营行为是不是密切相关，如果密切相关，也可以认为这个政府补助是与日常活动相关的。比如说遇到了自然灾害，政府给的补助资金，就是与日常活动无关的。这个时候才计入营业外收入。"灵樨看着小米笑着，给她举例子说了下。

"明白了，有了这个'功能'就能自动识别啦。"小米笑嘻嘻地冲灵樨说道。

"还有一个，比如固定资产处置，如果是出于出售或者转让等原因产生的固定资产处置利得或损失，是不在营业外收支里反映的，要反映在资产处置损益里，这里记的是报废清理所产生的利得或损失。还有捐赠利得，也要注意一下，如果企业接受股东或股东的子公司直接或间接的捐赠，而这个捐赠的经济实质属于股东对企业的资本性投入的，也是不在营业外收入里反映的，要在资本公积里反映。"灵樨补充道。

"这些明细表并不是死的，你可以根据自己公司的实际情况进行删减，公司不涉及的就可以删去，需要特别说明的，也可以在表中添加，常规项也就这些。但切记不要每月变来变去。"灵樨被小米逗得无奈地笑笑。

"哦，我说其他收入和其他支出下面怎么还有个1，2，3，4呢，原来是这个作用。"

"看来明细表的设计还真是要想得全面，看得长远，否则分分钟出纰漏。"这些明细表的设计让朵朵再次认识到了财务人员不仅要靠技能，还要有前瞻性的思考能力。

> **小贴士**
>
> 营业外收入是指企业发生的与其日常活动无直接关系的各项利得,主要包括非流动资产毁损报废利得、政府补助、盘盈利得、捐赠利得、罚款收入、债务重组利得等。
>
> 营业外支出是指企业发生的与其日常活动无直接关系的各项损失,主要包括非流动资产毁损报废损失、公益性捐赠支出、盘亏损失、罚款支出、非常损失、债务重组损失等。
>
> 非流动资产毁损报废损失在营业外支出中反映,这里的"毁损报废损失"通常包括出于由自然灾害引发毁损、已丧失使用功能等原因而报废清理产生的损失。企业在不同交易中形成的非流动资产毁损报废利得和损失不得相互抵消,应分别在营业外收入科目和营业外支出科目进行填列。

学写财务分析

"一份完整的财务报告,最不可缺少的就是财务分析。老板可能不会看你的财务报表,但一定会看你的财务分析。"灵樨对小米和朵朵说道。

"那是因为没有几个老板懂财务,所以他们才特别喜欢文字版的财务分析。"小米一语中的,直指要害。

"我认为财务分析是在讲故事,它告诉财报使用者公司的经营情况、财务状况、发展前景等。"朵朵也说道。

"行呀,朵朵,认知挺有深度呀!起码和我一样有深度,哈哈。"小米一向无笑点不生活。

"朵朵说得对,财务分析通常应该包括企业生产经营的基本情况,企业利润实现、分配及亏损情况,所有者权益变动情况,资金周转和收支情况四大内容,当然,还要加上国家调控、政策方针等对企业的经营影响。这些足以让你看到公司的经营情况、财务状况及发展前景了。"灵樨适时对朵朵的话做出解析。

"比如我们的财务分析,开篇不管用了多么优美的辞藻,肯定是用来介绍公司基本情况的。你一定要写明公司的名称是什么,有没有主管单位,是独资还是合资，投资人有谁，员工有多少，主营业务是什么，有没有兼营业务且兼营什么业务，执行的是什么会计政策等。一定要让看的人对公司有一个初步的了解。接下来是公司本月的经营情况，先大致汇总，然后再分类明说。顺序一般为先说收入，后说成本、费用，再说往来变动及清理，然后是税金及纳税情况、税负几何，之后是有无其他需要特别说明的事项，比如有没有调账，有没有持续未解决事项，有没有对经营影响重大的事项，有没有会造成潜在盈利或亏损的情况，等等。"灵樨将财务分析的写作要点一一说明。

"我把资产负债表和利润表用文字叙述一遍不就行了？"小米说道。

"你这样做就太过苍白无力了。数字大家都会看，但看懂是另一回事，所以才要有财务分析报告，告诉老板这些数字意味着什么。所谓分析，就是提供数字，加以比较，得出结论。所以一定要有比较。

"比如对收入的分析描述就至少要有这些内容。本月收入共计××万元，其中 A 型号音箱的销量最好，占总收入的比为 ×%。B 型号音箱的销量却不太乐观，收入只有 ×× 万元，市场份额只占到 ×%。本月与上月相比，A 型号音箱的销售额增加了 ×× 万元，环比增长 ×%，这主要是因为 A 型号音箱产品设计新颖，抓住了主流群体的消费口味，加之市场推广及售后配合，因此本月销量大幅上升。本月与去年同期相比，收入增加了 ×× 万元，同比增长 ×%，完成了计划的 ×%。如果公司实行了预算管理，还需要写明与预算相比较的情况。

"对成本和费用的分析亦如此，如果在收入里特别指出某型号或某产品，那它相应的成本里一定也要单独指出，并对毛利做出特别说明，以让老板对你特别指出的数据有一个系统性的掌握。切忌说一半，断头断尾会带给人混乱感。如果有新增费用或某笔费用本月较大，也应单独注明，并尽量分析出原因，以及判断此笔费用增大是否合理。

"对往来款的发生及清理，应先对整体情况做个概述，然后再针对个别进行点名分析。如果太多，就要对重要的做出说明，一般要列举出前 10 名的名单，还要将这些企业或个人的欠款还款情况、人员催收进展及责任人等说清楚，一定要让老板心中有数，并且知道最新的进展情况。

"对于税金情况，同样要先点出整体情况，税负多少，对主要税种进行分析——如本月缴纳税金 ×× 万元，其中增值税 ×× 万元，预缴企业所得税

××万元，以及有没有可享受的税收优惠。

"另外，资金的使用情况、票据情况、投融资情况，也要一一做出说明。

"最后，还是分析。常用财务指标有反映举债经营能力的资产负债率、反映变现能力的流动比率、反映存货管理水平的存货周转率、反映回款速度的应收账款周转率、反映销售收入收益水平的销售净利率、反映销售获取现金能力的销售现金比率等。不但要写明这些比率是多少，还要说明这些比率所带来的影响，并且给出行业正常值，以及我们与行业正常值的对比情况。如果能加上造成指标过高或过低的原因，老板一定会对你刮目相看。毕竟老板不一定懂财务，这些比率对他们来说只是数字而已，所以你要做的就是告诉他们这些数字背后的意义。"灵樭不仅想告诉小米和朵朵一份财务分析要怎么写，更想通过财务分析，让她俩了解到财务不能只局限在数字上，还应该有互动，和公司内外互动。

"我终于明白了为什么会说'千军易得，一将难求'了。我也终于明白了为什么有些公司的CFO那么受人尊敬了。我更明白了为什么会有那么多公司总是CFO临危受命兼任CEO了，CFO要了解的不仅仅是财务方面的事情，还要了解公司的运营及管理。最了解公司的不一定是CEO，但一定有CFO。怪不得有人说检验一个会计的水平就看他写的财务分析呢！对公司情况、行业发展做不到了然于心，写出的财务分析只能算是一份简单的财务报告公文，还是用一份财务报表的文字描述版。"朵朵把话听到了心里。

> **小贴士**
>
> 财务分析通常应该包括企业生产经营的基本情况，企业利润实现、分配及亏损情况，所有者权益变动情况，资金周转和收支情况四大内容，当然，还会加上国家调控、政策方针等对企业经营的影响。

装订凭证的手艺

"小米，你说刘洋舅舅的手艺怎么样？"灵樭问正在折纸条的小米。

"那还用说，好得没话说。"小米手也不停就说道。

"那你和他比呢？"

"我？没有可比性吧，我又不会木工。"

"看你折的这个纸条，就知道你不是那块料。"灵樨有点上火。

"灵樨姐，折这些纸条有什么用呀？"小米不明白为什么让她折这些纸条，灵樨要她把这些作废的凭证纸都折成1.5厘米宽的纸条。

"这是用来夹凭证的。你装订凭证时会发现，经常有一些报销的原始单据会被粘贴在凭证粘贴单的中间，将这样的凭证装订在一起，会使整本凭证看起来就像大肚子，中间太鼓。而装订线所在的左侧又太薄，这时就需要将这些纸条夹在凭证左侧，将左侧垫厚。这样装订出来的凭证就不会是鼓鼓的大肚子形状了。"虽然看不上小米的折纸技术，但灵樨还是很仔细地向小米说明了原因。

"凭证怎么装订呀？像古书一样穿绳吗？"小米好奇地问道。

"一本凭证一般在1.5～2厘米厚，每月按凭证量分别装订一本或几本。常用方法无外乎两种，一种是在左上角打三个排列如三角形的孔，另一种是在左侧打三个竖着排列的孔。但无论采用哪一种方法，在装订前一定要检查凭证的连续性、附件的完整性，去掉所有的金属物，并将凭证全部对齐。如果纸张面积大于记账凭证的原始凭证，可按记账凭证的面积尺寸，先自右向后，再自下向后进行两次折叠。千万不能折叠过头，否则将其折进了装订线里，你打上装订管之后，折叠的凭证也就打不开了。注意，应把凭证的左侧边缘让出来，以便在装订后，还可以展开查阅。由于凭证都是竖着摆放的，对齐一边也有利于摆放。"

"哈哈哈哈，谁会那么蠢，将折叠部分都订到装订线里，这样还能打开吗？以后要查的都是一张张钉死的凭证，翻都翻不开。哈哈哈哈。"小米听到这里大笑不止。

"你还别笑，要是不提醒，你就会干出这种蠢事。"朵朵指着小米笑道。

"凭证皮正面及侧面的要素一定要全部填全，财务主管及装订人员的印章一定要盖上，只有这样的凭证皮才可以和凭证装订在一起。如果你写的字实在拿不出手，就将时间、编码等要填的信息打印成小纸条粘贴在侧面。每本的粘贴位置要保持一致，这样既美观又方便查找。装订时，要在凭证左侧竖排打两个或三个孔。如果公司经济条件允许且凭证量比较大，可以购买热熔装订机,这可是装订机中的'战斗机',打孔装管一次成形。当然也有小型装订机,便宜且用起来也很方便。我们现在一切从简,你俩还是练习打孔穿绳吧,这种方法是最经得起时间考验的。"灵樨一边示范一边讲解怎么装订。

"凭证一定要装得整齐、牢固且美观大方,不能说还没翻查两次就'魂飞魄散'了。除了凭证,其他的财务资料如发票等也是要装订成册的,特别是年底的时候,还要将一年的财务报表等装订成册。有些公司会将所有原始单据扫描打印,这样全部的凭证都是 A4 纸大小的,装订起来很方便。特别是现在普及电子发票之后,原始凭证的打印规格全部设为 A4 纸,也有利于凭证的装订保存。"灵樨补充道。

"既然都扫描了,还打印什么?"小米问道。

"这要看公司的管理形式了,如果具备条件,电子档案也是可以的。不过对电子档案也是有要求的,不是你想形成电子档案就形成电子档案的,要满足一定的条件才行,而且这些条件还必须得同时满足。

1. 形成的电子会计资料来源真实有效,由计算机等电子设备形成和传输;

2. 使用的会计核算系统能够准确、完整、有效接收和读取电子会计资料,能够输出符合国家标准归档格式的会计凭证、会计账簿、财务会计报表等会计资料,设定了经办、审核、审批等必要的审签程序;

3. 使用的电子档案管理系统能够有效接收、管理、利用电子会计档案,符合电子档案的长期保管要求,并建立了电子会计档案与相关联的其他纸质会计档案的检索关系;

4. 采取有效措施,防止电子会计档案被篡改;

5. 建立电子会计档案备份制度,能够有效防范自然灾害、意外事故和人为破坏的影响;

6. 形成的电子会计资料不属于具有永久保存价值或者其他重要保存价值的会计档案。

"同时满足了上述这些条件,单位内部形成的属于归档范围的电子会计资料可仅以电子形式保存,形成电子会计档案。而且建立电子档案管理系统是未来企业档案管理的方向。"灵樨说道。

"我怎么觉得各种电子发票施行后，会计资料反而越来越多了呢？"朵朵想着那些发给她的二维码，她还得把这些发票的电子版保存好。

"就是，不仅要买硬盘来存储电子资料，还得把这些发票打印出来，也没见省纸呀。"小米也跟着吐槽了起来。

"现在绝大多数企业还是没有建立完整的电子档案管理系统的，但是发票电子化的推进是在有序进行的，要知道发票电子化实际也体现的是数据交易的规范化。所以会计档案的全面电子化是迟早的事。"

"灵椴姐，电子会计档案要如何整理归档呀？"既然是必然，那就先未雨绸缪吧。

"首先我们通常把电子会计档案按形式分为电子会计凭证、电子会计账簿、电子财务会计报告、其他电子会计资料这四类。其中，电子会计凭证需要按记账凭证号组件，将记账凭证及其附带的原始凭证、其他附件等组成一件，件内按记账凭证、原始凭证、其他附件这样的顺序排列。"

"我们在整理电子会计档案时别忘了设置目录文件，格式可以参考表6–18。

表6–18 电子会计档案登记表

序号	档号	文件号	题名	形成日期	保管期限	电子文件名	数量	备注
1								
2								
3								

档号、保管期限在编号后填写。

文件号根据电子会计资料的类别分别填写电子会计凭证号、电子会计账簿号或电子财务会计报告号。

电子会计凭证的题名填写"摘要"。

电子会计账簿的题名填写"会计期间＋账簿类别"。

其他电子会计资料题名填写其实际题名。

电子文件名填写电子会计档案的计算机文件名（含扩展名）。

数量填写电子会计档案包含电子文档的个数。

"电子会计档案存储结构则可以参考这个（见图6-1）。"说着灵椴又递过来一张图。

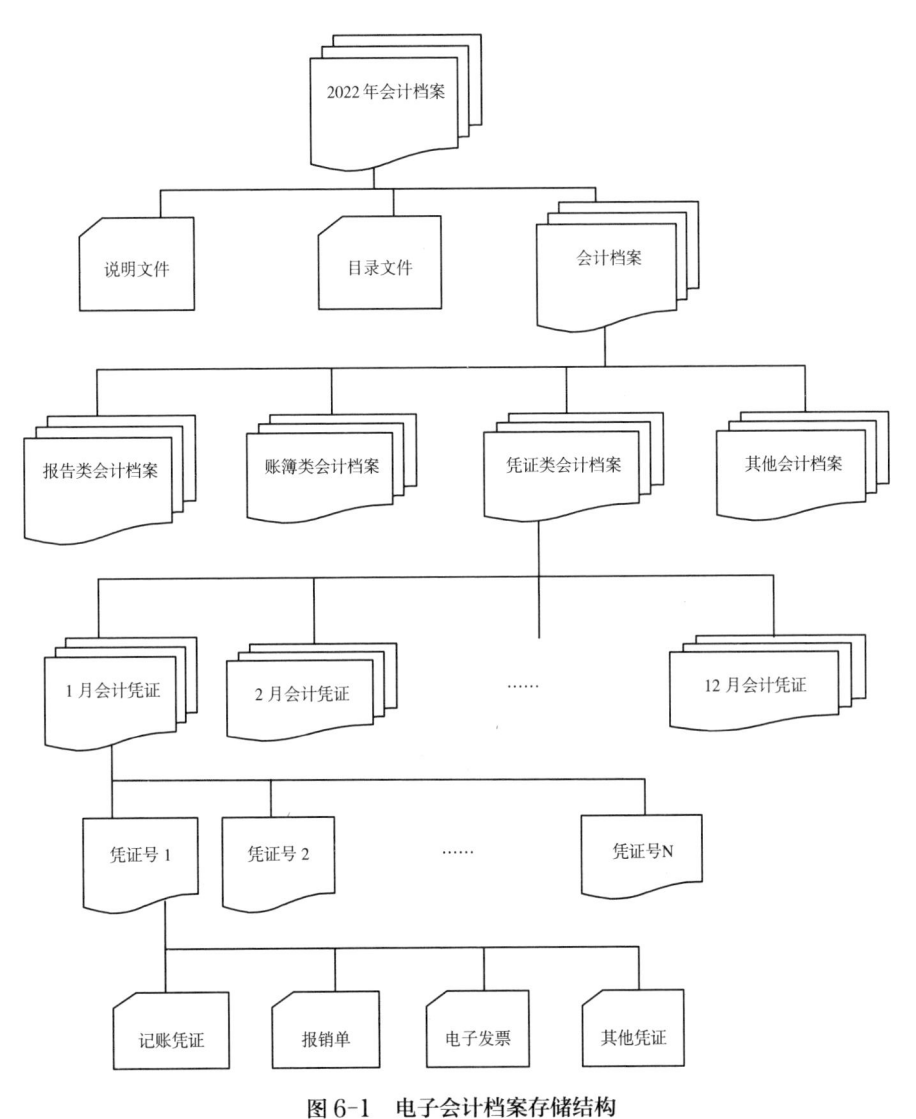

第6章 一切为了报表

```
                    ┌─────────────────┐
                    │  2022年会计档案  │
                    └────────┬────────┘
          ┌──────────────────┼──────────────────┐
    ┌─────┴─────┐      ┌─────┴─────┐      ┌─────┴─────┐
    │  说明文件  │      │  目录文件  │      │  会计档案  │
    └───────────┘      └───────────┘      └─────┬─────┘
                 ┌──────────┬──────────┼──────────┐
           ┌─────┴────┐┌────┴─────┐┌───┴──────┐┌──┴───────┐
           │报告类会计 ││账簿类会计││凭证类会计││其他会计档 │
           │   档案   ││   档案   ││   档案   ││   案    │
           └──────────┘└──────────┘└────┬─────┘└──────────┘
                   ┌─────────────┬──────┴──────────────┐
             ┌─────┴────┐  ┌─────┴────┐          ┌─────┴────┐
             │1月会计凭证│  │2月会计凭证│  ……    │12月会计凭证│
             └─────┬────┘  └──────────┘          └──────────┘
          ┌───────┼────────┬──────────┐
       ┌──┴──┐ ┌──┴──┐          ┌────┴──┐
       │凭证号1│ │凭证号2│  ……   │凭证号N│
       └──┬──┘ └─────┘          └───────┘
   ┌──────┼──────┬──────┐
┌──┴──┐┌──┴──┐┌──┴──┐┌──┴──┐
│记账凭证││报销单││电子发票││其他凭证│
└─────┘└─────┘└─────┘└─────┘
```

图 6-1 电子会计档案存储结构

"2月到12月的会计凭证是不是和1月的一样？"朵朵问道。

"是的。同纸质会计档案一样，电子会计档案也是按年来整理归档的。并且电子会计档案的保管也是有期限限制的。"灵樨说道。

"时间有多久？"小米问道。

"我这里有一张电子会计档案保管期限表（见表6-19），你俩看下。"说着灵樸就给了小米和朵朵一人一张表格。

表6-19 电子会计档案保管期限表

序号	档案名称	保管期限	备注
一、电子会计凭证			
1	原始凭证	30年	
2	记账凭证	30年	
二、电子会计账簿			
3	总账	30年	
4	明细账	30年	
5	日记账	30年	
6	固定资产卡片	固定资产报废清理后保管5年	
7	其他辅助性账簿	30年	
三、电子财务会计报告			
8	月度、季度、半年度财务会计报告	10年	
9	年度财务会计报告	永久	
四、其他电子会计资料			
10	银行存款余额调节表	10年	
11	银行对账单	10年	
12	纳税申报表	10年	
13	会计档案移交清册	30年	
14	会计档案保管清册	永久	
15	会计档案销毁清册	永久	
16	会计档案鉴定意见书	永久	
17	年度内部控制评价报告	永久	
18	年度内部控制审计报告	永久	

"最短期限都10年呀，最长还是永久，怪不得总听老人说什么'人死账不死'，原来在这等着呢！这永久可不是一辈子呀，那可是生生世世地球毁灭，绝对的真爱呀！"小米的震惊程度同样令人震惊。

小贴士

凭证资料的装订方法一般有线装、孔装等，对于需要永久保存的资料来说，线装用得最多，打孔装订也是长时间保存资料的常用方法。会计档案不允许用订书机一订了事。

• 《会计档案管理办法》（中华人民共和国财政部 国家档案局令第79号）第十四条：会计档案的保管期限分为永久、定期两类。定期保管期限一般分为10年和30年。

会计档案的保管期限，从会计年度终了后的第一天算起。

第六条规定，下列会计资料应当进行归档：

1. 会计凭证，包括原始凭证、记账凭证；
2. 会计账簿，包括总账、明细账、日记账、固定资产卡片及其他辅助性账簿；
3. 财务会计报告，包括月度、季度、半年度、年度财务会计报告；
4. 其他会计资料，包括银行存款余额调节表、银行对账单、纳税申报表、会计档案移交清册、会计档案保管清册、会计档案销毁清册、会计档案鉴定意见书及其他具有保存价值的会计资料。

第八条规定，同时满足下列条件的，单位内部形成的属于归档范围的电子会计资料可仅以电子形式保存，形成电子会计档案：

1. 形成的电子会计资料来源真实有效，由计算机等电子设备形成和传输；
2. 使用的会计核算系统能够准确、完整、有效接收和读取电子会计资料，能够输出符合国家标准归档格式的会计凭证、会计账簿、财务会计报表等会计资料，设定了经办、审核、审批等必要的审签程序；
3. 使用的电子档案管理系统能够有效接收、管理、利用电子会计档案，符合电子档案的长期保管要求，并建立了电子会计档案与相关联的其他纸质会计档案的检索关系；
4. 采取有效措施，防止电子会计档案被篡改；
5. 建立电子会计档案备份制度，能够有效防范自然灾害、意外事故和人为破坏的影响；
6. 形成的电子会计资料不属于具有永久保存价值或者其他重要保存价值的会计档案。

- 《财政部 国家档案局关于规范电子会计凭证报销入账归档的通知》（财会〔2020〕6号）第三条规定，除法律和行政法规另有规定外，同时满足下列条件的，单位可以仅使用电子会计凭证进行报销入账归档：

  1.接收的电子会计凭证经查验合法、真实；

  2.电子会计凭证的传输、存储安全、可靠，对电子会计凭证的任何篡改能够及时被发现；

  3.使用的会计核算系统能够准确、完整、有效接收和读取电子会计凭证及其元数据，能够按照国家统一的会计制度完成会计核算业务，能够按照国家档案行政管理部门规定格式输出电子会计凭证及其元数据，设定了经办、审核、审批等必要的审签程序，且能有效防止电子会计凭证重复入账；

  4.电子会计凭证的归档及管理符合《会计档案管理办法》（财政部 国家档案局第79号令）等要求。

第7章
智能报税

报税，报税

"灵樨姐，我们是不是还得报税呀？"朵朵战战兢兢地熬过月底，迎来了更让她心惊胆战的月初——她得报税了。

"是呀，每个月月初得把税报了。税种不同，征收的截止日期也不同，不过大都是在每个月的15日，遇见五一劳动节、十一国庆节这样的节假日会顺延。你可以关注下税务局的办税日历，以免错过了征收期。"灵樨说道。

"那我去下一个这样的软件去。"朵朵现在一听到什么好用，首先想到的就是小程序、APP，跟着互联网成长起来的人接受新事物还真是快。

"不用单独下什么软件了，税务机关的官网、官方APP、官方公众号里都有办税日历，留意一下就好。我们平时申报税款、找寻资料、办税都在官方网站，方便得很。"

"不用去办税大厅了吗？我看朋友圈里吐槽说排号1000多位，都不知道等到下班能不能排到。"朵朵想起她看到这个时的那一身冷汗，就不觉得打了个寒战。

"只要不是税务系统出现故障，或者进行大规模系统升级，这种情况一般不会让你遇见。好了，先说下报税前的准备工作吧。"

"嗯，我都需要准备什么？"朵朵心安了不少。

"报税之前，先确定公司和税务局、银行所签的三方委托扣款是成功的，以免申报完扣不成款就麻烦了。另外，确定用于申报税款所使用的电脑的系统是 Windows7 及以上，浏览器是 IE8 以上——注意是以上，IE8 都不行——不然你无法打开税务局的纳税申报网站。还有，确定是否安装有打印控件，这关系着你是否能打印出完税凭证及纳税申报表。另外，我建议你制作一张公司纳税申报认知表，将公司被核定的税种信息，需要月报、季报还是半年报、年报，以及各自的申报时间都列明，在每个税种的申报、扣款、打印等都完成后就打钩标记，这样每个月就不会出现有个别税种忘记申报的情况了，也可以避免申报了忘记扣款的情况发生。格式大概像这样，凭你自己的喜好列出就行。"灵樨特意交代了个前提工作，在纳税申报过程中出现的问题有可能是千奇百怪的，有时候你自己都难以置信。

"嗯，这个方法好，我也可以把月底对账、结账的内容列出来，省得我忘东忘西的。"小米不知什么时候走了过来，偷师也就算了，还学会了举一反三。

"是不是还需要购买电子证书之类的？"朵朵见有人拿着像 U 盘一样的电子钥匙。

"这个购买不购买在于公司，因为在实名认证以后是可以通过手机号、税号等方式登录的。而且这种通过购买证书实现登录的申报方式也会逐步退出，移动端申报会越来越普及。

"报税前你需要拿出整理打印好的发票开具信息统计表及进项税抵扣信息统计表，方便核对增值税申报时系统带出的销售信息，也方便你确认抵扣；拿出全套的财务报表和打印出的上月的纳税申报表，方便填报纳税申报表及核对信息；准备好工资表，以方便申报个人所得税。"

灵樨说话的工夫，朵朵就将所需资料找了出来。

"打开税务局官网，点开'纳税服务'，进入之后点击'电子税务局'，在登录后点击'我要办税'，进去之后在'税费申报及缴纳'里找到需要申报的税种，就可以进行纳税申报了（见图7-1）。如果要申报个人所得税，则需要另行下载自然人电子税务局客户端进行个人所得税的申报。税务局会不定期优化升级服务网站，所以隔三岔五你就会看到界面更新升级。各省税务局的界面也会有出入，但基本的操作方法都一样。如果赶上升级换代，就先看一下操作手册。"灵樨把申报的流程，以及以后可能会遇到的问题都说了一下。网络时代升级换代很快，灵樨这么做是为了防止她俩到时候一升级换代就追着问怎么又找不到了。

图 7-1 企业线上办税的相关操作

"还有按季申报的吗？"小米看到纳税申报认知表上的内容问道。

"财务报表可以选择按季申报，企业所得税也可以按季申报，另外还有一些企业，如银行、财务公司、信托投资公司、信用社、财政部和国家税务总局规定的其他纳税人可选择按季申报。如果是不能按固定期限纳税的，可以按次纳税。"灵樨解释道。

"灵樨姐，这个申报纳税的系统经常变吗？还有税率，你看这两年调整得多快呀！"朵朵比较担心，万一来个天天更新、月月不同那可怎么办。

"科技在发展，时代在进步，法律法规也要进步，税收服务就得跟上脚步，你看我们用的手机不也在天天更新升级嘛。你只要掌握内在的逻辑，即使外在的环境再怎么变，也是万变不离其宗。只要方法懂了，税率调成多少你都不怕。另外，我们现在实行的是'申报制'，也就是企业将自己的经营情况通过申报表的形式向税务机关申报。未来'申报制'会向'确认式申报'转型。'确认式申报'是指数据由税务系统自动带出，企业只需要确认就可以，像交水电费一样简单方便。目前'确认式申报'功能在上海、重庆、四川这3个省市上线，通过大数据和智能算税规则，发票数据能够自动提取，涉税申报数据可以预填，这样就大大压缩了企业申报税款的时间。由'申报制'转向'确认式申报'，也意味着主动权由企业端向税务端转移，这更意味着对企业合规的要求会越来越高——大数据时代数据的比对和提取都是相通的，这就要求企业更加重视合法合规经营了。"财务人员最忌墨守成规，要切记时刻更新自己的知识储备，以应对日新月异的科技发展。

小贴士

在工作中可以准备一份纳税申报认知表，将需要申报的纳税信息列示出来，完成一项后打钩标记，避免出现遗漏。

- 《国家税务总局关于开展2020年"便民办税春风行动"的意见》（税总发〔2020〕11号）规定：全面推进网上办税缴费。实现纳税人90%以上主要涉税服务事项网上办理。推行税务文书电子送达。

在部分地区先行先试的基础上，对新办纳税人免费发放税务UKey。

- 《国家税务总局关于扎实开展税务系统主题教育推出"便民办税春风行

动"第四批措施的通知》（税总纳服函〔2023〕72号）规定：依托税收大数据和智能算税规则，结合纳税人缴费人标签特征，在长三角区域、成渝双城经济圈的上海、四川、重庆3个省市上线"确认式申报"场景，对经营业务相对简单的纳税人缴费人提供"确认式申报"服务，通过数据智能预填服务，进一步压缩纳税人缴费人税费申报办理时长。

申报增值税

"我们先来看增值税的申报，一般是先申报主税，再申报附加税，因为附加税会根据所申报的主税进行自动取数。"

"我就害怕系统里的关联，总担心万一哪里没填好被关联出来，触发预警什么的。"朵朵对报税还是有点畏惧，担心自己的失误给企业带来麻烦。

"关于这点你就把心放肚子里吧，小错误谁都会犯，报税人员一点明显的操作失误是不会引来税收稽查的。税务人员也不是豺狼虎豹，税务机关更不是龙潭虎穴，别自己吓自己。"灵槎安慰着朵朵，同时点开了增值税申报的界面。

"你看这是增值税及附加税费申报表（见表7-1），也是我们所说的主表，它还有几张附表，分别是增值税及附加税费申报表附列资料（一）（本期销售情况明细）（见表7-2）、增值税及附加税费申报表附列资料（二）（本期进项税额明细）（见表7-3）、增值税及附加税费申报表附列资料（三）（服务、不动产和无形资产扣除项目明细）（见表7-4）、增值税及附加税费申报表附列资料（四）（税额抵减情况表）（见表7-5）、增值税及附加税费申报表附列资料（五）（附加税费情况表）（见表7-6）和增值税减免税申报明细表（见表7-7），我们分别将之称为附表一、附表二、附表三、附表四、附表五。这一系列表格的填报顺序是，根据注册的行业填写相关附表，先录入附表，主表汇总附表的信息，主附表统一保存。我们通常的顺序是附表一、附表二、附表三、主表、附表四、附表五。附表一是公司的开票情况，附表二是认证抵扣情况，也就是说，一个管的是销项，一个管的是进项。"

表 7-1 增值税及附加税费申报表
（一般纳税人适用）

根据国家税收法律法规及增值税相关规定制定本表。纳税人不论有无销售额，均应按税务机关核定的纳税期限填写本表，并向当地税务机关申报。

税款所属时间：自 年 月 日至 年 月 日

填表日期： 年 月 日　　　　　　　　　　　　金额单位：元（列至角分）

纳税人识别号（统一社会信用代码）：□□□□□□□□□□□□□□□□□□□□

所属行业：

纳税人名称		法定代表人姓名	注册地址	生产经营地址
开户银行及账号		登记注册类型		电话号码

	项目	栏次	一般项目		即征即退项目	
			本月数	本年累计	本月数	本年累计
销售额	（一）按适用税率计税销售额	1				
	其中：应税货物销售额	2				
	应税劳务销售额	3				
	纳税检查调整的销售额	4				
	（二）按简易办法计税销售额	5				
	其中：纳税检查调整的销售额	6				
	（三）免、抵、退办法出口销售额	7			—	—
	（四）免税销售额	8			—	—
	其中：免税货物销售额	9			—	—
	免税劳务销售额	10			—	—
税款计算	销项税额	11				
	进项税额	12				
	上期留抵税额	13			—	—
	进项税额转出	14				
	免、抵、退应退税额	15			—	—
	按适用税率计算的纳税检查应补缴税额	16				
	应抵扣税额合计	17=12+13-14-15+16			—	
	实际抵扣税额	18（如 17<11，则为 17，否则为 11）				
	应纳税额	19=11-18				

续表

项目		栏次	一般项目		即征即退项目	
			本月数	本年累计	本月数	本年累计
税款计算	期末留抵税额	20=17-18			—	—
	简易计税办法计算的应纳税额	21				
	按简易计税办法计算的纳税检查应补缴税额	22			—	—
	应纳税额减征额	23				
	应纳税额合计	24=19+21-23				
税款缴纳	期初未缴税额（多缴为负数）	25				
	实收出口开具专用缴款书退税额	26			—	—
	本期已缴税额	27=28+29+30+31				
	①分次预缴税额	28			—	—
	②出口开具专用缴款书预缴税额	29			—	—
	③本期缴纳上期应纳税额	30				
	④本期缴纳欠缴税额	31				
	期末未缴税额（多缴为负数）	32=24+25+26-27				
	其中：欠缴税额（≥0）	33=25+26-27			—	—
	本期应补(退)税额	34 = 24-28-29				
	即征即退实际退税额	35	—	—		
	期初未缴查补税额	36			—	—
	本期入库查补税额	37			—	—
	期末未缴查补税额	38=16+22+36-37			—	—
附加税费	城市维护建设税本期应补（退）税额	39			—	—
	教育费附加本期应补（退）费额	40			—	—
	地方教育附加本期应补（退）费额	41			—	—

声明：此表是根据国家税收法律法规及相关规定填写的，本人（单位）对填报内容（及附带资料）的真实性、可靠性、完整性负责。

纳税人（签章）： 年 月 日

经办人： 经办人身份证号： 代理机构签章： 代理机构统一社会信用代码：	受理人： 受理税务机关（章）： 受理日期： 年 月 日

表7-2 增值税及附加税费申报表附列资料（一）
（本期销售情况明细）

纳税人名称：(公章)　　税款所属时间：自 年 月 日至 年 月 日　　金额单位：元（列至角分）

项目及栏次		开具增值税专用发票		开具其他发票		未开具发票		纳税检查调整		合计		价税合计	服务、不动产和无形资产扣除项目本期实际扣除金额	含税（免税）销售额	扣除后 销项（应纳）税额
		销售额	销项（应纳）税额	销售额	销项（应纳）税额	销售额	销项（应纳）税额	销售额	销项（应纳）税额	销售额	销项（应纳）税额				
		1	2	3	4	5	6	7	8	9=1+3+5+7	10=2+4+6+8	11=9+10	12	13=11-12	14=13÷(100%+税率或征收率)×税率或征收率
一般计税方法计税	全部征税项目														
1 13%税率的货物及加工修理修配劳务															
2 13%税率的服务、不动产和无形资产													—	—	—
3 9%税率的货物及加工修理修配劳务													—	—	—
4 9%税率的服务、不动产和无形资产													—	—	—
5 6%税率													—	—	—

项目及栏次		开具增值税专用发票		开具其他发票		未开具发票		纳税检查调整		合计			服务、不动产和无形资产扣除项目本期实际扣除金额	扣除后	
		销售额	销项（应纳）税额	销售额	销项（应纳）税额	销售额	销项（应纳）税额	销售额	销项（应纳）税额	销售额	销项（应纳）税额	价税合计		含税（免税）销售额	销项（应纳）税额
		1	2	3	4	5	6	7	8	9 =1+3+5+7	10 =2+4+6+8	11 =9+10	12	13 =11-12	14=13÷(100%+税率或征收率)×税率或征收率
一、一般计税方法计税	其中：即征即退项目	6 即征即退货物及加工修理修配劳务													
		7 即征即退服务、不动产和无形资产	—	—	—	—	—	—	—	—	—	—	—	—
二、简易计税方法计税	全部征税项目	8 6%征收率	—	—	—	—	—	—	—	—	—	—	—	—
		9a 5%征收率的货物及加工修理修配劳务	—	—	—	—	—	—	—	—	—	—	—	—
		9b 5%征收率的服务、不动产和无形资产	—	—	—	—	—	—	—	—	—	—	—	—
		10 4%征收率	—	—	—	—	—	—	—	—	—	—	—	—

表7-2 增值税及附加税费申报表附列资料（一）（续）

项目及栏次		开具增值税专用发票		开具其他发票		未开具发票		纳税检查调整		合计			服务、不动产和无形资产扣除项目本期实际扣除金额	扣除后	
		销售额	销项（应纳）税额	销售额	销项（应纳）税额	销售额	销项（应纳）税额	销售额	销项（应纳）税额	销售额	销项（应纳）税额	价税合计		含税（免税）销售额	销项（应纳）税额
		1	2	3	4	5	6	7	8	9=1+3+5+7	10=2+4+6+8	11=9+10	12	13=11-12	14=13÷(100%+税率或征收率)×税率或征收率
二、简易计税方法计税	3%征收率的货物及加工修理修配劳务 11														
	3%征收率的服务、不动产和无形资产 12														
其中：即征即退项目	即征即退 预征率__% 13a														
	即征即退 预征率__% 13b														
	即征即退 预征率__% 13c														
	即征即退货物及加工修理修配劳务 14	—	—	—	—	—	—	—	—	—	—	—	—	—	—
	即征即退服务、不动产和无形资产 15	—	—	—	—	—	—	—	—	—	—	—	—	—	—

第7章 智能报税

项目及栏次		开具增值税专用发票		开具其他发票		未开具发票		纳税检查调整		合计			服务、不动产和无形资产扣除项目本期实际扣除金额	扣除后	
		销售额	销项(应纳)税额	销售额	销项(应纳)税额	销售额	销项(应纳)税额	销售额	销项(应纳)税额	销售额	销项(应纳)税额	价税合计		含税(免税)销售额	销项(应纳)税额
		1	2	3	4	5	6	7	8	9 =1+3 +5+7	10 =2+4 +6+8	11 =9+10	12	13 =11-12	14=13÷(100%+税率或征收率)×税率或征收率
三、免抵退税	16 货物及加工修理修配劳务	—	—	—	—	—	—	—	—	—	—	—	—	—	—
	17 服务、不动产和无形资产	—	—	—	—	—	—	—	—	—	—	—	—	—	—
四、免税	18 货物及加工修理修配劳务	—	—	—	—	—	—	—	—	—	—	—	—	—	—
	19 服务、不动产和无形资产	—	—	—	—	—	—	—	—	—	—	—	—	—	—

表 7-3 增值税及附加税费申报表附列资料（二）
（本期进项税额明细）

税款所属时间：自　年　月　日至　年　月　日

纳税人名称：（公章）　　　　　　　　　　　金额单位：元（列至角分）

一、申报抵扣的进项税额				
项目	栏次	份数	金额	税额
（一）认证相符的增值税专用发票	1=2+3			
其中：本期认证相符且本期申报抵扣	2			
前期认证相符且本期申报抵扣	3			
（二）其他扣税凭证	4=5+6+7+8a+8b			
其中：海关进口增值税专用缴款书	5			
农产品收购发票或者销售发票	6			
代扣代缴税收缴款凭证	7	—		
加计扣除农产品进项税额	8a	—	—	
其他	8b			
（三）本期用于购建不动产的扣税凭证	9			
（四）本期用于抵扣的旅客运输服务扣税凭证	10			
（五）外贸企业进项税额抵扣证明	11	—	—	
当期申报抵扣进项税额合计	12=1+4+11			

二、进项税额转出额		
项目	栏次	税额
本期进项税额转出额	13=14至23之和	
其中：免税项目用	14	
集体福利、个人消费	15	
非正常损失	16	
简易计税方法征税项目用	17	
免抵退税办法不得抵扣的进项税额	18	
纳税检查调减进项税额	19	
红字专用发票信息表注明的进项税额	20	
上期留抵税额抵减欠税	21	
上期留抵税额退税	22	
异常凭证转出进项税额	23a	
其他应作进项税额转出的情形	23b	

续表

三、待抵扣进项税额				
项目	栏次	份数	金额	税额
（一）认证相符的增值税专用发票	24	—		
期初已认证相符但未申报抵扣	25			
本期认证相符且本期未申报抵扣	26			
期末已认证相符但未申报抵扣	27			
其中：按照税法规定不允许抵扣	28			
（二）其他扣税凭证	29=30至33之和			
其中：海关进口增值税专用缴款书	30			
农产品收购发票或者销售发票	31			
代扣代缴税收缴款凭证	32		—	
其他	33			
	34			

四、其他				
项目	栏次	份数	金额	税额
本期认证相符的增值税专用发票	35			
代扣代缴税额	36	—	—	

表7-4　增值税及附加税费申报表附列资料（三）
（服务、不动产和无形资产扣除项目明细）

税款所属时间：自　年　月　日至　年　月　日

纳税人名称：(公章)　　　　　　　　　　　　金额单位：元(列至角分)

项目及栏次		本期服务、不动产和无形资产价税合计额（免税销售额）	服务、不动产和无形资产扣除项目				
			期初余额	本期发生额	本期应扣除金额	本期实际扣除金额	期末余额
		1	2	3	4=2+3	5（5≤1且5≤4）	6=4-5
13%税率的项目	1						
9%税率的项目	2						
6%税率的项目（不含金融商品转让）	3						
6%税率的金融商品转让项目	4						

续表

项目及栏次		本期服务、不动产和无形资产价税合计额（免税销售额）	服务、不动产和无形资产扣除项目				
			期初余额	本期发生额	本期应扣除金额	本期实际扣除金额	期末余额
		1	2	3	4=2+3	5（5≤1且5≤4）	6=4-5
5%征收率的项目	5						
3%征收率的项目	6						
免抵退税的项目	7						
免税的项目	8						

表7-5 增值税及附加税费申报表附列资料（四）
（税额抵减情况表）

税款所属时间：自 年 月 日至 年 月 日

纳税人名称：（公章） 金额单位：元（列至角分）

一、税额抵减情况

序号	抵减项目	期初余额	本期发生额	本期应抵减税额	本期实际抵减税额	期末余额
		1	2	3=1+2	4≤3	5=3-4
1	增值税税控系统专用设备费及技术维护费					
2	分支机构预征缴纳税款					
3	建筑服务预征缴纳税款					
4	销售不动产预征缴纳税款					
5	出租不动产预征缴纳税款					

二、加计抵减情况

序号	加计抵减项目	期初余额	本期发生额	本期调减额	本期可抵减额	本期实际抵减额	期末余额
		1	2	3	4=1+2-3	5	6=4-5
6	一般项目加计抵减额计算						
7	即征即退项目加计抵减额计算						
8	合计						

表 7-6 增值税及附加税费申报表附列资料（五）
（附加税费情况表）

纳税人名称：（公章） 税款（费）所属时间：自 年 月 日至 年 月 日

税（费）种		计税（费）依据/元			税(费)率/%	本期应纳税（费）额/元	本期减免税（费）额/元			试点建设培育产教融合型企业本期抵免金额	本期已缴税（费）额/元	本期应补（退）税（费）额/元
		增值税税额	增值税免抵税额	留抵退税本期扣除额			减免性质代码	减免税（费）额	减免性质代码			
		1	2	3	4	5=(1+2-3)×4	6	7	8	9	10	11=5-7-9-10
城市维护建设税	1											
教育费附加	2				—				—	—		
地方教育附加	3				—				—	—		
合计	4	—	—	—	—		—		—			
本期是否适用试点建设培育产教融合型企业抵免政策		□是 □否				当期新增投资额				5		
						上期留抵可抵免金额				6		
						结转下期可抵免金额				7		
可用于扣除的增值税留抵退税额使用情况						当期新增可用于扣除的留抵退税额				8		
						上期结存可用于扣除的留抵退税额				9		
						结转下期可用于扣除的留抵退税额				10		

"这么说不用填主表啦？"小米的法则永远是少填一个是一个。

"如果汇总的数据不对，是需要手工修改的。不仅仅是这张表，参考其他表算出来的数据不对时，也是要手动修改的，所以对这些表的表内和表间逻辑一定要清楚掌握。"灵樨强调道，"另外，增值税纳税申报表的表头也一定要核对，看有没有信息是错误的。"

"什么时候能智能到不用手动申报就好了。"小米颇期待智能时代的到来。

"这会儿你不怕被人工智能代替了？"朵朵难得调侃小米一回。

"即使全面实行'确认式申报'，也还需要劳驾你的手指点下'确认'键的，不过到时就更考验你对报表中数据间关联关系的了解程度了，不然有错都发现不了。"灵樨说道。

"虽然是先填附表，根据附表内容自动提取数据自动生成主表，但主、附表是相关联的，而且主表才是关键。申报系统和开票系统、增值税发票综合服务平台、电子税务局也是关联的，公司开出的发票和确认的增值税进项税发票数据都会自动提取。所以一定要弄懂主表。

"主表一共41栏，分为4部分，分别是销售额、税款计算、税款缴纳和附加税费。销售额是第1—10栏，税款计算是第11—24栏，税款缴纳是第25—38栏，附加税费是39—41栏。

"第1—10栏，又分四个部分。

"第一，按适用税率计算销售额，对应着附表一第一部分一般计税方法计税。

"第二，按简易办法计税销售额，其中第5栏的数字包括第6栏的数字，这部分对应着附表一第二部分简易计税方法计税。

"第三，按免、抵、退办法出口销售额，对应着附表一第三部分免抵退税。

"第四，免税销售额，对应着附表一第四部分免税。

"我们先看第一部分销售额。其中第1栏按适用税率计税销售额是第2，3，4栏的合计数，将应税货物销售额和应税劳务销售额分开填列，另外还包括纳税检查调整的销售额。这个应税货物销售额不仅仅是正常销售货物的销售额，还包括在财务上不销售但按税法规定应缴纳增值税的视同销售和价外费用销售额，以及外贸企业作价销售进料加工复出口的货物销售额。这里说一下纳税检查调整的销售额,这里要填的是因税务、财政、审计部门检查,并按一般计税方法在本期计算调整的销售额。注意一般项目列和即征即退项目列,因享受增值税即征即退政策的货物、劳务和服务、不动产、无形资产,经纳税检查属于偷税的,是不能填入即征即退项目这一列的,而要填入一般项目这一列。

"第1栏按适用税率计税销售额、一般项目列本月数,它和附表一第9列第1至5行之和减去第9列第6至7行之和是相等的。即征即退项目列本月数和附表一第9列第6至7行之和是相等的。第4栏纳税检查调整的销售额、一般项目列本月数和附表一第7列第1至5行之和相等。

"第5栏按简易办法计税销售额除了包括本期按简易计税办法计算增值税的销售额,还包括纳税检查调整的按简易计税方法计算增值税的销售额。一般项目列本月数要大于或等于附表一第9列第8至13b行之和减去第9列第14至15行之和。

"第7栏免、抵、退办法出口销售额填写本期适用免、抵、退税办法的出口货物、劳务和服务、无形资产的销售额。一般项目列本月数和附表一第9列第16至17行之和相等。

"第8栏免税销售额不仅包括免征增值税的销售额,还包括适用零税率的销售额,但不包括适用免、抵、退办法出口销售额。一般项目列本月数和附表一第9列第18至19行之和相等。

"下面是第二部分税款计算部分,我们要将其划分成三组来看:第一组第11—20栏为按适用税率计算的应纳税额,第二组第21—22栏为按简易计税办法计算的应纳税额(这里第21栏的按简易计税办法计算的应纳税额和第22栏的按简易计税办法计算的纳税检查应补缴税额是并列关系,而不是所属关系),以及第三组第23栏的应纳税额减征额。

"第二部分税款计算实际就是计算应纳税额的过程。进项税额+上期留抵税额-进项税额转出-免、抵、退应退税额+按适用税率计算的纳税检查应补缴税额=应抵扣税额合计。如果应抵扣税额小于销项税额,则当期实际抵扣税额为应抵扣税额合计数。如果当期应抵扣税额大于销项税额,那么当期的实际抵扣税额就为销项税额。当期的应纳税额就为销项税额减去实际抵扣税额,应抵扣税额与实际抵扣税额之间的差额就是期末留抵税额。本期的应纳税额合计就是应纳税额＋简易计税办法计算的应纳税额－应纳税额减征额。

"在这里说明一下，企业初次购买增值税税控系统专用设备支付的费用及每年缴纳的技术维护费允许在增值税应纳税额中全额抵减，抵减的金额就填在第23行应纳税额减征额这里，对应着附表四第1栏。

"剩下就是第三部分税款缴纳了，通过这部分能计算出本期应缴纳的税款是多少。计算逻辑就是本期应补（退）税额＝应纳税额合计－分次预缴税额－出口开具专用缴款书预缴税额，多退少补。其中的第27栏本期已缴税额就是企业已经实际缴纳的增值税额，但是不包括本期入库查补税额，这一部分被单独填在第37栏的本期入库查补税额。还有第28栏分次预缴税额填的是企业本期已缴纳的准予在本期增值税应纳税额中抵减的税额。

"2021年时将附加税费部分整合添加在了主表中，在主表原来的第38栏下增加了3栏，即城市维护建设税本期应补（退）税额、教育费附加本期应补（退）费额、地方教育附加本期应补（退）费额，其一般项目列本月数与附表五第11列相等。当填完增值税、消费税的相关数据后，附加税费部分的数据会自动带出，记得核对，如果有涉及相关减免的可能需要手动填入，填完记得核对。

"后面的附表就是对主表的进一步诠释。对销售情况明细进行说明的附表一为按适用税率对应开具专票情况和开具普票情况，以及未开票情况的分项明细，还有纳税检查调整后的销售额。对进项抵扣情况明细进行说明的附表二，分别对应申报抵扣、进项税额转出、待抵扣进项税额的细分明细。表中本期认证相符且本期未申报抵扣和认证结果通知书对照。附表三是由营改增应税服务有扣除项目的纳税人，即涉及服务、不动产、无形资产扣除项目的纳税人填写的，其他纳税人不需要填写，和附表一第12列对应。对附表四，我们需要填购买税控设备和支付技术维护费的金额，与主表第23栏对照。附表五，是对附加税费情况的填报，对应主表的第39至41栏。我们没有减免税事项，所以对增值税减免税申报明细表保存即可，将来如果有增值税减免税业务，在填报之前先行备案一下，不需要前置审批。"

表 7-7 增值税减免税申报明细表

税款所属时间：自　年　月　日 至　年　月　日

纳税人名称：(公章)　　　　　　　　　　　　　　金额单位：元(列至角分)

一、减税项目

减税性质代码及名称	栏次	期初余额	本期发生额	本期应抵减税额	本期实际抵减税额	期末余额
		1	2	3=1+2	4≤3	5=3-4
合计	1					
	2					
	3					
	4					
	5					
	6					

二、免税项目

免税性质代码及名称	栏次	免征增值税项目销售额	免税销售额扣除项目本期实际扣除金额	扣除后免税销售额	免税销售额对应的进项税额	免税额
		1	2	3=1-2	4	5
合计	7					
出口免税	8				—	
其中：跨境服务	9		—	—	—	
	10				—	
	11				—	
	12				—	
	13				—	
	14				—	
	15				—	
	16				—	

"那个税款所属时间是什么意思呀？"小米还在纠结所属期。

"税款所属时间就是申报的应纳税款的所属期间，月报就是上个月1号至31号，季报就是每个季度的1号至季末的最后1天。

"核对后没有问题就可以保存、申报、扣款了。所有的税种申报完成之后,一定要查询一下申报结果和扣款结果,以免发生未申报成功或未扣款成功而不自知的情况。"

"还真是智能报税。"小米此刻太喜欢"智能"二字了,这样的系统简直是为她量身打造的。

"我觉得还是要懂得申报表的表内和表间的钩稽关系,不然填错都找不出是哪错了。"朵朵还是注重本质的。

"基础还是要打牢的,有时候太智能的事物,反倒会将你变成傻瓜。要知道基础不牢,可是会地动山摇的。"灵樨特意强调基础,就是希望她俩现阶段不要事事都依赖智能化系统,要先将内在实务掌握牢靠。

小贴士

- 《国家税务总局关于增值税 消费税与附加税费申报表整合有关事项的公告》(国家税务总局公告2021年第20号):自2021年8月1日起,增值税、消费税分别与城市维护建设税、教育费附加、地方教育附加申报表整合,启用增值税及附加税费申报表(一般纳税人适用)、增值税及附加税费申报表(小规模纳税人适用)、增值税及附加税费预缴表和其附列资料,以及消费税及附加税费申报表(附件1—附件7),《废止文件及条款清单》(附件8)所列文件、条款同时废止。

- 《增值税法(征求意见稿)》第三十五条:增值税的计税期间分别为10日、15日、1个月、1个季度或者半年。纳税人的具体计税期间,由主管税务机关根据纳税人应纳税额的大小分别核定。以半年为计税期间的规定不适用于按照一般计税方法计税的纳税人。自然人不能按照固定计税期间纳税的,可以按次纳税。

  纳税人以1个月、1个季度或者半年为一个计税期间的,自期满之日起15日内申报纳税;以10日或者15日为一个计税期间的,自期满之日起5日内预缴税款,于次月1日起15日内申报纳税并结清上月应纳税款。

  扣缴义务人解缴税款的计税期间和申报纳税期限,依照前两款规定执行。

  纳税人进口货物,应当自海关填发海关进口增值税专用缴款书之日起15日内缴纳税款。

- 《税收征收管理法实施细则》（国务院令第 362 号）第一百零九条规定：税收征管法及本细则所规定期限的最后一日是法定休假日的，以休假日期满的次日为期限的最后一日；在期限内有连续 3 日以上法定休假日的，按休假日天数顺延。
- 《国家税务总局关于深化增值税改革有关事项的公告》（国家税务总局公告 2019 年第 14 号）第八条：适用加计抵减政策的生产、生活性服务业纳税人，应在年度首次确认适用加计抵减政策时，通过电子税务局（或前往办税服务厅）提交《适用加计抵减政策的声明》。

申报企业所得税

"2021 年 3 月，国家对企业所得税申报表（见表 7-8）进行了修订。这是在 2019 年和 2020 年修订后的又一次修订，简化力度更大，直接将原来需要填报的 4 张表缩减到 2 张，同时也增加了新的税收优惠项目，比如横琴粤澳深度合作区关于固定资产和无形资产的一次性扣除优惠，这也说明我们的申报表是紧跟政策步伐的（见表 7-9）。这张表也是主表加附表的形式，附表是关于资产加速折旧、摊销的优惠明细表，也是先填附表再填主表。"灵樨接着又点开了企业所得税的申报界面。

"企业所得税季报和月报所用的表一样呢。"朵朵看表头上并排写着的"月（季）"。

"企业所得税适用的是月（季）度预缴，年度汇算清缴。"

"在 12 月底汇算吗？"

"不是，企业所得税的汇算清缴有专门的时间段，是从会计年度结束后到次年的 5 月 31 日前结束。"

"这么长时间呀。"朵朵惊叹道，比起每个月的申报，她觉得这个汇算清缴时间简直不要太充裕。

"你看着时间很长，到汇算的时候就知道时间不够用了。"灵樨笑道，"这往往是个错觉，总觉得时间很长很充裕，到申报的时候才知道原来 5 个月时间也是很紧张的。"

"表头上的所属期间和增值税及附加税费申报表的填法一样吧？"看来小

米还没有忘记所属期间的填法。

"对，在正常情况下，填报税款所属期为月（季）度第一日至税款所属期月（季）度最后一日。要是公司在年度中间开业，在首次月（季）度预缴纳税申报时，将开始经营之日视为所属期的开始日，填报开始经营之日至税款所属月（季）度最后一日，以后月（季）度预缴纳税申报时按照正常情况填报就行了。"灵樨又特意解释了下，以帮助小米记忆。

表 7-8 中华人民共和国企业所得税月（季）度预缴纳税申报表（A 类）

税款所属期间：自　年　月　日至　年　月　日
纳税人识别号（统一社会信用代码）：□□□□□□□□□□□□□□□□□□
纳税人名称：　　　　　　　　　　　　　　金额单位：人民币元（列至角分）

优惠及附报事项有关信息										
项目	一季度		二季度		三季度		四季度		季度平均值
	季初	季末	季初	季末	季初	季末	季初	季末	
从业人数									
资产总额（万元）									
国家限制或禁止行业	□是 □否				小型微利企业				□是 □否
附报事项名称									金额或选项
事项1	（填写特定事项名称）								
事项2	（填写特定事项名称）								
预缴税款计算									本年累计
1	营业收入								
2	营业成本								
3	利润总额								
4	加：特定业务计算的应纳税所得额								
5	减：不征税收入								
6	减：资产加速折旧、摊销（扣除）调减额（填写 A201020）								
7	减：免税收入、减计收入、加计扣除（7.1+7.2+……）								
7.1	（填写优惠事项名称）								
7.2	（填写优惠事项名称）								
8	减：所得减免（8.1+8.2+……）								
8.1	（填写优惠事项名称）								
8.2	（填写优惠事项名称）								

续表

	预缴税款计算	本年累计
9	减：弥补以前年度亏损	
10	实际利润额（3+4-5-6-7-8-9）/按照上一纳税年度应纳税所得额平均额确定的应纳税所得额	
11	税率（25%）	
12	应纳所得税额（10×11）	
13	减：减免所得税额（13.1+13.2+……）	
13.1	（填写优惠事项名称）	
13.2	（填写优惠事项名称）	
14	减：本年实际已缴纳所得税额	
15	减：特定业务预缴（征）所得税额	
16	本期应补（退）所得税额（12-13-14-15）/税务机关确定的本期应纳所得税额	
	汇总纳税企业总分机构税款计算	
17		总机构本期分摊应补（退）所得税额（18+19+20）	
18	总机构	其中：总机构分摊应补（退）所得税额（16×总机构分摊比例__%）	
19		财政集中分配应补（退）所得税额（16×财政集中分配比例__%）	
20		总机构具有主体生产经营职能的部门分摊所得税额（16×全部分支机构分摊比例__%×总机构具有主体生产经营职能部门分摊比例__%）	
21	分支机构	分支机构本期分摊比例	
22		分支机构本期分摊应补（退）所得税额	
	实际缴纳企业所得税计算	
23	减：民族自治地区企业所得税地方分享部分： □ 免征 □ 减征：减征幅度__%	本年累计应减免金额 [（12-13-15）×40%×减征幅度]	
24	实际应补（退）所得税额	

谨声明：本纳税申报表是根据国家税收法律法规及相关规定填报的，是真实的、可靠的、完整的。

纳税人（签章）： 年 月 日

经办人：
经办人身份证号：
代理机构签章：
代理机构统一社会信用代码：

受理人：
受理税务机关（章）：

受理日期： 年 月 日

国家税务总局监制

表 7-9 资产加速折旧、摊销（扣除）优惠明细表

行次	项目	本年享受优惠的资产原值	本年累计折旧/摊销（扣除）金额				
			账载折旧/摊销金额	按照税收一般规定计算的折旧/摊销金额	享受加速政策计算的折旧/摊销金额	纳税调减金额	享受加速政策优惠金额
		1	2	3	4	5	6(4-3)
1	一、加速折旧、摊销（不含一次性扣除，1.1+1.2+……）						
1.1	（填写优惠事项名称）						
1.2	（填写优惠事项名称）						
2	二、一次性扣除（2.1+2.2+……）						
2.1	（填写优惠事项名称）						
2.2	（填写优惠事项名称）						
3	合计（1+2）						

"从业人数资产总额、是否属于国家限制和禁止行业，以及是不是小型微利企业都是必报项。我们是年中开业的，季初人数就是我们开业时的人数。而资产总额则根据资产负债表中的资产总额填列。"

"营业收入、营业成本，这个我会填，就依照我们的利润表填。"小米往下看着，发现这个表她也能轻松搞定。

"那是填利润表中的哪列数呀？"灵槑问道。

"当然是本期数了，有所属期的嘛。"小米斩钉截铁地说道。

"营业收入填的是截至本税款所属期末，按照国家统一会计制度规定核算的本年累计营业收入。也就是说，不管你前面已经预缴过几个月的了，后面申报的时候仍然要从 1 月 1 日开始。"

"那要预缴申报第二季度的，就要填 1 月 1 日至 6 月 30 日的累计营业收入了？"小米听后说道。

"是的，这个表用的数据一定是本年累计数。所以接下来的营业成本和利润总额也是如此，也要填本年累计的数据。这里要特别说明一下，这个数不能倒挤，别一看到下面是利润总额，没有列出费用、税金等项目，就用营业

收入减去利润总额倒挤出营业成本,这是不对的。营业成本一定是填按会计制度的要求核算的本年累计营业成本,不能自己增减。"灵樨专门对营业成本的填写进行了说明,防止她俩采用倒挤的方式挤数。

"那下面这个特定业务是什么?"朵朵指着第 4 栏问道。

"这是房地产开发企业填写的,是针对房地产开发企业销售的未完工开发产品的预售收入,是用税收规定的预计计税毛利率计算的预计毛利额,扣除实际缴纳且在会计核算中未计入当期损益的土地增值税等税金及附加后的金额。"灵樨解释道,"下面的不征税收入一定是包含在利润总额里的数,所以这里要减去,没有不征税收入时,忽略就行。要填写下面的资产加速折旧、摊销(扣除)调减额,就需要先填附表,也就是资产加速折旧、摊销(扣除)优惠明细表,主表数据是关联生成的。该附表分两类,加速折旧、摊销和一次性扣除。根据自己的实际情况增加行填写,每一项增加一行,不要混搭。加速折旧、摊销的涉及 6 项,一次性扣除的涉及 5 项,具体事项可看这两张表(见表 7-10,表 7-11)。"说着灵樨递来了两张表格。

表 7-10　资产加速折旧、摊销优惠事项表

序号	优惠事项名称
1	重要行业固定资产加速折旧
2	其他行业研发设备加速折旧
3	海南自由贸易港企业固定资产加速折旧
4	海南自由贸易港企业无形资产加速摊销
5	横琴粤澳深度合作区企业固定资产加速折旧
6	横琴粤澳深度合作区企业无形资产加速摊销

表 7-11　资产一次性扣除优惠事项表

序号	优惠事项名称
1	500 万元以下设备器具一次性扣除
2	海南自由贸易港企业固定资产一次性扣除
3	海南自由贸易港企业无形资产一次性摊销
4	横琴粤澳深度合作区企业固定资产一次性扣除
5	横琴粤澳深度合作区企业无形资产一次性扣除

"接下来是免税收入、减计收入、加计扣除,这一项和下面的所得减免之前都是以单独的附表形式存在的,填好该附表后,主表数据自动带出,2021年修订时将该附表删除,以增加7.1、7.2和8.1、8.2这样的栏次来填列。同样是根据自身情况,通过增加栏次来填列,涉及的项目可以参考这几张表(见表7-12,表7-13,表7-14,表7-15)。

表7-12 免税收入优惠事项表

序号	优惠事项名称
1	国债利息收入免征企业所得税
2	一般股息红利等权益性投资收益免征企业所得税
3	通过沪港通投资且连续持有H股满12个月取得的股息红利所得免征企业所得税
4	通过深港通投资且连续持有H股满12个月取得的股息红利所得免征企业所得税
5	持有创新企业CDR取得的股息红利所得免征企业所得税
6	永续债利息收入免征企业所得税
7	符合条件的非营利组织的收入免征企业所得税
8	中国清洁发展机制基金取得的收入免征企业所得税
9	投资者从证券投资基金分配中取得的收入免征企业所得税
10	取得的地方政府债券利息收入免征企业所得税
11	中国保险保障基金有限责任公司取得的保险保障基金等收入免征企业所得税
12	中国奥委会取得北京冬奥组委支付的收入免征企业所得税
13	中国残奥委会取得北京冬奥组委分期支付的收入免征企业所得税
14	取得的基础研究收入免征企业所得税
15	其他

表7-13 减计收入优惠事项表

序号	优惠事项名称
1	综合利用资源生产产品取得的收入在计算应纳税所得额时减计收入
2	金融机构取得的涉农贷款利息收入在计算应纳税所得额时减计收入
3	保险机构取得的涉农保费收入在计算应纳税所得额时减计收入
4	小额贷款公司取得的农户小额贷款利息收入在计算应纳税所得额时减计收入
5	取得铁路债券利息收入减半征收企业所得税
6	取得的社区家庭服务收入在计算应纳税所得额时减计收入
7	其他

表 7-14 加计扣除优惠事项表

序号	优惠事项名称
1	企业开发新技术、新产品、新工艺发生的研究开发费用加计扣除（制造业按 100% 加计扣除）
2	企业开发新技术、新产品、新工艺发生的研究开发费用加计扣除（其他企业按 100% 加计扣除）
3	企业开发新技术、新产品、新工艺发生的研究开发费用加计扣除（科技型中小企业按 100% 加计扣除）
4	企业为获得创新性、创意性、突破性的产品进行创意设计活动发生的相关费用加计扣除（制造业按 100% 加计扣除）
5	企业为获得创新性、创意性、突破性的产品进行创意设计活动发生的相关费用加计扣除（其他企业按 100% 加计扣除）
6	企业为获得创新性、创意性、突破性的产品进行创意设计活动发生的相关费用加计扣除（科技型中小企业按 100% 加计扣除）
7	企业投入基础研究支出加计扣除（按 100% 加计扣除）

表 7-15 所得减免优惠事项表

序号	优惠事项名称
1	从事农、林、牧、渔业项目的所得减免征收企业所得税（免税项目）
2	从事农、林、牧、渔业项目的所得减免征收企业所得税（减半项目）
3	从事国家重点扶持的公共基础设施项目（除农村饮水工程）投资经营的所得定期减免企业所得税
4	从事农村饮水工程新建项目投资经营的所得定期减免企业所得税
5	从事符合条件的环境保护、节能节水项目的所得定期减免企业所得税
6	符合条件的一般技术转让项目所得减免征收企业所得税
7	符合条件的中关村国家自主创新示范区特定区域技术转让项目所得减免征收企业所得税
8	实施清洁发展机制项目的所得定期减免企业所得税
9	符合条件的节能服务公司实施合同能源管理项目的所得定期减免企业所得税
10	线宽小于 130 纳米（含）的集成电路生产项目的所得减免企业所得税
11	线宽小于 65 纳米（含）或投资额超过 150 亿元的集成电路生产项目的所得减免企业所得税
12	国家鼓励的线宽小于 130 纳米（含）的集成电路生产项目的所得减免企业所得税
13	国家鼓励的线宽小于 65 纳米（含）的集成电路生产项目的所得减免企业所得税
14	国家鼓励的线宽小于 28 纳米（含）的集成电路生产项目的所得减免企业所得税
15	其他

"企业所得税月（季）度预缴纳税申报表表内的逻辑关系是：利润总额＋特定业务计算的应纳税所得额－不征税收入－资产加速折旧、摊销（扣除）调整额－免税收入、减计收入、加计扣除－所得减免－弥补以前年度亏损＝实际利润额，实际利润额乘以 25% 的所得税率就是应纳所得税额，然后减去减免所得税额和本年实际已缴纳所得税额及特定业务预缴（征）所得税额，就是当期应补或应退的所得税额。如果结果小于 0，应补（退）所得税额就为 0 元。

"其中减免所得税额涉及 37 项，同样是将以前以附表形式填列的内容合并到主表中，并以增加栏次的方式填列，涉及项目可以参看这张表（见表7-16），选择符合自身情况的填列即可。

表 7-16　所得减免优惠事项表

序号	类别	优惠事项名称
1	小微企业	符合条件的小型微利企业减免企业所得税
2	高新技术企业	国家需要重点扶持的高新技术企业减按 15% 的税率征收企业所得税
3		经济特区和上海浦东新区新设立的高新技术企业在区内取得的所得定期减免企业所得税
4	软件、集成电路企业（原政策继续执行至到期）	线宽小于 0.8 微米（含）的集成电路生产企业减免企业所得税
5		线宽小于 0.25 微米的集成电路生产企业减免企业所得税
6		投资额超过 80 亿元的集成电路生产企业减免企业所得税
7		新办集成电路设计企业减免企业所得税
8		符合条件的软件企业减免企业所得税
9		线宽小于 130 纳米（含）的集成电路生产企业减免企业所得税
10		线宽小于 65 纳米（含）或投资额超过 150 亿元的集成电路生产企业减免企业所得税
11	软件、集成电路企业（新政策）	国家鼓励的线宽小于 28 纳米（含）集成电路生产企业减免企业所得税
12		国家鼓励的线宽小于 65 纳米（含）集成电路生产企业减免企业所得税
13		国家鼓励的线宽小于 130 纳米（含）集成电路生产企业减免企业所得税
14		国家鼓励的集成电路设计企业减免企业所得税
15		国家鼓励的重点集成电路设计企业减免企业所得税
16		国家鼓励的集成电路装备企业减免企业所得税
17		国家鼓励的集成电路材料企业减免企业所得税

续表

序号	类别	优惠事项名称
18	软件、集成电路企业（新政策）	国家鼓励的集成电路封装、测试企业减免企业所得税
19		国家鼓励的软件企业减免企业所得税
20		国家鼓励的重点软件企业减免企业所得税
21	技术先进型服务企业	技术先进型服务企业（服务外包类）减按15%的税率征收企业所得税
22		技术先进型服务企业（服务贸易类）减按15%的税率征收企业所得税
23	特定类型企业	动漫企业自主开发、生产动漫产品定期减免企业所得税
24		经营性文化事业单位转制为企业的免征企业所得税
25		符合条件的生产和装配伤残人员专门用品企业免征企业所得税
26		从事污染防治的第三方企业减按15%的税率征收企业所得税
27	区域性政策	设在西部地区的鼓励类产业企业减按15%的税率征收企业所得税
28		新疆困难地区新办企业定期减免企业所得税
29		新疆喀什、霍尔果斯特殊经济开发区新办企业定期免征企业所得税
30		福建平潭综合实验区鼓励类产业企业减按15%税率征收企业所得税
31		深圳前海深港现代服务业合作区鼓励类产业企业减按15%税率征收企业所得税
32		广东横琴粤澳深度合作区鼓励类产业企业减按15%税率征收企业所得税
33		上海自贸试验区临港新片区的重点产业企业减按15%的税率征收企业所得税
34		海南自由贸易港鼓励类企业减按15%税率征收企业所得税
35		南沙先行启动区鼓励类产业企业减按15%税率征收企业所得税
36	专项政策	北京冬奥组委、北京冬奥会测试赛赛事组委会免征企业所得税
37	其他	其他

"附列信息是必报项目（见表7-17），一定要保证高新技术企业证书在有效期内，否则该企业将不能享受15%的优惠税率。"灵樨将企业所得税月（季）度预缴纳税申报表说了一遍，并特别提了注意事项，防止朵朵和小米踩坑。

表7-17 企业所得税附报事项表

序号	附报事项名称
1	扶贫捐赠支出全额扣除
2	软件、集成电路企业优惠政策适用类型
3	高新技术企业证书发放时间

"新修订的表中添加了23栏和24栏,这是由民族自治地区纳税人填报的。"灵樨顺着把表如何填报说了下。

"以前年度的亏损还可以弥补吗?"朵朵很好奇这个弥补,想知道是不是她所理解的——弥补就意味着后面有盈利也不需要缴所得税了。

"可以的,一般企业的弥补期是5年,高新技术企业和科技型中小企业的弥补期被延长到了10年。其实企业所得税的税收减免优惠还是很多的,企业只要达到条件就可以享受,免税收入、减计收入、加计扣除、所得减免,以及资产加速折旧、摊销(扣除)调整额和减免所得税额栏次,都是相关体现。像企业雇用残疾人工作,支付残疾人工资,只要符合条件,就可以按实际工资加计100%扣除。还有开发新技术、新产品、新工艺发生的研究开发费用也可以100%加计扣除。这些优惠政策能帮助企业节约不少税金。财务人员带给企业的利润是不显山不露水的,你比别人掌握得多,帮企业达到减免条件,避免税收风险,都是在为企业创造利润。比如公司从没有招聘过残疾人员,而你说服老板给公司招聘了残疾人员工,或者以前公司给残疾人支付工资的形式是发现金,而你通过努力将支付方式改变为向银行卡转账,从而达到加计扣除的条件,不仅提高了工作效率,还为公司节省了大笔税金,这不是创造利润是什么?"灵樨肯定了朵朵的疑虑,另外又补充了几个常用的优惠政策(见表7-18,表7-19)。

"嗯!我们是低调又无私的奉献者!"小米忽然升起了一种自豪感,她从没想过,会计这个职业也能创造利润。她一直以来都觉得是销售人员在创造利润,没想到财务人员创造起利润来一点都不比销售人员差。

"加计就是增加成本的意思吧?可以扣除的成本多了,要缴的税就少了。是不是只要享受了优惠就要申报,要是优惠过后不用缴税也要申报吧?"朵朵问道。

"对,只要享受了减税、免税待遇的,不分税种,在减税、免税期间就应当按照规定办理纳税申报。涉及的事项表你们一定要熟悉,它们简直就是所得税优惠的精简版手册。"灵樨说道。

表 7-18 免税、减计收入及加计扣除优惠明细表

行次	项目	金额
1	一、免税收入（2+3+9+……+16）	
2	（一）国债利息收入免征企业所得税	
3	（二）符合条件的居民企业之间的股息、红利等权益性投资收益免征企业所得税（4+5+6+7+8）	
4	1.一般股息红利等权益性投资收益免征企业所得税	
5	2.内地居民企业通过沪港通投资且连续持有H股满12个月取得的股息红利免征企业所得税	
6	3.内地居民企业通过深港通投资且连续持有H股满12个月取得的股息红利免征企业所得税	
7	4.居民企业持有创新企业CDR取得的股息红利所得免征企业所得税	
8	5.符合条件的居民企业之间属于股息、红利性质的永续债利息收入免征企业所得税	
9	（三）符合条件的非营利组织的收入免征企业所得税	
10	（四）中国清洁发展机制基金取得的收入免征企业所得税	
11	（五）投资者从证券投资基金分配中取得的收入免征企业所得税	
12	（六）取得的地方政府债券利息收入免征企业所得税	
13	（七）中国保险保障基金有限责任公司取得的保险保障基金等收入免征企业所得税	
14	（八）中国奥委会取得北京冬奥组委支付的收入免征企业所得税	
15	（九）中国残奥委会取得北京冬奥组委分期支付的收入免征企业所得税	
16	（十）其他（16.1+16.2）	
16.1	1.取得的基础研究资金收入免征企业所得税	
16.2	2.其他	
17	二、减计收入（18+19+23+24）	
18	（一）综合利用资源生产产品取得的收入在计算应纳税所得额时减计收入	
19	（二）金融、保险等机构取得的涉农利息、保费减计收入（20+21+22）	
20	1.金融机构取得的涉农贷款利息收入在计算应纳税所得额时减计收入	
21	2.保险机构取得的涉农保费收入在计算应纳税所得额时减计收入	
22	3.小额贷款公司取得的农户小额贷款利息收入在计算应纳税所得额时减计收入	
23	（三）取得铁路债券利息收入减半征收企业所得税	
24	（四）其他（24.1+24.2）	
24.1	1.取得的社区家庭服务收入在计算应纳税所得额时减计收入	
24.2	2.其他	

续表

行次	项目	金额
25	三、加计扣除（26+27+28+29+30）	
26	（一）开发新技术、新产品、新工艺发生的研究开发费用加计扣除	
27	（二）科技型中小企业开发新技术、新产品、新工艺发生的研究开发费用加计扣除	
28	（三）企业为获得创新性、创意性、突破性的产品进行创意设计活动而发生的相关费用加计扣除（加计扣除比例及计算方法：____）	
28.1	其中：第四季度相关费用加计扣除	
28.2	前三季度相关费用加计扣除	
29	（四）安置残疾人员所支付的工资加计扣除	
30	（五）其他（30.1+30.2+30.3）	
30.1	1. 企业投入基础研究支出加计扣除	
30.2	2. 高新技术企业设备器具加计扣除	
30.3	3. 其他	
31	合计（1+17+25）	

表 7-19　减免所得税优惠明细表

行次	项目	金额
1	一、符合条件的小型微利企业减免企业所得税	
2	二、国家需要重点扶持的高新技术企业减按 15% 的税率征收企业所得税	
3	三、经济特区和上海浦东新区新设立的高新技术企业在区内取得的所得定期减免企业所得税	
4	四、受灾地区农村信用社免征企业所得税	
5	五、动漫企业自主开发、生产动漫产品定期减免企业所得税	
6	六、线宽小于 0.8 微米（含）的集成电路生产企业减免企业所得税	
7	七、线宽小于 0.25 微米的集成电路生产企业减按 15% 税率征收企业所得税	
8	八、投资额超过 80 亿元的集成电路生产企业减按 15% 税率征收企业所得税	
9	九、线宽小于 0.25 微米的集成电路生产企业减免企业所得税	
10	十、投资额超过 80 亿元的集成电路生产企业减免企业所得税	
11	十一、新办集成电路设计企业减免企业所得税	
12	十二、国家规划布局内集成电路设计企业可减按 10% 的税率征收企业所得税	
13	十三、符合条件的软件企业减免企业所得税	
14	十四、国家规划布局内重点软件企业可减按 10% 的税率征收企业所得税	

续表

行次	项目	金额
15	十五、符合条件的集成电路封装测试企业定期减免企业所得税	
16	十六、符合条件的集成电路关键专用材料生产企业、集成电路专用设备生产企业定期减免企业所得税	
17	十七、经营性文化事业单位转制为企业的免征企业所得税	
18	十八、符合条件的生产和装配伤残人员专门用品企业免征企业所得税	
19	十九、技术先进型服务企业（服务外包类）减按15%的税率征收企业所得税	
20	二十、技术先进型服务企业（服务贸易类）减按15%的税率征收企业所得税	
21	二十一、设在西部地区的鼓励类产业企业减按15%的税率征收企业所得税（主营业务收入占比___%）	
22	二十二、新疆困难地区新办企业定期减免企业所得税	
23	二十三、新疆喀什、霍尔果斯特殊经济开发区新办企业定期免征企业所得税	
24	二十四、广东横琴、福建平潭、深圳前海、广东南沙等地区的鼓励类产业企业减按15%税率征收企业所得税	
25	二十五、北京冬奥组委、北京冬奥会测试赛赛事组委会免征企业所得税	
26	二十六、线宽小于130纳米（含）的集成电路生产企业减免企业所得税	
27	二十七、线宽小于65纳米（含）或投资额超过150亿元的集成电路生产企业减免企业所得税	
28	二十八、其他（28.1+28.2+28.3+28.4+28.5+28.6）	
28.1	（一）从事污染防治的第三方企业减按15%的税率征收企业所得税	
28.2	（二）上海自贸试验区临港新片区的重点产业企业减按15%的税率征收企业所得税	
28.3	（三）海南自由贸易港的鼓励类产业企业减按15%税率征收企业所得税	
28.4	（四）国家鼓励的集成电路和软件企业减免征收企业所得税政策	
28.5	（五）其他1	
28.6	（六）其他2	
29	二十九、减：项目所得额按法定税率减半征收企业所得税叠加享受减免税优惠	
30	三十、支持和促进重点群体创业就业企业限额减征企业所得税（30.1+30.2）	
30.1	（一）企业招用建档立卡贫困人口就业扣减企业所得税	
30.2	（二）企业招用登记失业半年以上人员就业扣减企业所得税	
31	三十一、扶持自主就业退役士兵创业就业企业限额减征企业所得税	
32	三十二、符合条件的公司型创投企业按照企业年末个人股东持股比例减免企业所得税（个人股东持股比例___%）	
33	合计（1+2+……+28+29+30+31+32）	

"为什么不能免于申报？"小米现在无限憧憬能把这些烦人的申报都免了。

"你知道自己是因为税收优惠，所以应缴税款为0元，但你如果不申报，税务机关怎么会知道呢？你要把这个过程通过纳税申报的过程告知税务机关，这同时也有利于国家统计优惠政策的受惠情况呀。不过呀，教你个小窍门，你可以将企业个别不常发生的税种的申报方式改为按次申报，这样可以减少一些工作量。"该偷的懒还是要偷的，灵樶最反对盲目工作了。

"哈哈哈，就好像锦衣夜行，有免税的条件却不炫耀。"小米这比喻也是绝了。

"不过在智能办税和流程精简上，国家还是做了很多的，未来可期，还是期待一下吧！"灵樶对未来的智能时代还是很期待的。

小贴士

- 《国家税务总局关于企业所得税年度纳税申报有关事项的公告》（国家税务总局公告2022年第27号）对《中华人民共和国企业所得税年度纳税申报表（A类，2017年版）》部分表单和填报说明进行修订，修订内容适用于2022年度及以后年度企业所得税汇算清缴申报。《国家税务总局关于发布〈中华人民共和国企业所得税年度纳税申报表（A类，2017年版）〉的公告》（2017年第54号）、《国家税务总局关于修订〈中华人民共和国企业所得税年度纳税申报表（A类，2017年版）〉部分表单样式及填报说明的公告》（2018年第57号）、《国家税务总局关于修订企业所得税年度纳税申报表的公告》（2020年第24号）、《国家税务总局关于企业所得税年度汇算清缴有关事项的公告》（2021年第34号）中的相关表单和填报说明同时废止。

- 《税收征收管理法实施细则》第三十二条：纳税人享受减税、免税待遇的，在减税、免税期间应当按照规定办理纳税申报。

- 《财政部 税务总局关于延长高新技术企业和科技型中小企业亏损结转年限的通知》（财税〔2018〕76号）第一条：自2018年1月1日起，当年具备高新技术企业或科技型中小企业资格（以下统称资格）的企业，其具备资格年度之前5个年度发生的尚未弥补完的亏损，准予结转以后年度弥补，最长结转年限由5年延长至10年。

> - 《财政部 国家税务总局关于安置残疾人员就业有关企业所得税优惠政策问题的通知》（财税〔2009〕70号）第一条：企业安置残疾人员的，在按照支付给残疾职工工资据实扣除的基础上，可以在计算应纳税所得额时按照支付给残疾职工工资的100%加计扣除。
> - 《财政部 税务总局关于进一步完善研发费用税前加计扣除政策的公告》（财政部 税务总局公告2023年第7号）第一条：企业开展研发活动中实际发生的研发费用，未形成无形资产计入当期损益的，在按规定据实扣除的基础上，自2023年1月1日起，再按照实际发生额的100%在税前加计扣除；形成无形资产的，自2023年1月1日起，按照无形资产成本的200%在税前摊销。

申报个人所得税

"总算做完了。"朵朵轻轻吐出一口气，绷紧的神经也松懈了下来。

"先别放松，还有个人所得税没有申报。"

"哦哦，我都忘了。"

"企业要进行工资薪金等的个人所得税代扣代缴申报的话还需要另行下载自然人电子税务局扣缴客户端。开始时麻烦点，公司成立前期要将公司数据及全体员工的信息录入，往后就轻松多了。"灵樨说着点开了税务局网站，在下载中心的软件下载里找到自然人电子税务局扣缴客户端开始下载安装。

"哦，我明白了，原来你让全公司人员填写的员工基本信息采集表是在这儿用的呀。"小米看到灵樨拿出的员工基本信息采集表和专项附加扣除信息采集表说道。

"对，如果员工的专项附加扣除选择扣缴义务人申报的话，就需要将个人的专项附加扣除信息上报给公司。员工也可以自己下载个人所得税APP填写，这样公司每个月申报个人所得税时先下载更新专项附加扣除信息，个人在每个月预扣预缴时才可以享受抵减。还记得怎么计算个人所得税吗？"

"记得，预扣预缴时要扣5000元的减除费用和三险一金，还有专项附加扣除。哦，也就是说，你要先上报自己的专项附加扣除信息，才能在预扣预缴时扣除。"小米这才明白先后顺序。

"个人所得税的申报过程就是将收入、专项附加扣除信息一项项填报的过程。我个人提倡大家自己下载个人所得税 APP 填写上报,这样一方面节省时间提高效率,另一方面也保护了个人隐私,毕竟如果让公司填报就需要把个人所涉及的专项附加扣除的所有信息上报给公司,比如要扣子女教育的,就要把配偶、子女的姓名、学校等私人信息上报,所以还是由员工个人在手机 APP 上操作比较好。另外,员工个人申报的专项附加扣除信息,公司端是不能修改只可以查看的,而公司申报的专项附加扣除信息,员工自己是可以修改的,并且修改之后,公司不可以再次修改。

"如果有个别人员不习惯或出于其他原因不使用 APP,或者是放弃专项附加扣除的,就要要求他们填写专项附加扣除信息采集表。一定要通知到每个人,讲明利害关系。在工作中你会遇到各种各样的人、各种各样的事,我们一定要将工作做到前面,更要做到位。"灵樨特意补充道。

"知道了。"

"安装完成后进行登录设置,之后点击首页的人员信息采集,将员工的工号、姓名、证照号码、国籍等基本信息录入、保存、报送,并获得身份验证通过的反馈信息。别忘了导出查看录入的信息,核对一下有没有输入错误。点击专项附加扣除信息采集,完成对专项附加扣除信息的采集。

"之后就是申报表的填写了。点击综合所得申报,在这里可以报送包括正常工资薪金所得、全年一次性奖金收入、年金领取、解除劳动合同一次性补偿金、央企负责人绩效薪金延期兑现收入和任期奖励、单位低价向职工售房、劳务报酬所得(保险营销员、证券经纪人)、劳务报酬所得(一般劳务、其他劳务)、稿酬所得、特许权使用费所得、提前退休一次性补贴和个人股权激励收入等。

"我们现在申报的是工资薪金所得,就点击正常工资薪金所得,进入工资薪金所得申报界面。导入下面有模板,可以下载模板填写,填写完成后使用模板导入功能导入。如果员工人数少,也可以一个个新增添加。完成后点击税款计算,系统会自动计算应补(退)税额。与应交个人所得税明细账核对无误后就可以报送申报表了。如果在收入及减除中填写了商业健康保险、税延养老保险等,则需要在相应附表里面完善减免信息,比如减免事项、减免性质、减免税额等。

"点击申报表报送进入报表报送界面，报表的申报、更正和作废都在这里处理。点击发送申报后等待系统校验申报数据，当申报数据全都校验通过之后，点击导出申报表就可以生成综合所得申报表。在申报状态下看到已经显示为'申报成功，未扣款'，这就表明已经申报成功了。如果没有其他需要申报的项目就可以点击税款缴纳进入扣款界面，完成个人所得税的申报缴纳了。"

"我怎么没有看到申报表的填写？"朵朵有些奇怪，申报增值税和企业所得税时都有具体的申报表，怎么申报个人所得税却在一条条地录入信息？

"这就是为什么个人所得税需要单独的申报扣缴客户端了，这也是它的申报和其他税种申报的不同之处。完成信息和数据的录入后，个人所得税扣缴申报表（见表7-20，表7-21）是系统自动生成的，你可以下载留档。我建议你每月都将个人所得税扣缴申报表下载保存，进行财务资料的档案管理。"灵樨说道。

"那在信息和数据录入时一定得认真仔细了，不然到后面申报完成后再发现错误就麻烦了。"朵朵说道，她还真是个认真负责的孩子。

"灵樨姐刚才不是说可以做更正申报和作废申报吗？不用那么紧张。"小米嘻嘻哈哈地宽慰朵朵，这个更正和作废的功能她太爱了。

"在扣款前是可以更正和作废的，发现往期有错的也可以更正，要记得把后面月份的也全部手动修改了。不过添加人员和专项附加扣除有误，就需要去大厅修改了。"

"你就不能认真点，总是出错，系统都会嫌弃你的。"

表7-20 个人所得税扣缴申报表

税款所属期：　年　月　日至　年　月　日　　金额单位：人民币元（列至角分）
扣缴义务人名称：
扣缴义务人纳税人识别号（统一社会信用代码）：☐☐☐☐☐☐☐☐☐☐☐☐☐☐☐☐☐☐

序号	姓名	身份证件类型	身份证件号码	纳税人识别号	是否为非居民个人	收入额计算			专项扣除				其他扣除					累计收入额	累计减除费用	累计专项扣除	累计专项附加扣除						累计其他扣除	减按计税比例	准予扣除的捐赠额	应纳税所得额	税率/预扣率	速算扣除数	应纳税额	减免税额	已缴税额	应补/退税额	备注
						本月(次)情况																															
						收入	费用	免税收入	减除费用	基本养老保险费	基本医疗保险费	失业保险费	住房公积金	年金	商业健康保险	税延养老保险	财产原值	允许扣除的税费	其他				子女教育	继续教育	住房贷款利息	住房租金	赡养老人	3岁以下婴幼儿照护										
1	2	3	4	5	6	7	8	9	10	11	12	13	14	15	16	17	18	19	20	21	22	23	24	25	26	27	28	29	30	31	32	33	34	35	36	37	38	39	40	41
合计																																								

谨声明：本表是根据国家税收法律法规及相关规定填报的，是真实的、可靠的、完整的。

经办人签字：　　　　　　　　　　　　　　　　　受理人：
经办人身份证件号码：　　　　　　　　　　　　　受理税务机关（章）：
代理机构签章：
代理机构统一社会信用代码：　　　　　　　　　扣缴义务人（签章）：　　　　　　　　　受理日期：　年　月　日

国家税务总局监制

表7-21 个人所得税专项附加扣除信息表

填表日期：　年　月　日　　扣除年度：
纳税人姓名：　　　　　纳税人识别号：□□□□□□□□□□□□□□□□□□

纳税人信息	手机号码		电子邮箱	
	联系地址			
纳税人配偶信息	姓名		配偶情况	□有配偶　□无配偶
	身份证件类型		身份证件号码	□□□□□□□□□□□□□□□□□□

一、子女教育

较上次报送信息是否发生变化：	□首次报送（请填写全部信息）	□无变化（不需要重新填写）	□有变化（请填写发生变化项目的信息）	
子女一	姓名		身份证件类型	
	出生日期		身份证件号码	
	当前受教育阶段起始时间　年　月		当前受教育阶段	□学前教育阶段　□义务教育阶段　□高中阶段教育　□高等教育
	就读国家（或地区）		子女教育终止时间　年　月 *不再受教育时填写	
	就读学习		本人扣除比例	□100%（全额扣除）　□50%（平均扣除）
子女二	姓名		身份证件类型	
	出生日期		身份证件号码	
	当前受教育阶段起始时间　年　月		当前受教育阶段	□学前教育阶段　□义务教育阶段　□高中阶段教育　□高等教育
	就读国家（或地区）		子女教育终止时间　年　月 *不再受教育时填写	
	就读学习		本人扣除比例	□100%（全额扣除）　□50%（平均扣除）
子女三	姓名		身份证件类型	
	出生日期		身份证件号码	
	当前受教育阶段起始时间　年　月		当前受教育阶段	□学前教育阶段　□义务教育阶段　□高中阶段教育　□高等教育
	就读国家（或地区）		子女教育终止时间　年　月 *不再受教育时填写	
	就读学习		本人扣除比例	□100%（全额扣除）　□50%（平均扣除）

表7-21 个人所得税专项附加扣除信息表（续）

二、继续教育

较上次报送信息是否发生变化：	□首次报送（请填写全部信息）	□无变化（不需重新填写）	□有变化（请填写发生变化项目的信息）
学历（学位）继续教育	当前继续教育起始时间	当前继续教育结束时间	学历（学位）继续教育阶段　□专科　□本科　□硕士研究生　□博士研究生　□其他
职业资格继续教育	职业资格继续教育类型	□技能人员　□专业技术人员	证书名称
	证书编号	发证机关	发证（批准）日期

三、住房贷款利息

较上次报送信息是否发生变化：	□首次报送（请填写全部信息）	□无变化（不需重新填写）	□有变化（请填写发生变化项目的信息）
房屋信息	住房坐落地址	省（区、市）　　县（区）　　街道（乡、镇）	
	产权证号/不动产登记号/商品房买卖合同号/预售合同号		
	本人是否贷款	□是　　□否	是否婚前各自首套贷款，且婚后分别扣除50%　□是　□否
房贷信息	公积金贷款｜贷款合同编号		首次还款日期
	贷款期限（月）		
	商业贷款｜贷款合同编号		贷款银行
	贷款期限（月）		首次还款日期

四、住房租金

较上次报送信息是否发生变化：	□首次报送（请填写全部信息）	□无变化（不需重新填写）	□有变化（请填写发生变化项目的信息）
房屋信息	住房坐落地址	省（区、市）　　县（区）　　街道（乡、镇）	
租赁情况	出租方（个人）姓名	身份证件类型	身份证件号码 □□□□□□□□□□□□□□□□□□
	出租方（单位）名称		纳税人识别号（统一社会信用代码） □□□□□□□□□□□□□□□□□□
	主要工作城市（*填写市一级）		住房租赁合同编号（非必填）

第7章 智能报税

租赁情况	租赁期起		租赁期止	
较上次报送信息是否发生变化:	□首次报送（请填写全部信息） □无变化（不需重新填写）		□有变化（请填写发生变化项目的信息）	

五、赡养老人

纳税人身份		□独生子女		□非独生子女	
被赡养人一	姓名		身份证件类型		身份证件号码 □□□□□□□□□□□□□□□□□□
	出生日期		与纳税人关系	□父亲 □母亲 □其他	
被赡养人二	姓名		身份证件类型		身份证件号码 □□□□□□□□□□□□□□□□□□
	出生日期		与纳税人关系	□父亲 □母亲 □其他	
共同赡养人信息	姓名		身份证件类型		身份证件号码 □□□□□□□□□□□□□□□□□□
	姓名		身份证件类型		身份证件号码 □□□□□□□□□□□□□□□□□□
	姓名		身份证件类型		身份证件号码 □□□□□□□□□□□□□□□□□□
分摊方式*独生子女不需填写	□平均分摊 □赡养人约定分摊 □被赡养人指定分摊		本年度月扣除金额		

六、大病医疗（仅限次年综合所得年度汇算清缴申报时填写）

较上次报送信息是否发生变化:	□首次报送（请填写全部信息） □无变化（不需重新填写）		□有变化（请填写发生变化项目的信息）	
患者一	姓名		身份证件类型		身份证件号码 □□□□□□□□□□□□□□□□□□
	医药费用总金额		个人负担金额		与纳税人关系 □本人 □配偶 □未成年子女
患者二	姓名		身份证件类型		身份证件号码 □□□□□□□□□□□□□□□□□□
	医药费用总金额		个人负担金额		与纳税人关系 □本人 □配偶 □未成年子女
患者三	姓名		身份证件类型		身份证件号码 □□□□□□□□□□□□□□□□□□
	医药费用总金额		个人负担金额		与纳税人关系 □本人 □配偶 □未成年子女

表7-21 个人所得税专项附加扣除信息表(续)

七、3岁以下婴幼儿照护

较上次报送信息是否发生变化:		□首次报送(请填写全部信息)	□无变化(不需要重新填写)	□有变化(请填写发生变化项目的信息)
子女一	姓名		身份证件类型	身份证件号码 □□□□□□□□□□
	出生日期			本人扣除比例 □100%(全额扣除) □50%(平均扣除)
子女二	姓名		身份证件类型	身份证件号码 □□□□□□□□□□
	出生日期			本人扣除比例 □100%(全额扣除) □50%(平均扣除)
子女三	姓名		身份证件类型	身份证件号码 □□□□□□□□□□
	出生日期			本人扣除比例 □100%(全额扣除) □50%(平均扣除)
扣缴义务人名称			纳税人识别号(统一社会信用代码)	□□□□□□□□□□

需要在任职受雇单位预扣预缴工资、薪金所得个人所得税时享受专项附加扣除的,填写本栏

重要提示:当您填写本栏,表示您已同意该任职受雇单位为您办理专项附加扣除。

本人承诺:我已仔细阅读填表说明,并根据《中华人民共和国个人所得税法》及其实施条例、《个人所得税专项附加扣除暂行办法》《个人所得税专项附加扣除操作办法(试行)》等相关法律规定填写本表。本人已就所填内容的真实性、准确性、完整性负责。

纳税人签字:　　　　　　　　年　月　日

扣缴义务人签章:	代理机构签章:	受理人:
经办人签字:	代理机构统一社会信用代码:	受理税务机关(章):
接收日期:　年　月　日	经办人签字:	受理日期:　年　月　日
	经办人身份证件号码:	

国家税务总局监制

小贴士

专项附加扣除可以通过个人所得税 APP 填报,可以选择通过扣缴义务人申报或自行申报。

个人所得税汇算清缴在次年的 3 月 1 日至 6 月 30 日进行。

第 8 章
审计风波

借审计的力

"灵樨姐,审计可怕吗?最近证监会发了好多公告,好多公司甚至都换了会计师事务所。"朵朵看到最近的财经新闻一阵心惊肉跳。

"做会计难免会遇到审计,其实审计并没有传说中的那么可怕,审计和会计是相辅相成、同根而生的,会计离不开审计,审计也离不开会计,一个要靠对方吃饭,一个要利用对方的权威。"灵樨说道。

"我怎么听到审计就怵呢!"朵朵说着打了个冷战。

"心中无鬼自清明,夜半不怕敲门声。"灵樨一直告诫朵朵和小米做会计最基本的不是你的业务能力有多强,而是你能不能自始至终都遵守职业道德。

"理是这个理,可有几个会计听到要审计不是绷紧了神经的!就像小时候老师检查作业,明明已经做得很好了,可还是会紧张。"

"那是你不了解,了解了就不会紧张了。审计有三种:一种是社会审计(也就是注册会计师审计),一种是政府审计,一种是内部审计。通常我们所说的审计是财务报表审计,注册会计师接受客户的委托对财务报表进行独立检查并发表意见。这是对财务报表是否存在重大错报提供一个合理的保证,注意是合理而不是绝对。它对财务报表的可信度有一定的影响,但绝不会对如何利用信息提供建议，所以你别抱有让注册会计师告诉你买哪家股票的幻想。政府审计主要是政府审计机关依法进行的检查监督，比如审计署呀，地方审计厅或者审计局呀，这些部门组织对财政部门、国有企业、国有金融机构等进行的检查就是政府审计。政府审计发现问题，可以依法做出审计决定，或者提出处罚意见；而注册会计师审计发现问题就只能提请企业调整，是没有行政强制力的。

"除此之外，还有一种内部审计，是由企业内部的审计部门进行的审计，它独立于财务部门之外，直接对董事会负责，帮助完善企业的内部控制制度。"为了让朵朵不再对审计产生恐惧，灵犀决定先让她了解审计到底是什么。

"审计就是审会计的吗？"朵朵潜意识里就把审计当成了那个检查作业的老师。

"一定要把这种错误的认知从你的脑子里剔除。审计从来都不是审会计，别看都带个'计'字。审计是一种检查和监督的行为，它可以通过对被审计单位的财务账簿和报表的审查，进而对被审计单位的经济活动进行合理的判断，以确定其是否合法有效，是否符合标准。会计只不过是记录这些经济活动的人员而已。你能说单位里的经济活动都是会计造成的吗？而且有时候审计也是会计的好帮手，你要学会借力。"

"这话怎么讲？"朵朵有些没明白，怎么借力？

"几乎每个会计都会遇到注册会计师审计，比如上市公司每年都要发布的审计报告，这些审计报告就要委托会计师事务所来完成。一些会计师事务所出一份报告只要两小时，发过来一堆固定的格式模板让你填写，整个审计过程你甚至连注册会计师的面都见不到，这样的会计师事务所可以换掉了，它不会成为你的好帮手。注册会计师在审计的过程中一定要到现场，与企业的会计充分交流、查阅凭证、阅读以前年度的报表等。在这个过程中，注册会计师会判断企业的一些财务处理是否恰当，有无不合规的地方，又是否会带来涉税风险，企业的内部控制制度设计是否合理、执行是否到位，有无舞弊漏洞，企业是否有经营风险，然后就发现的这些问题和企业沟通，也会提出意见和建议。这样的注册会计师要将他变成朋友，有什么不懂的、拿不准的尽管问，甚至一些无法推行的工作，也可以借助注册会计师来帮忙，这就是借力。当然，我可不是让你知无不言、言无不尽。

"另外,你也可能遇到税务机关或者政府部门委托的审计,比如政府部门针对某个行业的专项检查,这个时候就要谨言慎行了。"

"公司的内部审计有很多种,除了日常的常规审计,还有重要领导岗位的离任审计,或者是突击审计、专项审计等。审计的目的不同,其结果也就不同。注册会计师审计有时候会利用内部审计的结果,但内部审计的结果不会向外界公开。"灵槭对各种审计的情况都进行了说明,相信朵朵和小米对审计也会有个大概的认知了。

"明白了,先探明对方来意,是来者不善还是友情客串。"形成了正确的认知,朵朵对审计也就不再那么怵了,言语上也轻松了不少。

"同一笔业务,100个会计能做出101套账,多的那套就出自审计之手。这101套账的区别只在于各自对政策、法规、准则的理解不同罢了。没有绝对的谁对谁错,也不需要去争个你死我活。面对审计一定不能怵,不能让人一看就觉得你有猫腻。"灵槭又强调道。

"对,第一印象很重要,气场不能输。"人说初生牛犊不怕虎,小米就是。

小贴士

政府审计依据的是《中华人民共和国审计法》和审计署制定的国家审计准则,注册会计师审计依据的是《中华人民共和国注册会计师法》和财政部批准发布的注册会计师审计准则。

- 《中华人民共和国审计法实施条例》(国务院令第571号)第二条:审计法所称审计,是指审计机关依法独立检查被审计单位的会计凭证、会计账簿、财务会计报告及其他与财政收支、财务收支有关的资料和资产,监督财政收支、财务收支真实、合法和效益的行为。

注册会计师协会认为,审计是一个系统化过程,即通过客观地获取和评价有关经济活动与经济事项认定的证据,以证实这些认定与既定标准的符合程度,并将结果传达给有关使用者。

审计按主体分国家审计、内部审计、社会审计,按内容分财政财务审计、经济效益审计和财经法纪审计。

审计审什么？

"会计人员一定要学会用审计的思维进行账务处理，平时处理业务时也一定要严谨，从宏观的角度去看整体，不能只求做对一笔会计分录，要学会顺藤摸瓜。

"审计人员来审计，都会提供一份审计资料清单，被审单位照着准备就是了。要说审什么，无非是一审资金，二审收入，三审利润：看资金有没有被挪用，有没有私设账外账、小金库；看收入有没有及时入账，是否存在该入账不入账，挂往来隐藏或转移；看利润是否真实，有没有无中生有、有中生无的业务处理。"

"灵檬姐，你能不能细细说，慢慢讲，我觉得水好深呀。"小米刨根问底的劲儿又上来了，只要是她想知道的，她就一定会弄个明白。

"好，我们先看资金的审计。现金盘点表是必填项目，先核对盘点日的现金，倒推出报表日的现金，从中发现有无坐支、白条抵顶等现金项目中可能出现的问题。比如你现金库存很大，而账上却没有（或很少有）收入的体现，没有（或很少有）取现的记录，就可能存在收入不入账或现金来源不明等问题；又比如你账面现金比库存现金多，就有可能存在挪用等问题；现金流水莫名增多却和收入不配比，就有可能存在私借账户等问题。资金审计的一个重点就是小金库，检查是否出现把从账上报销出来的现金转入小金库的做法，这就要看成本、费用的列支是否合理，是不是有虚假发票，比如会议费有没有会议记录、参会人员签名，办公费有没有清单、入库单、领用人签名，银行付款是不是只有一张银行付款单却没有收据、发票等证明性单据等。这些附件资料的缺失往往会给审计人员留下遐想的空间。

"再看收入。有没有无中生有，有没有实质的经济业务——虚开发票、伪造合同、伪造付款方或串通付款方，或者是有业务而不记录——收入的增加势必会引起运费的增加、人员成本的增加、业务及办公成本的增加。有没有有中生无，成本费用总是居高不下却没有收入，或收入不增反降。经济业务是持续且相连的，正如一个谎言要用无数个谎言去掩盖一样，一笔虚假的经济业务会带出整体的虚假表述。

"最后看利润。比如有没有滥用暂估入账且次月不冲回；跟本单位无关的费用大量出现，比如公司没有柴油车却出现大量加柴油的燃油发票或者货车路桥票，货物要运去北京路桥票却由广东开出这样南辕北辙的现象等；投资长期无收益却置之不理，现金流很大却无利润，公司常年大额亏损却依然经营有序。

"审计时需要调阅会计凭证，一般年头、年中、年尾月份的凭证是重点抽调的对象，所以要求做这几个月的凭证时要格外认真。现在得益于大数据，这样的方法用得比较少，但对每一笔分录依然要格外认真仔细。"灵樱将审计都审什么分门别类地说了下。

"除了明确审计审什么，还要了解对财务报表审计的方法一般有两种：账户法和循环法。账户法就是针对财务报表里的每个账户余额单独进行审计。循环法是将财务报表业务分成几个循环进行审计。因为账户法要对每个账户余额单独进行审计，这工作量可想而知。而将报表业务分成几个循环的审计方法就简单多了，而且能紧扣业务流程的实际情况，因此是被普遍采用的方法。

"循环法一般是将交易分为销售与收款循环、采购与付款循环、生产与存货循环、人力资源与工资薪酬循环、投资与筹资循环，另外还有对贯穿于每个循环中的货币资金业务等进行的审计。这些业务循环分别对应着资产负债表和利润表科目。"除了介绍审计审什么，灵樱又对常用的审计方法做了说明。

"报表科目不就是会计科目吗？那这些方法不就是从科目入手还原经济业务吗？"朵朵想了想说道。

"这就是审计与会计的差别，会计是使经济业务通过会计科目反映在财务报表中，审计是根据财务报表通过会计科目将其还原为经济业务。"灵樱说道。

"那这些循环都对应着哪些科目呀？"朵朵问道。

"销售与收款对应的肯定是应收账款和营业收入了。"小米立马说道，这个她还是知道的。

"对，就是所有与销售和收款有关的科目，不仅是这两个，还有合同资产、合同负债、应交税费、税金及附加等。我们可以对照着资产负债表和利润表列个表格查看，你可以发现这是对报表进行了重新分割（见表8-1）。

表 8-1　业务循环与资产负债表和利润表对应明细表

业务循环	资产负债表科目	利润表科目
销售与收款	应收票据、应收账款、合同资产、长期应收款、预收款项、合同负债、应交税费	营业收入、税金及附加
采购与付款	应付票据、应付账款、长期应付款、预付款项、持有待售负债、固定资产、在建工程、生产性生物资产、油气资产、无形资产、开发支出、长期待摊费用	销售费用、管理费用、研发费用、其他收益
生产与存货	存货	营业成本
人力资源与工资薪酬	应付职工薪酬	营业成本、销售费用、管理费用
投资与筹资	交易性金融资产、衍生金融资产、其他应收款、其他流动资产、债权投资、其他债权投资、长期股权投资、其他权益工具投资、其他非流动金融资产、投资性房地产、商誉、递延所得税资产、短期借款、交易性金融负债、衍生金融负债、其他应付款、长期借款、应付债券、预计负债、递延收益、递延所得税负债、实收资本、其他权益工具、资本公积、其他综合收益、盈余公积、未分配利润	财务费用、资产减值损失、信用减值损失、投资收益、净敞口套期收益、公允价值变动收益、资产处置收益、营业外收入、营业外支出、所得税费用

"听你这么一说，我就有个大概的方向了。"朵朵真心觉得灵樨的话就是精髓，实战中的经验比书本上的理论实在是多太多了。

"无论是货币资金审计，还是销售与收款、采购与付款、生产与存货、投资与筹资的业务循环审计，都是从这些活动中验证资金、收入与利润的真实合法性。所以财务一定要冲在业务前线，不仅要配合业务做好财务服务，更要从业务的源头就进行财务的风险管控。别看市面上有那么多教授会计实操技巧的书，可再多也解决不了实际工作中那些千奇百怪的问题。实际上，精髓只有一句话，就是'有借必有贷，借贷必相等'的会计恒等式。借方发生额不是资产就是成本费用，贷方发生额不是负债就是收入。涉及的基本原理也就几个：权责发生制原则、实质重于形式原则、一贯性原则、谨慎性原则。

"知道了审计的切入点，理解了会计处理的精髓，就不至于胡子眉毛一把抓，总也抓不住重点。投其所好、适当引导、合理解释，不要被牵着鼻子走。"灵樨接着说道。

"我听说做会计的能做审计，做审计的却做不成会计。以前还不明白，现在明白了，原来原因就在于会计走的是基层路线，审计走的是空降路线。"小米的比喻还挺恰当。

> **小贴士**
>
> 　　财务报表的审计方法一般有两种：账户法和循环法。账户法是针对财务报表里的每个账户余额单独进行审计。循环法是将财务报表业务分成几个循环进行审计。实务中普遍采用循环法。
>
> 　　循环法一般是将交易分为销售与收款循环、采购与付款循环、生产与存货循环、人力资源与工资薪酬循环、投资与筹资循环，另外还有对贯穿于每个循环中的货币资金业务等进行的审计。
>
> 　　财务一定要冲在业务前线，不仅要配合业务做好财务服务，更要从业务的源头就进行财务的风险管控。

白纸黑字询证函

　　"我们曾收到过的询证函是不是就是对方审计用的？"朵朵想起曾收到过询证函。

　　"询证函不仅在审计的时候发放，重视财务管理的企业也常会在年中岁末发询证函，用来加强企业对往来款项的管理和催收。在审计过程中发的询证函一般有两种，企业询证函和银行询证函，分别被用来询证被审计单位的往来款项和银行存款。不管是企业出于财务管理目的自己主动发函，还是出于审计原因由会计师事务所发函，询证函上都会注明发函的目的。审计人员根据应收账款、明细账名称及客户地址等资料编制询证函，然后交由企业盖章后发出。

　　"企业询证函主要函证的是应收账款和应付账款，目的是查证指定时期的债权债务是否真实存在，权利和义务是否真实发生，账户余额是否真实准确。所以询证函的范围和对象受其在全部资产中的重要程度，以及企业的内部控制的有效性和以前函证的结果等因素影响。所以在选择上，一般会选金额大、长期挂账的项目，与企业发生过纠纷的、重大的关联方，如关系密切的客户、新增客户，以及交易频繁但期末没有余额或余额较小的项目来发，这样具有针对性的选择也会使函证结果的有效性得到提升。"灵樨说道。

　　"朵朵，你见过询证函，怎么不让我看下，你藏私。"小米还没见过询证函。

"你那天调休去追求诗和远方了,还特意嘱咐不让我们破坏你休假。"朵朵说道,那两天真的忙晕她了。

"啊!哈哈。"

"询证函就是一个复核账目的函件,有两种格式:积极式的和消极式的,我们见到的通常都是积极式的,要么是不论相符与否均需回函的,要么是不列明账项余额而让对方填写的。不过第一种情况较多。喏,就这样的。"为了弥补小米的遗憾,灵樨特意递上了一张询证函。

企业询证函

编号:

_____(公司):

本公司聘请的××会计师事务所正在对本公司××年度财务报表进行审计,按照中国注册会计师审计准则的要求,应当询证本公司与贵公司的往来账项等事项。下列数据出自本公司账簿记录,如与贵公司记录相符请在本函下端"信息证明无误"处签章证明;如有不符,请在"信息不符"处列明不符金额。回函请直接寄至××会计师事务所。

回函地址:

邮编:　　　　传真:　　　　联系人:　　　　电话:

1.本公司与贵公司的往来账项列示

单位:元

截止日期	贵公司欠	欠贵公司	备注

2.其他事项

本函仅为复核账目之用,并非催款结算。若款项在上述日期之后已经付清,仍请及时函复为盼。

1.信息证明无误。	(公司盖章) 年　月　日 经办人:
2.信息不符,请列明不符的详细情况:	(公司盖章) 年　月　日 经办人:

"不列明账项余额是啥情况，给对方出问答题吗？还是选择题比较容易答吧？还有那个消极式的长啥样，相符就不回了？"小米觉得很有意思，一个询证函还能玩出这么多格式，这么多花样。

"让你说对了，消极式的就是记录相符则无须回函。正因为这样，回函率才不高。但对方未回函，你也无法确定是真的相符还是对方不想回，是没寄到还是对方回复了你没收到。至于不列明账项的询证函，也就是个填空题吧，别想得那么复杂。"灵樱说着，同时递给小米这两种格式的询证函，以解她心中疑惑。

积极式询证函如下。

企业询证函

编号：

_____（公司）：

本公司聘请的××会计师事务所正在对本公司××年度财务报表进行审计，按照中国注册会计师审计准则的要求，应当询证本公司与贵公司的往来账项等事项。请列示截至××年×月×日贵公司与本公司往来款项余额。回函请直接寄至××会计师事务所。

回函地址：

邮编：　　　　传真：　　　　联系人：　　　　电话：

本函仅为复核账目之用，并非催款结算。若款项在上述日期之后已经付清，仍请及时函复为盼。

（公司盖章）

年　月　日

1. 贵公司与本公司的往来账项列示

单位：元

截止日期	贵公司欠	欠贵公司	备注

2. 其他事项

（公司盖章）

年　月　日

经办人：

消极式询证函如下。

企业询证函

编号：

_____（公司）：

本公司聘请的××会计师事务所正在对本公司××年度财务报表进行审计，按照中国注册会计师审计准则的要求，应当询证本公司与贵公司的往来账项等事项。下列数据出自本公司账簿记录，如与贵公司记录相符，则无须回复；如有不符，请直接通知会计师事务所，并请在空白处列明贵公司认为是正确的信息。回函请直接寄至××会计师事务所。

回函地址：

邮编：　　　传真：　　　联系人：　　　电话：

1. 本公司与贵公司的往来账项列示

单位：元

截止日期	贵公司欠	欠贵公司	备注

2. 其他事项

本函仅为复核账目之用，并非催款结算。若款项在上述日期之后已经付清，仍请及时函复为盼。

（公司盖章）

年　月　日

××会计师事务所：

上面的信息不正确，差异如下：

（公司盖章）

年　月　日

经办人：

"要是我，我也不回这消极式询证函。"小米看着询证函说道，"还得翻出账簿自己写上，累。你说咱账上要记了人家欠咱10万元，实际人家欠咱20万元咋办，那10万元还要得回来不？"

不得不说，小米说的这些还真是消极式询证函回函率不高的原因之一。

"这上面写着即使在截止日期之后已经付清的也需要回函,为什么呀?"

"对账设有截止日期,截止日期之后付清的,那截止日肯定没付清,所以还是要实事求是地回复为好。"

"如果不相符是不是就说明应收账款有问题?"小米认为要是没有对上,也许会被认为有猫腻。

"不能这么武断,不相符有很多原因。有可能是因记账时间不同而产生的不符,比如:有可能是客户已经付款,我们尚未收到货款;有可能是我们货物已经发出并已做销售记录,但货物仍在途中,客户尚未收到货物;有可能是客户出于某种原因将货物退回,而我们尚未收到;还有可能是客户对收到的货物的数量、质量及价格等方面有异议而全部或部分拒付货款。这些原因都可能导致应收账款不相符,所以你不用担心,审计人员会查明原因后再做判断的。"灵楔解释道。

"那就好那就好,这我就放心了。"

小贴士

询证函的范围和对象受其在全部资产中的重要程度及企业的内部控制的有效性和以前函证的结果等因素影响。在选择上,一般会选金额大、长期挂账的项目,与企业发生过纠纷的重大关联方,如关系密切的客户、新增客户,以及交易频繁但期末没有余额或余额较小的项目。

应收账款不符有可能是因记账时间不同而产生的不符,表现在:客户已经付款,被审计单位尚未收到货款;被审计单位货物已经发出并已做销售记录,但货物仍在途中,客户尚未收到货物;客户出于某种原因将货物退回,而被审计单位尚未收到;客户对收到的货物的数量、质量及价格等方面有异议而全部或部分拒付货款。

来份审计报告

"审计结束后,审计结果会以审计报告的形式反馈给企业。注册会计师要得出审计结论并形成自己的审计意见,最后出具审计报告。审计意见有无保留意见和非无保留意见之分。无保留意见就像作业本上那个大红色的'优'字一样，毫无保留地称赞你。而非无保留意见是指对财务报表发表的保留意见、否定意见或无法表示意见。这三种无论是哪一种，都是企业不希望看到的。"

"无保留意见是不是就意味着没有问题？"

"无保留意见代表注册会计师认为：在你的财务报表上，所有的重大事项都比较公允地得到了反映，并且报表的编制也符合《企业会计准则》规定的编制基础；在整个审计的过程中没有受到阻拦，审计范围也没有受到限制，能够获得充分且适当的审计证据，不存在重大的附注、金额、分类或者是披露等方面的错报。这样就可以获得无保留意见的审计报告了。"

"这么说，企业得先无保留地敞开大门配合审计，才能换来审计结果的无保留意见？"朵朵算是想明白了，看来先有付出再谈回报在哪都是铁律呀。

"这是重要的一部分，做到了，就不会换来保留意见和无法表示意见了。毕竟人家来审计，你什么都不配合，还要什么没什么，你让审计人员怎么审计呀？再者，给一半藏一半的，你都有所保留了，审计人员当然也得保留自己的意见了，毕竟证据不足，人家就是想表示意见也无能为力呀。"

"对呀，双方都得有诚意才行嘛。"小米一定会很有诚意。

"但是如果，我是说如果呀，要是企业的会计资料遇到火灾什么的被毁坏了，又或者被有关部门永久查封了，也算审计范围受限吗？"朵朵突然问道。

"这种属于超出企业控制范围的情形，虽然很遗憾，但在这种情况下，企业也是无法提供审计所需的证据的，审计范围依然受到了限制。"

"这叫对自己的不负责。"小米又刚又直的一面又出来了。

"如果企业全力配合，且提供了充分适当的审计资料，但是却存在重大的错报，比如没有选择恰当的会计政策，又比如管理层在不同的会计期间或对相似的交易和事项没有一贯运用所选择的会计政策，再比如该披露的信息不列报，这些错报就可能导致被出具否定意见或保留意见。"

"哈哈哈哈，这个保留意见很有意思呀，感觉在哪都能插一脚。"小米觉得它实在太百搭了。

"我倒觉得这样最难定性了，说了等于没说。"朵朵持不同意见，她最讨厌这种留一手的行为了。

"比较中庸，就像评价一个人，说不好，不好说，持保留意见。你们可以这样理解看看。"

"嗯。这么看来，审计报告的类型全都掌握在企业手里。"朵朵说道。

"灵槭姐，审计报告不会就给一个审计意见类型吧？那不是像鉴定书一样了？"小米对自己没见过的都充满了好奇。

"审计意见只是其中的一部分，无保留意见审计报告至少有 10 项内容：标题，就是'审计报告'四个字，简明扼要；收件人，就是委托人；审计意见；形成审计意见的基础；管理层对财务报表的责任；注册会计师对财务报表审计的责任；按照相关法律法规的要求报告的事项；注册会计师的签名和盖章；会计师事务所的名称、地址和盖章；报告日期。

"除了这些，你可能还会看到一个名为'关键审计事项'的段落。当然在意见类型为无法表示意见的审计报告中是看不到的，它只在其他意见类型的审计报告中出现。这个段落一般写的是执行审计的注册会计师根据自己的经验做出的认为对本期财务报表审计来说最为重要的事项的判断。写在这里的都是已经得到满意解决的，即不存在范围受限，也不存在意见分歧的情况。一般还会说明确定为关键事项的原因和如何应对，所以这个段落一定要注意。除此之外，还有两种段落遇到的话也一定要注意，一个是强调事项段，一个是其他事项段。比如异常诉讼、未决监管等，它们都能为你提供额外的信息。

"已审计的财务报表也会附在审计报告后面，组成审计报告的一部分，这样既防止被更换，又方便理解和使用审计报告。"灵槭又把特殊的情形说了下。

"原来一份审计报告里竟然暗藏这么多玄机。"小米惊叹道，原本以为审计报告就只有好与不好之分。

"还是一份不加料的无保留意见审计报告最为有用吧？"朵朵说道。

"是的，这也是为什么会有购买审计报告的事情出现了，这是非常不可取的行为。不管是玩游戏还是经营公司，都有它的规则，只有遵照规则，才能获得想要的结果。"

小贴士

- 《中国注册会计师审计准则第 1501 号——对财务报表形成审计意见

和出具审计报告》第十七条：如果认为财务报表在所有重大方面按照适用的财务报告编制基础的规定编制并实现公允反映，注册会计师应当发表无保留意见。

第十八条：当存在下列情形之一时，注册会计师应当按照《中国注册会计师审计准则第1502号——在审计报告中发表非无保留意见》的规定，在审计报告中发表非无保留意见：

1.根据获取的审计证据，得出财务报表整体存在重大错报的结论；

2.无法获取充分、适当的审计证据，不能得出财务报表整体不存在重大错报的结论。

• 《中国注册会计师审计准则第1502号——在审计报告中发表非无保留意见》第四条：非无保留意见，是指对财务报表发表的保留意见、否定意见或无法表示意见。

• 《中国注册会计师审计准则第1504号——在审计报告中沟通关键审计事项》第七条：关键审计事项，是指注册会计师根据职业判断认为对本期财务报表审计最为重要的事项。关键审计事项从注册会计师与治理层沟通过的事项中选取。

• 《中国注册会计师审计准则第1503号——在审计报告中增加强调事项段和其他事项段》第六条：强调事项段，是指审计报告中含有的一个段落，该段落提及已在财务报表中恰当列报或披露的事项，且根据注册会计师的职业判断，该事项对财务报表使用者理解财务报表至关重要。

第七条：其他事项段，是指审计报告中含有的一个段落，该段落提及未在财务报表中列报或披露的事项，且根据注册会计师的职业判断，该事项与财务报表使用者理解审计工作、注册会计师的责任或审计报告相关。

税务局的来查账了

"灵樨姐，今早接到税务局的通知说，他们要来公司看看，问我们明后两天哪天方便。"朵朵紧张不已地对灵樨说道，这还是她工作以来第一次遇到税务人员来查账。

"税务局要来查账？我们偷漏税了？"小米口无遮拦。

"吓死我了，你看电视上，好多人拿着空箱子将企业的电脑、资料什么的都装走了。"朵朵想起她看到电视剧中的类似桥段就不寒而栗。

"税务局的检查都是有流程的，即使做纳税评估，也要遵循其流程。那些电视剧桥段可不作数。"

"纳税评估是什么呀？"朵朵对常听到的这个词还是只知其名，不知其意。

"纳税评估其实是税务机关通过大数据，分析判断企业的纳税申报是否真实准确，然后确定是否采取进一步的征管措施。这是你最常听到也是最常见到的，比如对某个行业进行纳税评估，对涉及某个税种的企业进行纳税评估，对金税系统预警的企业进行纳税评估。

"它是一个评估的过程，通过各项指标与相关数据的测算，设置相关的预警值，然后与企业申报数据进行比较，并找出各个税种、各项经济数据的关联性与钩稽关系，同时与历史、与同期、同时与同业相关指标进行比较分析，推测企业实际纳税能力，纳税申报内容是否合规、合法、合理，数据的计算及政策的运用是否正确等。"

"那对某企业进行纳税评估是不是就说明该企业偷税漏税呀？"朵朵心里依然十分忐忑。

"评估是常有的事，甚至对重点税源户每年都需要至少评估分析一次，还能一评估就说企业偷漏税呀？"

"朵朵，你这是自己吓自己。"小米安慰着朵朵。

"并不是说对某家企业进行评估，这家企业就偷税漏税了，也并不是说评估的结果都是企业补缴税款、移交司法。税务机关会根据具体情况做出相应的处理的，比如评估中发现的计算或者是填写错误，政策理解偏差，都会先联系企业了解清楚情况的，不会主观认定企业偷税漏税。通过约谈、举证、调查核实之后，才会做出相应判断。需要调账的调账，需要补正申报的补正申报，需要补缴税款的补缴税款。如果情节严重认为有违法嫌疑的，才会移交稽查局调查核实，根据调查结果才会决定下一步的处理结果。即使是税务机关约谈企业，也要先经企业所在的税源管理部门批准，并事先发出税务约谈通知书，提前通知企业。对于在评估分析和约谈中发现必须到企业实地了解情况、审核账目的，也要先经税源管理部门批准。"灵樱说道。

"什么情况会被认定为偷漏税呀？"朵朵问道。

"早在2009年的时候，《中华人民共和国刑法修正案（七）》就将'偷税'改成了'逃避缴纳税款'，所以以后不能再使用'偷税'这样的表述了。至于会不会被定性，则是需要经过审判的。《刑法》中对'逃税罪'倒是有过表述，采用欺骗、隐瞒的手段进行虚假纳税申报或者不申报，逃避缴纳税款数额较大，会被判定是逃税。扣缴义务人采用这样的手段不缴或者少缴已扣、已收税款，数额较大的，也是在'逃税罪'范围内的违法行为。

"另外，如果是单位犯的，除了对单位判处罚金，还要对其直接负责的主管人员和其他直接责任人员依照规定处罚。"

"怎么觉得会计也是一个高危职业了。"小米听完忽然发出一句感慨。

"在高度智能化的今天，数字化信息的处理能力已是今非昔比了，所以千万不要做得不偿失的事。如果企业不规范，会计也不能将既定的违法事实变成合法的财务展示，会计本身是真实合法地反映企业发生的经济活动的，而不是改变经济活动的，如果真遇到自己无法改变的情况，还是离开为上。"

"感觉企业像个待宰的羔羊，只能乖乖配合检查。"小米悠悠地说道。

"你可不是待宰的羔羊，你也有自己的权利。"

"什么权利，难不成还能拒绝检查？"

"别说，还真有这个权利。如果税务局在检查之前没有向企业下达税务检查通知书，检查人员少于2人，并且不出示检查证，你就有权拒绝检查。不仅如此，如果你和检查人员有利害关系，你也可以要求检查人员回避。涉及商业秘密和个人隐私的，你还可以要求税务人员保密。一切检查都必须在阳光下进行，不能偷拍偷录，对这样的资料法律是不认可的。在被检查的过程中要积极陈述申辩，对结果不服可申请税务行政复议。认为税务机关及工作人员的具体税务行政行为违法或者不当，侵犯了你的合法权益，还可以提起税务行政诉讼。税务机关抱走的凭证、账本等资料如果在3个月内没被送回，可要求他们返还。提醒注意一般涉税违法行为与涉税犯罪的界限。所以，你不能做待宰的羔羊，你要维护自己的权利。"

"灵樨姐，真庆幸我们遇到了你和林总。"小米突然由衷地感叹。

小贴士

在税务机关做出处罚决定之前,企业要对拟处罚及处理决定进行陈述申辩,在陈述申辩的时候,如果对检查人员认定的某项违法事实有异议,应当尽可能同时提供不同的证据和依据,争取在将案件移交审理环节之前就澄清事实。

- 《税收征收管理法实施细则》(国务院令第362号)第八十六条:税务机关行使税收征管法第五十四条第(一)项职权时,可以在纳税人、扣缴义务人的业务场所进行;必要时,经县以上税务局(分局)局长批准,可以将纳税人、扣缴义务人以前会计年度的账簿、记账凭证、报表和其他有关资料调回税务机关检查,但是税务机关必须向纳税人、扣缴义务人开付清单,并在3个月内完整退还;有特殊情况的,经设区的市、自治州以上税务局局长批准,税务机关可以将纳税人、扣缴义务人当年的账簿、记账凭证、报表和其他有关资料调回检查,但是税务机关必须在30日内退还。

- 《税收征收管理法》第十二条:税务人员征收税款和查处税收违法案件,与纳税人、扣缴义务人或者税收违法案件有利害关系的,应当回避。

第五十九条:税务机关派出的人员进行税务检查时,应当出示税务检查证和税务检查通知书,并有责任为被检查人保守秘密;未出示税务检查证和税务检查通知书的,被检查人有权拒绝检查。

第六十三条:对纳税人偷税的,由税务机关追缴其不缴或者少缴的税款、滞纳金,并处不缴或者少缴的税款50%以上5倍以下的罚款;构成犯罪的,依法追究刑事责任。

第七十条:纳税人、扣缴义务人逃避、拒绝或者以其他方式阻挠税务机关检查的,由税务机关责令改正,可以处1万元以下的罚款;情节严重的,处1万元以上5万元以下的罚款。

- 《刑法》(2021年)第二百零一条:纳税人采取欺骗、隐瞒手段进行虚假纳税申报或者不申报,逃避缴纳税款数额较大并且占应纳税额10%以上的,处3年以下有期徒刑或者拘役,并处罚金;数额巨大并且占应纳税额30%以上的,处3年以上7年以下有期徒刑,并处罚金。

扣缴义务人采取前款所列手段,不缴或者少缴已扣、已收税款,数额较大的,依照前款的规定处罚。

对多次实施前两款行为，未经处理的，按照累计数额计算。

有第一款行为，经税务机关依法下达追缴通知后，补缴应纳税款，缴纳滞纳金，已受行政处罚的，不予追究刑事责任；但是，5年内因逃避缴纳税款受过刑事处罚或者被税务机关给予2次以上行政处罚的除外。

第二百零二条：以暴力、威胁方法拒不缴纳税款的，处3年以下有期徒刑或者拘役，并处拒缴税款1倍以上5倍以下罚金；情节严重的，处3年以上7年以下有期徒刑，并处拒缴税款1倍以上5倍以下罚金。

第二百零三条：纳税人欠缴应纳税款，采取转移或者隐匿财产的手段，致使税务机关无法追缴欠缴的税款，数额在1万元以上不满10万元的，处3年以下有期徒刑或者拘役，并处或者单处欠缴税款1倍以上5倍以下罚金；数额在10万元以上的，处3年以上7年以下有期徒刑，并处欠缴税款1倍以上5倍以下罚金。

第二百零四条：以假报出口或者其他欺骗手段，骗取国家出口退税款，数额较大的，处5年以下有期徒刑或者拘役，并处骗取税款1倍以上5倍以下罚金；数额巨大或者有其他严重情节的，处5年以上10年以下有期徒刑，并处骗取税款1倍以上5倍以下罚金；数额特别巨大或者有其他特别严重情节的，处10年以上有期徒刑或者无期徒刑，并处骗取税款1倍以上5倍以下罚金或者没收财产。

纳税人缴纳税款后，采取前款规定的欺骗方法，骗取所缴纳的税款的，依照本法第二百零一条的规定定罪处罚；骗取税款超过所缴纳的税款部分，依照前款的规定处罚。

第二百零五条：虚开增值税专用发票或者虚开用于骗取出口退税、抵扣税款的其他发票的，处3年以下有期徒刑或者拘役，并处2万元以上20万元以下罚金；虚开的税款数额较大或者有其他严重情节的，处3年以上10年以下有期徒刑，并处5万元以上50万元以下罚金；虚开的税款数额巨大或者有其他特别严重情节的，处10年以上有期徒刑或者无期徒刑，并处5万元以上50万元以下罚金或者没收财产。

单位犯本条规定之罪的，对单位判处罚金，并对其直接负责的主管人员和其他直接责任人员，处3年以下有期徒刑或者拘役；虚开的税款数额较大或者有其他严重情节的，处3年以上10年以下有期徒刑；虚开的税款数额巨大或者有其他特别严重情节的，处10年以上有期徒刑或者无期徒刑。

虚开增值税专用发票或者虚开用于骗取出口退税、抵扣税款的其他发票，是指有为他人虚开、为自己虚开、让他人为自己虚开、介绍他人虚开行为之一的。

虚开本法第二百零五条规定以外的其他发票，情节严重的，处2年以下有期徒刑、拘役或者管制，并处罚金；情节特别严重的，处2年以上7年以下有期徒刑，并处罚金。

单位犯前款罪的，对单位判处罚金，并对其直接负责的主管人员和其他直接责任人员，依照前款的规定处罚。

第二百零六条：伪造或者出售伪造的增值税专用发票的，处3年以下有期徒刑、拘役或者管制，并处2万元以上20万元以下罚金；数量较大或者有其他严重情节的，处3年以上10年以下有期徒刑，并处5万元以上50万元以下罚金；数量巨大或者有其他特别严重情节的，处10年以上有期徒刑或者无期徒刑，并处5万元以上50万元以下罚金或者没收财产。

单位犯本条规定之罪的，对单位判处罚金，并对其直接负责的主管人员和其他直接责任人员，处3年以下有期徒刑、拘役或者管制；数量较大或者有其他严重情节的，处3年以上10年以下有期徒刑；数量巨大或者有其他特别严重情节的，处10年以上有期徒刑或者无期徒刑。

第二百零七条：非法出售增值税专用发票的，处3年以下有期徒刑、拘役或者管制，并处2万元以上20万元以下罚金；数量较大的，处3年以上10年以下有期徒刑，并处5万元以上50万元以下罚金；数量巨大的，处10年以上有期徒刑或者无期徒刑，并处5万元以上50万元以下罚金或者没收财产。

第二百零八条规定：非法购买增值税专用发票或者购买伪造的增值税专用发票的，处5年以下有期徒刑或者拘役，并处或者单处2万元以上20万元以下罚金。

非法购买增值税专用发票或者购买伪造的增值税专用发票又虚开或者出售的，分别依照本法第二百零五条、第二百零六条、第二百零七条的规定定罪处罚。

第二百零九条：伪造、擅自制造或者出售伪造、擅自制造的可以用于骗取出口退税、抵扣税款的其他发票的，处3年以下有期徒刑、拘役或者管制，并处2万元以上20万元以下罚金；数量巨大的，处3年以上7年以下有期徒刑，并处 5 万元以上 50 万元以下罚金；数量特别巨大的，处 7 年以上有期徒刑，并处 5 万元以上 50 万元以下罚金或者没收财产。

伪造、擅自制造或者出售伪造、擅自制造的前款规定以外的其他发票的，处 2 年以下有期徒刑、拘役或者管制，并处或者单处 1 万元以上 5 万元以下罚金；情节严重的，处 2 年以上 7 年以下有期徒刑，并处 5 万元以上 50 万元以下罚金。

非法出售可以用于骗取出口退税、抵扣税款的其他发票的，依照第一款的规定处罚。

非法出售第三款规定以外的其他发票的，依照第二款的规定处罚。

• 《最高人民检察院关于充分发挥检察职能服务保障"六稳""六保"的意见》第 6 条：依法慎重处理企业涉税案件。注意把握一般涉税违法行为与以骗取国家税款为目的的涉税犯罪的界限，对于有实际生产经营活动的企业为虚增业绩、融资、贷款等非骗税目的且没有造成税款损失的虚开增值税专用发票行为，不以虚开增值税专用发票罪定性处理，依法作出不起诉决定的，移送税务机关给予行政处罚。

会计会被谁干掉？

"灵樨姐，你说这区块链、ChatGPT 一波一波的，会计会被取代吗？"一大早灵樨就看到小米闷闷不乐地坐在那里，一副世界末日的样子。

"你不是都和人工智能和平相处了吗？"

"我觉得我早晚有一天要被人工智能干掉。"小米悲观地说道。

"我先给你讲一个故事吧。有一个民族，他们住在太平洋的一个小岛上，这个岛叫作雅浦岛，岛上的人很少，只有几千人，岛上使用的货币是一种叫作费币的石头。村子里有一家人，这家人很富有，他们的富裕程度毋庸置疑，众所周知。然而没有一个人见过或接触过这种财富，包括这家人自己。他们家的财富就是一块巨大的费币，这块费币的尺寸只在祖辈的口中提到过。历经几代人，这块费币一直躺在海底，直到现在。人们都承认，这块费币在运输的过程中掉进海里的事故本身无须多议，而且人们也承认，即便沉在了太平洋里，这块费币的交易价值也不应受到影响——这块费币的购买力就像它还真真切切地摆在主人房里一样，仍然有效。他们购买物品时并不会来回搬动费币，没有任何物理的货币转移过程，但谁都承认财富的流转和货币的归属。他们对货币的理解比其他人都深。货币的交易价值、转移属性、记载财富的功能在这块石头的交易过程中都有体现。他们基于信任本身使不会移动的石头实现了货币的属性。

"你们想想，这是不是和我们现在的网银转账很像？雅浦岛居民不移动石头，却基于信任完成了货币的转移，就像我们不转移纸币去实现交易一样。但是我们缺乏人与人之间的信任，所以我们加入了银行这个第三方。

"你看我们做交易时，是不是都需要通过银行或其他金融机构这个第三方来完成交易？比如支付宝，不正是扮演了商家与顾客之间的第三方的角色吗？而区块链技术去除了这个第三方。如果通过区块链开展业务，该网络上的所有计算机都将验证你的身份，确保你有资格交易。所以如果要篡改或损坏数据，必须同时改变网络上的所有计算机。如果企业与供应商、客户、税务局、政府相关部门组建一个区块链，建立一个分布式账本，任何一方添加信息，该账本都会自动验证并稽核数据，达到设定条件，按照约定自动执行，这样的话，交易的流程与稽核都不再需要会计的介入，也不再需要银行。交易实时生成，每笔资金流动都会在账本上体现，通过智能合约相互验证，每笔都不能篡改且源头可查，也不再需要审计师对其交易进行审计。"

"看吧看吧，连你都说不再需要会计、审计师了。"小米越听越沮丧。

"人工智能时代，你不是也天天吵着被机器人挤下岗了吗？"朵朵还记得小米天天说她和机器人不共戴天呢。

"那是我干一行爱一行，誓与会计共存亡。"

"那你可得好好锻炼身体了。"灵樨揶揄道，"区块链技术的运用确实能为我们带来很多颠覆性的改变，没准还能带动一次账本革命。从远古时代早期，会计工作就一直随着人类文明的进步发展和改变着。它也伴随人类的脚步，不断调整着自己的步伐。区块链技术势必改变过去我们所熟知的一些传统，但这同时也是一个机遇。会计要去抓住这个机遇，做好应对与服务。但万变不离其宗，外在形式不管再怎么改变，都是在会计基础上的升级迭代。基础知识不牢靠，怎么以不变应万变，怎么触类旁通，怎么举一反三？而财务就是一个举一反三的过程，《企业会计准则》就那么多，却能覆盖所有的经济业务并应对未来的变化。要从过去的经验中获取更大的价值，不断改变自己并提升自己，以应对未知的变化。虽然新技术会消除一些工作，但它会带来新的工作。会计是灵活的，更是足智多谋的。如果你只会记账，不用等技术变革，任何一次公司调整都可能把你换掉。

"ChatGPT的出现让人们对人工智能有了新的认知，让众多行业重新洗牌，大家都在对这个看似横空出世的新技术感到震惊，但其体现出的其实只是科技发展的必然。我们知道，大数据与财务的未来息息相关，而在复杂的市场环境中，应用大数据洞察企业的发展是我们财务人面临的一大挑战。技术的改变会使得未来会计的定义、内涵甚至职责都发生变革，但是，这变化的背后也有着不变的本质。

"还记得我总和你们说到的这些展示出来的数据只是财务对企业经济活动的呈现吗？其实，这些经济活动背后包含着大量的基于知识和智慧的逻辑判断，并且这些判断和业务是分不开的。而越需要判断的事情，越需要和人互动、对接的事情，人工智能越难以办到。当然，人工智能可能会不断进化、迭代，但要记得，这世上最大的变量是人。虽然我们面临的不确定性在增强，但这些技术始终在为人类服务，一些财务总监已经在引领企业变革了。

"回到最初，还记得前面和你们说的那幅画吗？其背后的含义体现了复式记账法的出现在文艺复兴时代更好推进了商业的发展的事实，而人工智能则是人们推进商业发展的更有力推手，会计核算借助人工智能，能更好地为世界、为他人提供帮助。

"狄更斯曾经这样说过，'会计核算是如此难以控制，以至于要想使他笔下的人物从数字和账簿文书的迷局中解脱出来，只有借助幸运之神的帮助'。所以能被取代的，是一成不变的你，是不愿意接受新事物的你，是不知道提升自己的你。你们有没有看过一个埃隆·马斯克的采访？马斯克认为公司里只有三种职位是有意义的：总裁、秘书和财务主管。努力把自己变成那个有意义的人，而不是对新事物心生恐惧的人。"灵樱说道。

"嗯嗯，公司还是少不了财务总监的，这就是我的目标。"小米下了一个奋发图强的决心。

"千军易得，一将难求！会计一定要有大局观。做到不可替代，你才不会被抛弃。"灵樱说道。

"我马上去看看有什么课程可以听的,还要多买些书来读。朵朵你要吗?我订双份的。"小米开始为她的目标制订计划了。

"别急,慢慢来,重要的事情总要经过缓慢的过程才能实现。未来的路还很长,人生是急不来的。慢慢行,缓缓归。"

小贴士

- 工业和信息化部《中国区块链技术和应用发展白皮书》指明:区块链是分布式数据存储、点对点传输、共识机制、加密算法等计算机技术在互联网时代的创新应用模式。区块链是一种按照时间顺序使数据区块相连组合成的一种链式数据结构,并以密码学方式保证的不可篡改和不可伪造的分布式账本。